취미 잡화점
그린도토리의

귀여운 펀치니들 소품

CYPRESS
싸이프레스

Prologue

안녕하세요, 취미 잡화점 그린도토리입니다.
펀치 니들은 가볍게 누구나 즐길 수 있는 공예입니다. 다양한 기법이 있는 다른 공예와 달리 숙련된 기술자와 초보자가 나눠지지 않으며, 배우기도 쉽습니다. 또한 다양한 공예와 혼합하여 나만의 새로운 방법과 스타일을 찾을 수 있는 진짜 쉽고 재미있는 공예입니다. 단순히 펀칭 작업으로 마무리하는 것부터 여러 조각을 연결하는 입체 작업까지 다양한 영역을 넘나들 수도 있습니다. 많은 것을 공부하지 않아도 즐길 수 있고, 또 역으로 많은 것을 알고 여러 가지 방법을 혼합할 수 있는 단순하면서 확장성이 넓은 취미 생활입니다.

저는 십여 년간 컴퓨터 그래픽 디자이너로 활동하였기 때문에 공예의 작업 스킬보다는 디자인 작업이 더 쉬운 편입니다. 그래서 시각적 차별화를 주려고 노력하고 있습니다. 아이디어를 생각하고 이미지 리서치 후 그것을 스케치하여 나만의 새로운 도안을 만들면 그 어떤 고급 기술보다도 조금 더 나를 특별한 사람으로 만들어줍니다.

니들 워크에는 다양한 분야가 있고, 그 어떤 분야든 책을 통해서 나만의 아이디어를 표현하는 정도의 스킬을 습득하는 것은 어렵지 않아요. 요즘은 인스타그램, 핀터레스트, 유튜브를 통해서 원하는 것을 쉽게 찾을 수 있어요. 다른 누군가와 차별화를 원한다면 나만의 도안을 만들어 보는 것을 추천합니다. 펀치 니들은 도안을 페이퍼 커팅으로 시도해 보세요. 저도 주로 종이로 도안을 그려 사용합니다. A4, A3 용지를 반으로 접어 이미지를 스케치한 후 커팅의 힘을 믿어 보세요. 스케치보다 훨씬 멋진 도안이 만들어집니다.

저는 공예가가 아니기 때문에 핸드메이드를 가볍게 즐길 수 있었어요. 내가 원하는 선까지만 공부할 수 있고, 그 결과물에 만족할 수 있습니다. 혼자 공부하는 것에 익숙하고 그것을 쉽게 설명하는 것이 어렵지 않아요. 이 부분은 전문가가 아니기 때문에 나만의 룰을 만들어 방법을 정리하기 때문입니다. 남에게 배울수록 방법과 용어에 갇히게 되고 공부해야 할 것들이 많아져요. 특히나 펀치 니들은 정해진 정답이 더욱 없어요. 그래서 자유도가 무한대이면서 〈귀여운 펀치 니들 소품〉에서 설명하는 모든 것들이 정답이 아닐 수 있습니다. 더 쉬운 나만의 방법을 찾아보세요.

〈귀여운 펀치 니들 소품〉에 나오는 소품들을 구성할 때 웬만하면 쓸모 있는 것을 만들려고 노력했어요. 시간이 지날수록 단순히 귀여운 장식품은 금방 질려서 버려집니다. 이왕이면 실용적인 소품을 만들어 여러 곳에 놓고 사용할 수 있는 것들로 구성하려고 노력하였습니다. 책에 나와 있는 소품들을 차근차근 따라 만들면서 펀치 니들을 접하고, 배우고, 작업이 주는 몰입의 즐거움을 느껴보세요. 취미 생활을 가볍게 시작하고 스트레스 없이 그냥 즐기세요. 남보다 잘 할 필요도, 경쟁할 필요도 없어요.

책을 쓰는 지난 8개월 동안 정말 저의 인생에서도 가장 힘들면서 가장 멋진 기간이었던 것 같아요. 이런 기회를 갖게 된 것과 아낌없는 응원을 해주신 모든 분들에게 감사 인사를 드립니다. 특히나 편집자인 보영 님 너무도 고마워요. 진짜 중간에 포기하고 싶었는데 보영 님이 손을 잡아주셔서 끝까지 갈 수 있었던 것 같습니다. 그리고 옆에서 지지해주고 응원해준 내 인생의 동반자 효탁 오빠 고마워요. 당신이 없었으면 이런 인생을 시작조차 할 수 없었어요. 사랑합니다.

2019년 겨울

그린도토리 명주현

귀여운
펀치 니들 소품
책 활용법

이 책을 활용하는 방법을 소개합니다. 책의 구성 요소를 미리 확인해두면 더욱 활용도가 높아집니다. 펀치 니들을 처음 시작하는 사람도 쉽게 시작할 수 있도록 재료 선택과 기초 수업부터 시작하며, 36개의 소품을 만들 수 있도록 안내합니다.

1. '재료와 도구'를 보면서 취향별, 상황별 자신에게 맞는 도구를 준비해보세요

펀치 니들을 처음 접하는 여러분을 위해 취향별, 상황별 재료와 도구를 추천합니다. 자신의 작업 성향을 고려하여 준비해주세요. 재료와 도구 구입처는 p259에서 확인이 가능합니다.

2. '펀치 니들 기초 수업'으로 기본을 이해하기 쉽게 설명하였습니다

펀치 니들의 모든 과정을 기초 수업을 통해 미리 배워 볼 수 있습니다. 원단 올 풀림 방지, 수틀에 원단 끼우기, 원단에 도안 옮기기, 바늘에 실 끼우기, 바늘 사용 방법, 스티치 소개, 수놓기, 실&루프 정리하기, 바느질 및 마무리 방법, 고정시키기, 장식 만들기를 한 가지 방법이 아닌 다양한 방법으로 소개합니다.

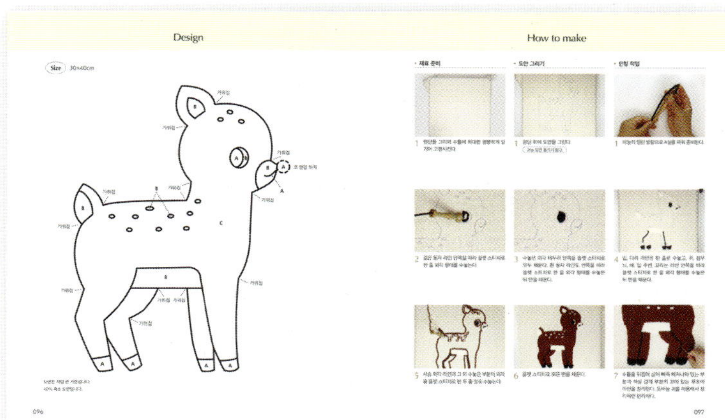

3. 본문에서 작업에 필요한 정보를 미리 파악해주세요

작업 사이즈, 도안 기호, 실 색상, 장식을 달 위치, 가위집 위치 등을 확인하면서 작업을 진행해주세요. 실물 도안에는 색상이 따로 기입이 되어 있지 않으니 반드시 꼭 본문에서 확인하면서 작업을 진행해주세요. 각 도안의 기호는 도안별로 달라집니다. 실의 양은 1개 이상일 경우에만 적어두었습니다. 실을 사용하는 양은 개인별 차이가 있을 수 있습니다.

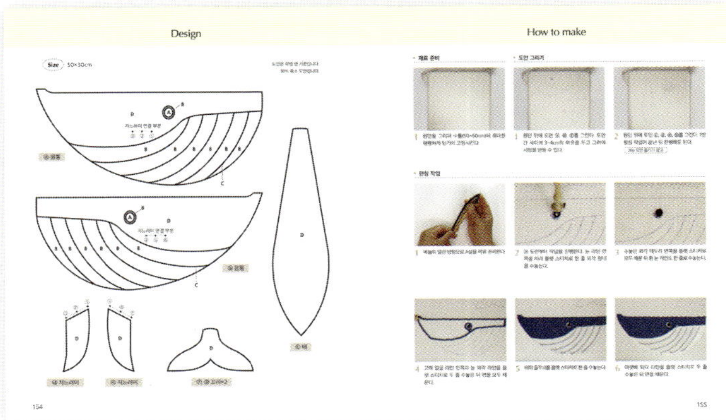

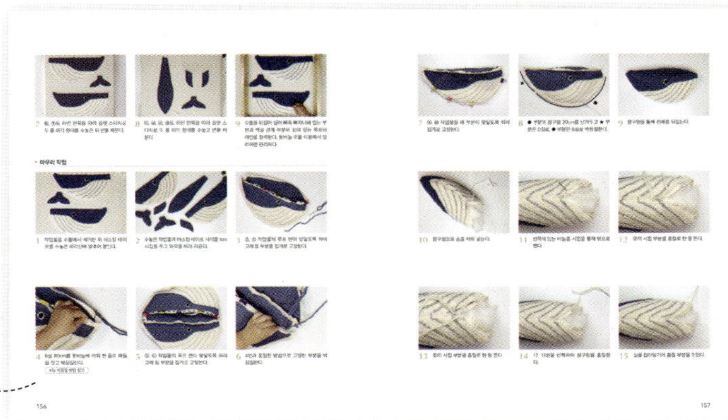

4. '펀치 니들로 소품 만들기'는 4단계로 차근차근 만드는 방법을 배울 수 있어요

재료 준비-도안 그리기-펀칭 작업-마무리 작업 4단계로 나누어져 있습니다. 재료 준비부터 순서대로 차근차근 모든 과정을 확인하면서 작업하는 방법을 배울 수 있습니다. 참고할 바느질 기법이나 코 만들기, 퐁퐁 만들기 등은 별도로 페이지를 안내하여 쉽게 찾아볼 수 있습니다. 각 소품별 작업 난이도를 표시해 두었습니다. 난이도가 낮은 작품부터 시작해 보세요.

5. 아기자기한 귀여운 소품들을 만들어보세요

브로치와 마그네틱 같은 작은 소품부터 큰 사이즈의 러그, 벽 장식, 모빌, 헌팅 트로피 등 25종 36개의 실용품과 인테리어 소품 만드는 방법을 알려드립니다. 초보자는 낮은 난이도부터 하나씩 차근차근 도전하고, 숙련자는 본인 취향에 맞는 소품을 선택하여 만들어보세요. 대왕고래 인형과 곰, 여우 헌팅 트로피는 난이도가 높기 때문에 어느 정도 숙련이 된 후 작업을 진행하는 것을 추천합니다.

6. 36가지 실물 사이즈의 도안 4매를 봉투에 담아 보관이 용이합니다

Contents

3

편치 니들로 소품 만들기

Material & Tool

1

펀치 니들
재료와 도구

처음 펀치 니들을 시작할 때 가장 고민이 되는 부분은 어떤 재료와 도구를 사용하는지에 대한 부분입니다. 다양한 타입의 바늘과 그에 맞는 원단 그리고 바늘에 따라 어떤 실을 사용하는지에 대한 부분이 어렵게 느껴져요. 각 재료와 도구에 대해 자세히 소개합니다. 작업 스타일에 맞는 재료와 도구를 선택하여 즐겁게 펀치 니들을 즐겨보세요.

펀치 니들(바늘)

펀칭 작업에 사용되는 바늘의 명칭을 펀치 니들이라고 합니다. 가장 기본이 되는 도구로 손잡이가 있는 바늘 끝부분 구멍에 실을 끼워 원단에 찌르면 원단 뒷면에 루프(실의 고리)가 생깁니다. 바늘의 굵기, 길이, 손잡이 형태에 따라 구분됩니다. 바늘 굵기는 사용 가능한 실의 두께, 바늘의 길이는 뒷면에 생기는 루프의 높이, 바늘과 손잡이의 형태는 편리성의 차이가 있습니다.

*루프: 바늘로 원단을 찌르면 원단 뒷면에 생기는 실의 고리입니다.
*기타 재료와 도구에서 재봉실과 바늘(일반 바늘)과는 구분되어 사용합니다.

〈 바늘 굵기로 구분 〉

가는 바늘과 굵은 바늘로 구분합니다. 이는 사용 가능한 실의 두께와 원단이 다릅니다. 가는 바늘은 2~4mm, 굵은 바늘은 3~5mm 실을 사용합니다. 작은 소품과 작은 디테일이 있는 작업은 가는 바늘을 선택하고, 러그, 쿠션, 인형 등의 작업을 할 때는 굵은 바늘을 추천합니다. 원단을 사용할 때도 가는 바늘은 올이 성긴 황마, 굵은 바늘은 리넨을 피하는 게 좋습니다. 바늘이 통과한다고 해도 원단에 힘이 없어서 실을 잘 잡아주지 못합니다.

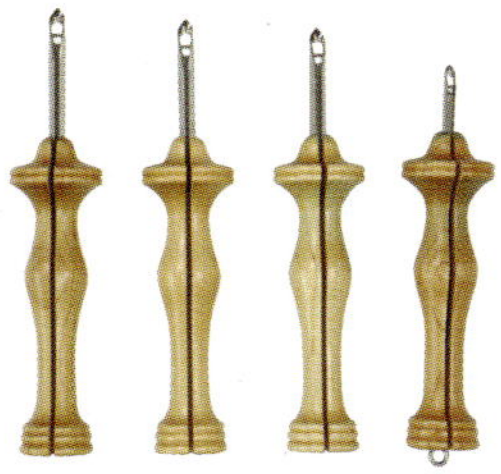

〈 바늘 길이로 구분 〉

펀치 니들은 다양한 길이의 바늘이 있습니다. 바늘 길이에 따라 원단 뒷면에 생기는 루프의 크기가 3mm에서 13mm까지 달라집니다. 루프가 커질수록 작업물의 크기도 커지고 볼륨감이 큰 작업을 할 수 있습니다. 하나의 작업물에 다양한 길이의 바늘을 사용하면 루프 크기 차이만으로도 재미있는 작업물이 완성됩니다. 하나의 바늘에 다양한 길이 조절이 가능한 바늘도 있습니다.

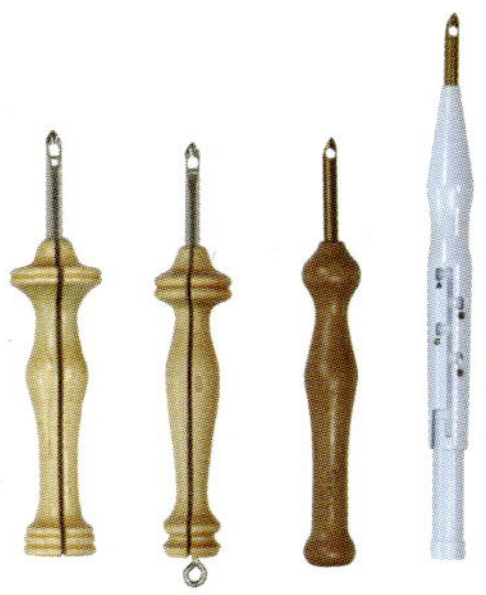

〈 바늘과 손잡이 형태로 구분 〉

작업 방식은 같지만 실을 끼우는 방법의 차이가 있습니다. 오픈형 바늘은 바늘부터 손잡이의 한쪽 부분에 틈이 있어 다른 도구 없이도 바로 실 끼우기가 가능합니다. 오픈형 바늘에서 고리의 기능은 실이 흘러내리지 않게 잡아주는 역할을 합니다. 닫힌형 바늘은 바늘과 손잡이 부분이 통으로 되어 있어 실을 끼우는 도구가 별도로 필요합니다. 닫힌형 타입의 바늘은 실 끼우기 조금 번거롭지만 가격이 저렴하고, 오픈형 바늘은 실 끼우기가 편하고 손잡이가 나무로 되어 있으며 그립감이 좋은 형태이지만 가격이 조금 높습니다.

〈 책에서 사용하는 바늘 〉

책에서는 에이미 옥스퍼드사의 펀치 니들로 굵은 바늘 레귤러 10호, 가는 바늘 파인 14호 두 가지를 사용하였습니다. 두 가지 바늘로 책에 나온 작품을 모두 수놓을 수 있으며, 파인 14호 바늘로 작업한 작품을 레귤러 10호로도 작업 가능합니다.

[옥스퍼드 레귤러 10호]

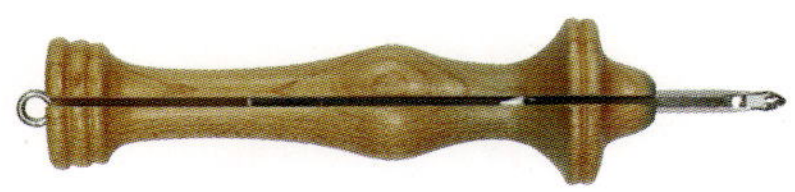

[옥스퍼드 파인 14호]

굵은 바늘, 옥스퍼드 레귤러 10호
가장 기본으로 사용하는 바늘입니다. 바늘 길이는 3.5cm이고, 3~5mm 굵기의 실을 사용합니다. 원단 뒷면에 생성되는 털실 루프(실의 고리)의 높이는 6~7mm입니다.

가는 바늘, 옥스퍼드 파인 14호
작은 소품을 만드는데 적합한 바늘입니다. 바늘 길이는 2.2cm이고, 2~4mm 굵기의 실을 사용합니다. 원단 뒷면에 생성되는 실 루프(실의 고리) 높이는 3mm입니다.

취향별 바늘 추천

- 펀치 니들을 가볍게 시작하는 사람을 위한 **보급형 굵은 바늘, SKC 우드 손잡이 바늘**

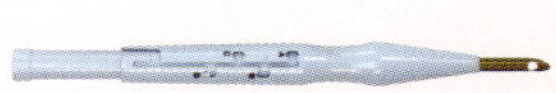

- 루프의 길이 조절을 편하게 하고 싶은 사람을 위한 **보급형 굵은 바늘, SKC 길이 조절 바늘**

- 편리하게 실을 끼우고 그립감이 좋은 바늘을 선호하는 사람을 위한 **고급형 굵은 바늘, 옥스퍼드 펀치 니들(레귤러 10호)**

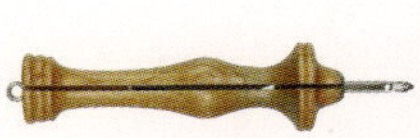

- 작은 아이템 작업을 선호하는 사람을 위한 **고급형 가는 바늘, 옥스퍼드 펀치 니들(파인 14호)**

수틀

천을 팽팽하게 펴기 위한 틀입니다.
자수용 수틀, 대형 원목 수틀, 그리퍼 수틀, 캔버스틀 등
작품 사이즈에 맞추어 사용이 가능합니다.

〈 자수용 원목 수틀 〉

20cm 내외의 다양한 사이즈가 있으며, 작품 크기에 맞춰 사용이 가능합니다. 드라이버로 금속 조임쇠 부분을 단단히 조여 천을 팽팽하게 당겨 사용합니다. 작은 사이즈의 작업을 할 때 편리합니다.

〈 대형 원목 수틀 〉

37, 41, 43cm의 세 가지 종류가 있습니다. 수틀 옆면이 넓어 원단과 닿는 면이 많아 고정력이 좋습니다. 방석과 쿠션을 작업할 때 사용하면 편리합니다. 매트와 큰 러그를 작업할 때는 수틀을 이동시켜가며 작업이 가능합니다.

〈 그리퍼 수틀 〉

원단을 고정하고 빼기 편리하며, 고정력이 우수합니다. 30×30cm, 50×50cm 사이즈가 있습니다. 모서리 부분의 그리퍼 가시가 원단 밖으로 나오기 때문에 손목이 닿는 부분에 원단을 올려 사용하는 것을 추천합니다. 그리퍼 수틀의 옆면이 높아 수틀을 들고 사용하지 않아도 바늘이 바닥면에 닿지 않아서 편리합니다.

〈 캔버스틀 〉

다양한 사이즈로 화방에서 주문이 가능하며, 원하는 사이즈를 쉽게 구할 수 있지만 압정 또는 건 타카로 원단을 고정해야 하는 불편함이 있습니다. 그리고 캔버스틀 자체의 나무 두께가 있어 바늘이 통과되지 않아 사용하지 못하는 면이 생깁니다.

상황별 수틀 추천

- 펀치 니들을 처음 체험하거나 작은 사이즈를 작업할 때! **자수용 원목 수틀**
- 주로 20cm 이상의 사이즈를 작업할 때! **대형 원목 수틀**
- 작업의 편리성을 높게 생각할 때! **그리퍼 수틀**
- 다양한 사이즈로 작업을 하고 싶을 때! **캔버스틀**

원단

몽스, 황마, 리넨 원단을 사용할 수 있습니다.
원단에 따라 사용하지 못하는 바늘이 있기 때문에 테스트 후 사용하는 것을 추천합니다.

〈 몽스 원단 〉

면 100%로 원단이 부드러워 바늘이 통과하기 쉽습니다. 굵은 바늘, 가는 바늘 모두 사용 가능하며, 두께감이 있어 펀칭 작업 시 가장 적합한 원단입니다. 책에 나온 작업물은 모두 몽스 원단을 사용하였습니다.

〈 면+마 원단 〉

면과 마가 섞여있는 원단. 올이 성기어서 바늘이 쉽게 통과하지만 그만큼 실을 고정시켜주는 힘이 약합니다. 가는 바늘 사용 시 실이 쉽게 빠질 가능성이 높습니다.

〈 황마 원단 〉

소재 특성상 뻣뻣하고 먼지 날림과 올 끊김이 있습니다. 올이 성기어서 가는 바늘 사용 시 실이 쉽게 빠질 가능성이 높습니다. 다양한 색상이 나와서 선택하여 사용 가능합니다.

〈 리넨 원단 〉

모든 리넨이 사용 가능하지는 않습니다. 4.5수 정도의 올이 두꺼운 리넨 원단의 경우 가는 바늘을 사용할 수 있습니다. 가는 바늘로 원단의 색감을 살려 포인트 정도만 수놓는 소품을 만들 때 사용하면 좋습니다.

실

펀치 니들에 사용하는 실의 두께는 굵은 바늘 3~5mm 두께의 실,
가는 바늘 2~4mm 두께의 실을 주로 사용합니다.
소재는 면사의 경우 두꺼운 실이 많지 않기 때문에 아크릴사 또는 울사를 주로 사용합니다.
아크릴 함유량이 높을수록 사용성이 높은 아이템을 작업할 때 좋으나
실이 뻣뻣하여 5mm 두께의 실도 바늘과 손잡이 사이 관에 걸릴 확률이 높습니다.
울 함유량이 높을수록 색상이 예쁘고 촉감이 좋지만 보풀이 많이 생기기 때문에
관상용 아이템을 만들 때 사용하고, 6mm 이상의 두께여도 부드러워서
사용 가능한 실이 있습니다.

〈 책에서 사용하는 실 〉

다양한 브랜드의 실이 있지만 선택 기준은 실의 두께와 색상입니다.
책에서 주로 사용한 실은 두께 4~5mm의 굵기의 실로, 주로 아래의 브랜드를 섞어 사용하였습니다.

나코 봉주르(5mm)
아크릴 함유량이 높지만 부드럽고 감촉이 좋은 털실입니다. 15종의 색을 갖고 있으며, 그중 베이지 색이 다른 브랜드에 비해 다양한 편입니다.

울티마(4mm)
메리노울과 아크릴 혼방의 부드러운 감촉의 털실입니다. 20종의 색을 갖고 있으며, 그중 핑크 색이 다른 브랜드에 비해 다양한 편입니다.

코지울(4~5mm)
울과 아크릴 혼방의 부드러운 감촉의 털실로 18종의 색이 나옵니다.

코지울 프린트(4~5mm)
울과 아크릴 혼방의 부드러운 감촉의 털실로 7종의 색이 나옵니다. 하나의 털실에 다섯 가지 컬러가 섞여 있어 구간을 나누어 실을 사용하면 좋습니다.

아메리 L(3mm)
울 함유량이 높은 털실로 부드럽고 가볍습니다. 단점은 울 함유량이 높아 가격이 비싼 편입니다.

Kartopu
Cozy Wool
Kartopu
Cozy Wool
Kartopu
Cozy Wool
WOOLTIMA
PREMIUM WOOL BLENDED
YEONIL
Kartopu
Cozy Wool
WOOLTIMA
PREMIUM WOOL BLENDED
Cozy Wool Prints
Amerry L
Kartopu
NAKO
Bonjour
NAKO
Bonjour

기타 재료와 도구

편치 니들, 원단, 수틀, 털실 이외에도
작업 아이템에 따라 다양한 재료와 도구가 필요합니다.
그중 주로 사용하는 재료와 도구를 소개합니다

재단 가위

원단을 자를 때 수월하도록
직물 전용 가위를 준비합니다.

자수용 가위

작은 가위를 주로 사용하며
실을 자를 때 편리합니다.

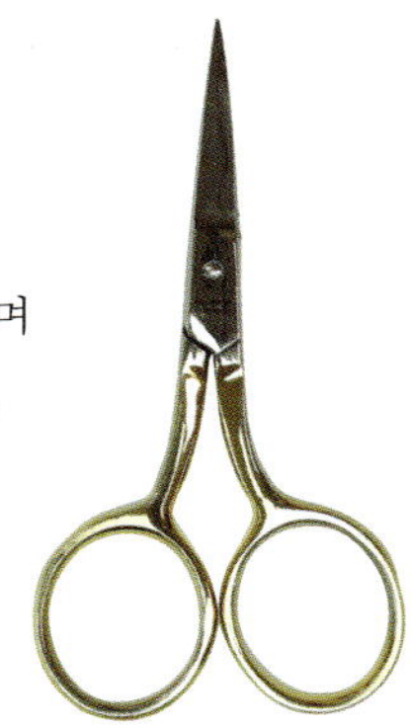

마스킹 테이프

원단 올 풀림을 방지하기 위해 사용합니다.
12mm, 30mm 두 가지를 주로 사용합니다.

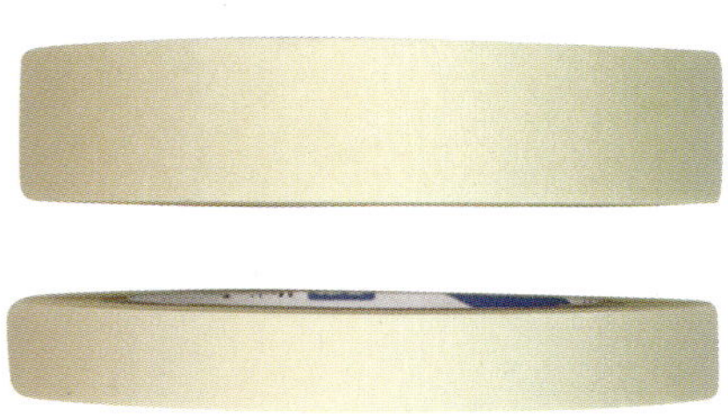

돗바늘

실을 사용하여 원단을 잇거나 마감할 때 사용합니다.

집게&시침핀

원단을 고정하기 위해 사용합니다.

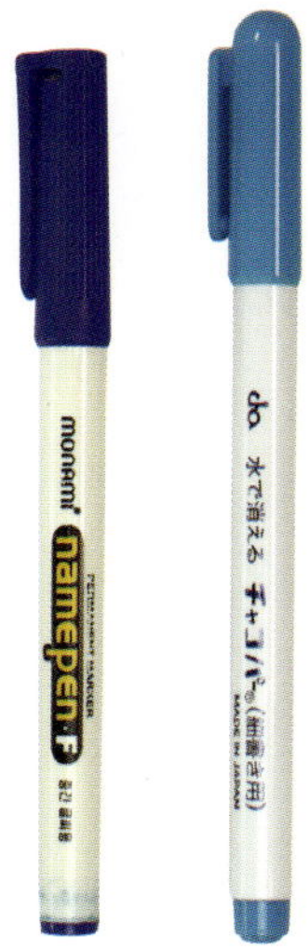

네임펜

원단 위에 패턴을 옮기는데 사용합니다. 플랫 스티치 면을 앞면으로 사용할 경우 네임펜보다는 원단용 수성펜을 사용하여 작업이 끝난 뒤 물을 뿌려 펜 자국을 지워주면 좋습니다.

솜

쿠션, 인형 등 작품의 입체감을 줄 때 사용합니다. 구름 솜을 주로 사용합니다.

접착 심지

플랫 스티치 면을 보호하거나 마감할 때 사용합니다. 접착 되는 쪽(반짝이는 면)과 원단을 마주보게 놓고 그 위를 다리미로 다려서 접착시키면 됩니다.

재봉실과 바늘

리넨 원단 또는 브로치를 고정할 때 사용합니다.

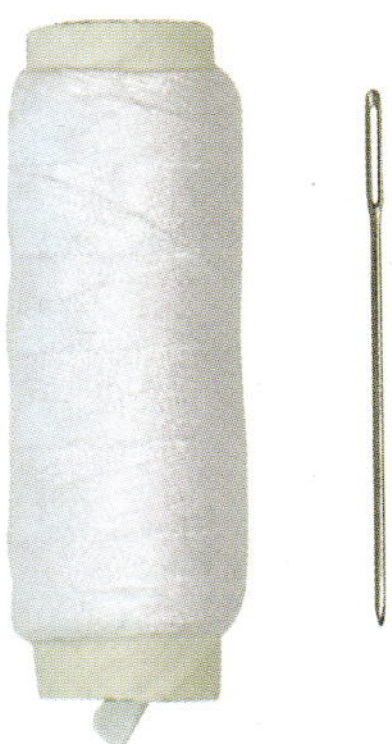

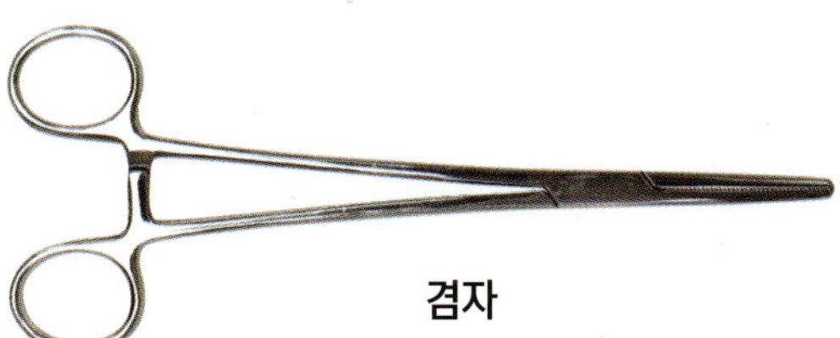

겸자

좁거나 깊은 부분에 솜을 넣을 때 유용합니다.

원단용 본드

루프의 고정력을 높이기 위해 플랫 스티치 면에 발라 마감합니다. 흰색이지만 마르면 투명해집니다. 완전히 굳는데 4시간 이상이 소요됩니다.

Basic class

2

펀치 니들 기초 수업

시작부터 마무리까지 단계별 다양한 작업 방법을 소개합니다. 상황에 맞는 편리한 방법을 선택하여 펀치 니들을 즐겨보세요. 핸드메이드는 작업 방식에 정해진 정답은 없기 여러 가지 방법을 응용해서 사용해보세요. 예를 들어 마무리 방법에서 손바느질뿐만 아니라 재봉틀이 있다면 박음질 또는 지그재그 스티치로 원단 올 풀림 방지를 해주세요. 리본 수염을 연결하는 방법과 입을 수놓는 방법도 각 두 가지씩 소개하였습니다. 편리한 방법을 습득하여 사용하세요.

원단 올 풀림 방지

원단의 올 풀림을 방지하기 위해 간단히 마스킹 테이프로 원단 끝부분을 감싸면 장기간 작업 시 올 풀림 방지에 좋습니다. 하루 이틀 정도 작업을 진행하는 경우는 굳이 올 풀림 방지를 하지 않아도 되지만 수시로 원단의 올이 빠지기 때문에 주의하면서 작업을 진행하는 것이 좋습니다.

1 작업할 사이즈의 원단을 재단한다.

2 원단 앞면 끝부분에 30mm 마스킹 테이프가 중앙에 오도록 붙인다.

3 원단 뒷면에 나머지 마스킹 테이프를 감싸서 붙인다.

4 네 면을 모두 2, 3번과 동일한 방법으로 진행한다.

TIP

• 재봉틀이 있을 경우 지그재그 스티치로 간단히 작업이 가능하다.

수틀에 원단 끼우기

다양한 수틀로 작업이 가능합니다. 펀치 니들은 일반 바늘보다 크고 굵기 때문에 원단을 찌를 때 원단에 힘이 많이 가해져 수틀의 금속 조임쇠를 단단히 조여 사용합니다.

〈 자수용 원목 수틀&대형 원목 수틀 〉

1 수틀의 금속 조임쇠를 풀어 안쪽 수틀과 외각 수틀을 분리한 뒤 안쪽 수틀을 아래에 두고 그 위에 재단한 원단을 올린다.

2 원단 위로 외각 수틀을 올려 안쪽 수틀에 끼운다.

3 원단을 팽팽하게 잘 펴준다. 원단 올이 어느 한쪽으로 쏠리지 않았는지 수직과 수평이 맞는지 확인하면서 당긴다.

4 수틀 금속 조임쇠를 드라이버 또는 손으로 단단히 조인다.

〈 그리퍼 수틀 〉

1 수틀 위에 재단한 원단을 올린다.

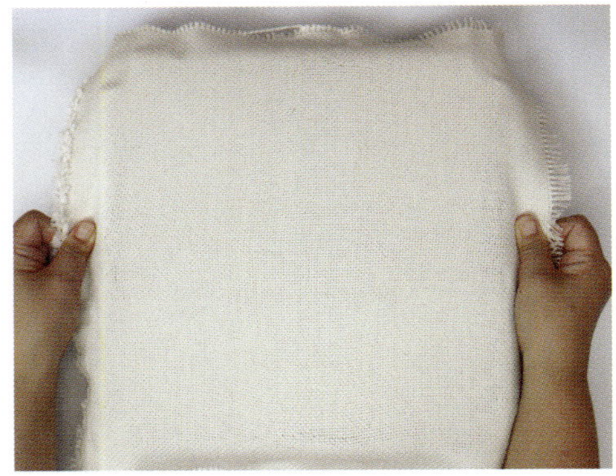

2 원단 좌우 끝부분을 당긴다.

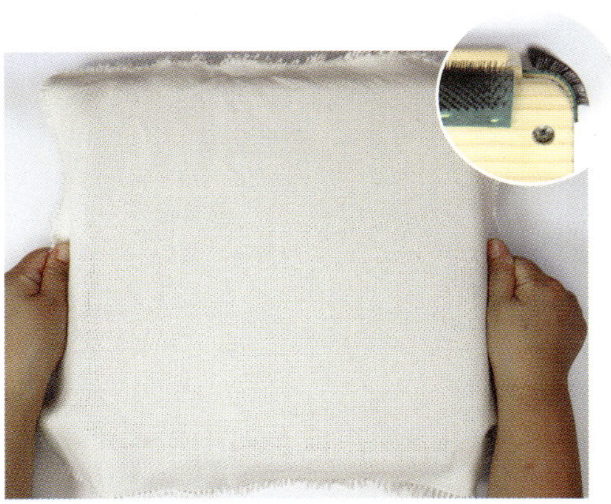

3 가시가 아랫부분으로 향해 있기 때문에 원단을 당기어 그리퍼 가시에 살짝 걸어준다.

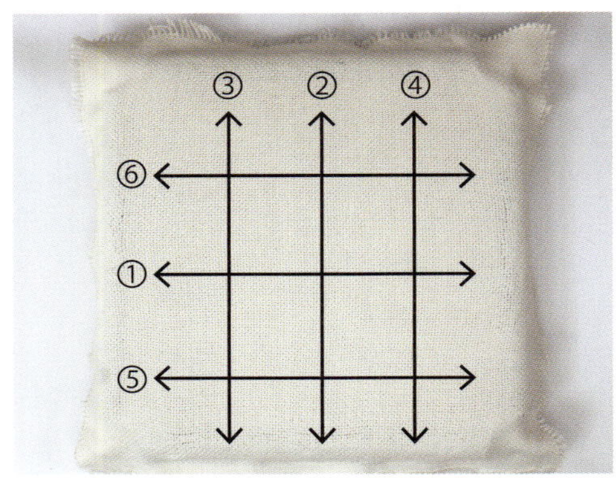

4 사진을 참고하여 순서대로 원단을 돌려가면서 좌우 끝부분을 당기어 그리퍼 가시 부분에 다시 한번 꼼꼼히 걸어준다. 원단의 올이 어느 한쪽으로 쏠리지 않았는지 수직과 수평이 맞는지 확인하면서 당긴다.

〈 캔버스틀 〉

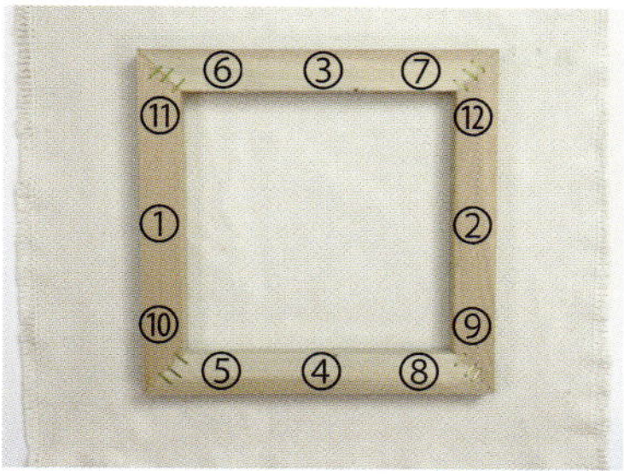

1 원단 위에 캔버스틀을 올린다.

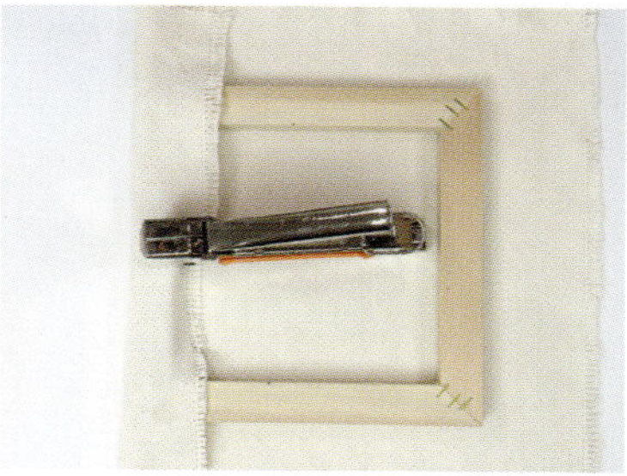

2 원단을 수틀에 올린 뒤(사진 참고) ①에 건 타카를 찍어 고정한다.

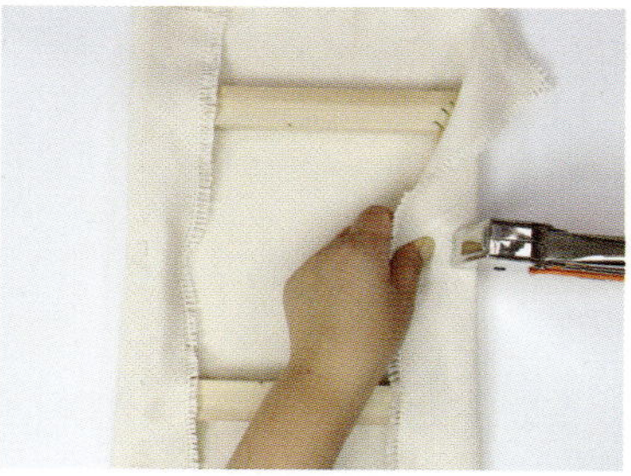

3 ②에 위치한 원단을 당기면서 건 타카로 찍는다.

4 ③, ④에 위치한 원단을 당기면서 건 타카로 찍는다.

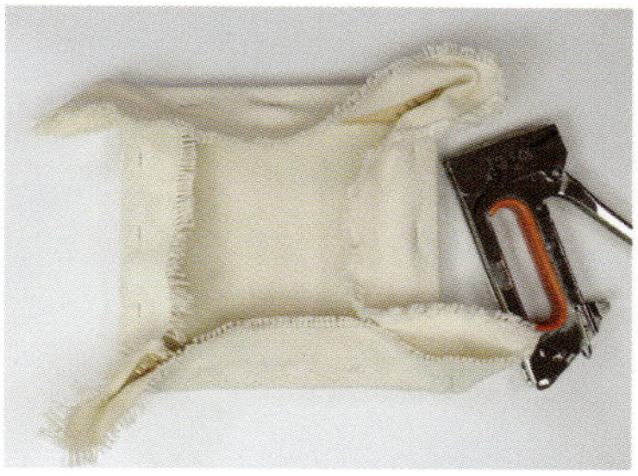

5 ⑤~⑫까지 순서대로 원단의 올이 어느 한쪽으로 쏠리지 않았는지 수직과 수평이 맞는지 확인하면서 건 타카로 찍는다.

6 모서리 부분을 세운 뒤 눌러서 건 타카로 찍는다.

7 모서리 모두 6번과 같은 방법으로 건 타카로 찍어 원단을 고정시킨다.

TIP

• 캔버스틀에서 원단을 분리할 때는 건 타카 핀 제거기를 이용하거나 송곳을 이용하면 편리하다.

원단에 도안 옮기기

원단에 도안을 옮기는 방법도 여러 가지가 있습니다. 상황에 따라 편한 방법을 선택하여 사용합니다.

〈 창문 활용하기 〉 도안을 원단 아래에 두고 옮겨 그린다.

1 도안을 창문에 테이프로 붙인다.

2 도안 위에 원단을 올린 뒤 테이프로 고정한다.

3 창밖의 빛을 이용하여 도안을 옮겨 그린다.

〈 조명 이용하기 〉 도안을 원단 아래에 두고 옮겨 그린다.

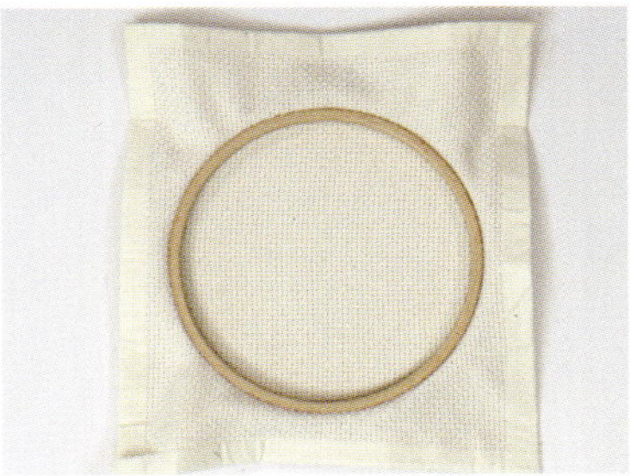

1 원단을 수틀에 끼운 뒤 뒤집는다.

2 원단 아래에 도안을 수틀에 맞춰 누르거나 수틀 크기에 맞춰 잘라 마스킹 테이프로 고정한다.

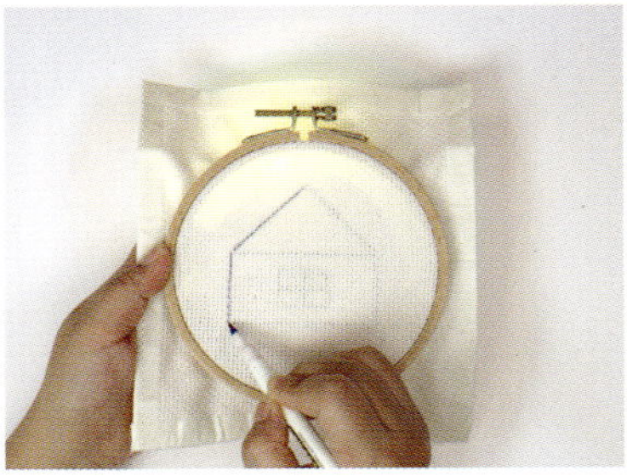

3 수틀을 조명 또는 휴대폰 플래시에 비춰 가면서 도안을 옮겨 그린다.

〈 **페이퍼 컷팅** 〉 도안을 원단 위에 두고 옮겨 그린다.

1 도안을 가위로 자른 뒤 안의 선들을 송곳으로 중간 중간 구멍을 뚫는다.

2 원단 위에 자른 도안을 올려 외각 선을 따라 그린다.

3 송곳으로 뚫은 구멍에 펜으로 점을 찍는다.

4 도안을 빼낸 뒤 점을 이어준다.

TIP

직접 패턴 만들기

플랫 스티치 면과 루프 면 중 완성 면을 정하고 시작해야만 눈동자의 위치, 꼬리의 위치 등 방향성을 갖고 있는 작업물의 결과물을 의도대로 완성할 수 있습니다.

2

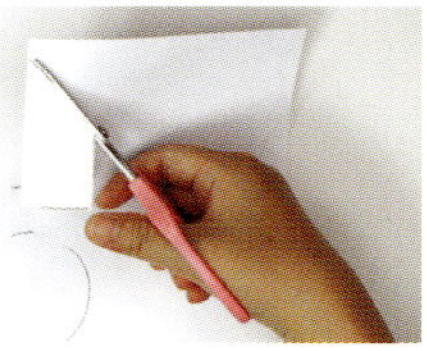

1. 종이를 반으로 접는다.
2. 원하는 이미지의 절반을 그린 뒤 가위로 이미지를 따라 오린다.
3. 접힌 종이를 피면 도안이 완성된다.

바늘에 실 끼우기

책에 사용하는 바늘은 바늘부터 손잡이까지 한쪽 부분에 틈이 있어 실을 끼울 때 특별한 도구의 도움 없이 직접 끼울 수 있습니다.

1 바늘부터 손잡이까지 열려 있는 방향이 위로 향하게 들어준다.

2 실을 바늘 귓구멍으로 넣어준다. 바늘 귓구멍에 실을 끼울 때 끝부분을 반으로 접어 넣으면 쉽게 들어간다.

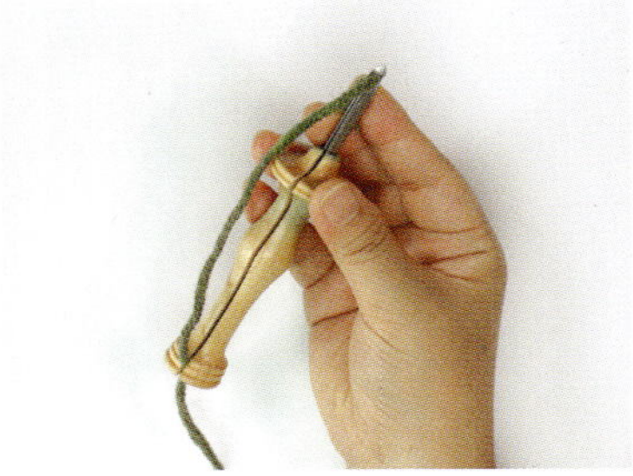

3 실을 1cm 정도 빼낸 뒤 검지로 실이 바늘에 닿도록 누른다.

4 실을 손잡이 끝 틈으로 누른 뒤 실 전체를 바늘부터 손잡이까지 열린 틈으로 끼운다.

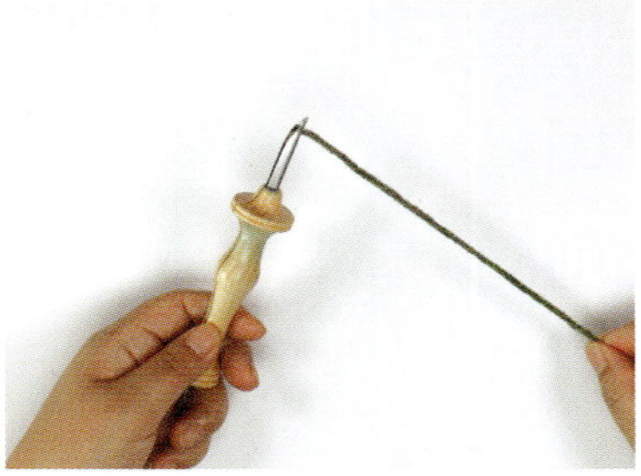

5 바늘귀로 실을 20cm가량 뽑아 올린다.

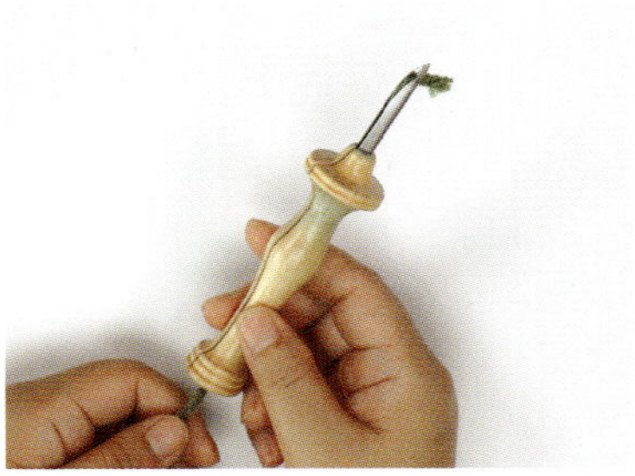

6 다시 손잡이 아래로 실을 당기어 바늘 끝부분에 1cm 정도 남긴다. 5, 6번 과정을 하는 이유는 간혹 나무 손잡이 틈 사이에 가시가 있어 실이 걸리는 현상을 확인하기 위해서이다.

바늘 사용 방법

바늘 사용 방법은 크게 어렵지 않습니다. 일반 펜을 쥐는 방법과 동일하며 진행 방향에 따라 바늘을 돌리거나 수틀을 돌려 사용합니다. 실 뭉치와 바늘 사이의 실을 항상 여유 있게 뽑아서 사용합니다.

1 실 뭉치와 바늘 사이의 실은 항상 여유 있게 뽑아둔다. 실이 한쪽으로 당겨지면 바늘이 앞으로 나아가지 못한다.

2 펜을 쥐는 방법과 동일한 방법으로 손잡이를 잡고 사용한다.

3 바늘의 열린 부분이 항상 진행 방향을 향하게 한다. 아래로 향했던 방향이 위로 향해야 할 경우는 바늘을 돌려서 진행하거나 수틀을 돌려 사용한다.

4 바늘은 원단 깊이 찌른다. 항상 깊이를 동일하게 찔러야 작업 면 뒷면에 생기는 루프(실의 고리)의 높이가 동일하게 생성된다.

5 바늘을 들어 올려 다음 위치로 옮길 때는 바늘 끝부분이 원단을 닿으며 이동시키는 것이 좋다. 바늘을 원단 높이 들어 올릴 경우 실이 원단에 고정되지 못하고 빠질 수 있다.

스티치 소개

작업 방향인 플랫 스티치 면은 플랫한 느낌의 수가 놓이고, 원단 뒷면에는 자동으로 루프(실의 고리)가 생깁니다. 두 면 중 어느 면을 완성 면으로 설정하느냐에 따라 결과물의 느낌이 달라집니다. 또 두 가지 느낌을 완성 면에 동시에도 줄 수도 있는데, 이때는 플랫 스티치로 작업을 진행 후 원단을 뒤집어 사용하거나 수틀을 돌려 완성 면에 플랫 스티치로 수놓으면 됩니다. 다양하게 응용해서 사용해 보세요.

〈 플랫 스티치 〉

플랫 스티치 면은 플랫한 스티치가 보이는 작업 면입니다. 바늘이 지나간 자리는 스티치가 생기며, 방향성을 갖고 있습니다. 디테일한 표현이 많은 작업물이나 루프 스티치와 함께 사용해서 높이의 차이를 확실히 주고 싶을 때 완성 면으로 설정할 수 있습니다. 이때에는 스티치의 흐름이 눈에 보이기 때문에 실의 방향성을 생각하면서 면을 채웁니다. 스티치 간격을 균일하게 하고 원단이 보이지 않게 스티치 줄 간격을 촘촘히 작업하는 것이 좋습니다.

면을 플랫 스티치로 채운 모습

플랫 스티치로 완성한 모습

〈 루프 스티치(작업 면의 뒷면) 〉

펀치 니들 작업 시 플랫 스티치 뒷면에 생기는 루프(실의 고리) 면이고 플랫 스티치 면보다 볼륨감 있는 루프가 생기기 때문에 도안보다 큰 작업 결과를 얻을 수 있습니다. 바늘 길이로 루프의 높이가 달라지며, 손을 사용하여 과장된 루프 스티치를 즐길 수도 있습니다.

플랫 스티치 뒷면에 루프 스티치가 생긴 모습

루프스티치로 완성한 모습

TIP

작업 면으로 루프 만들기

루프의 높이를 일정하게 만들기 어려우며, 실 소모가 많아 넓은 면을 채우기보다는 부분적으로 루프를 만들 때 사용하면 좋습니다.

1 작업 면에서 원단에 바늘을 찔러 넣는다.
2. 바늘을 천천히 들어 올리면서 원단과 바늘 사이에 2cm 실을 남겨둔다. 이때 실이 모두 빠져나오지 않도록 바늘이 빠져나온 구멍과 실을 살짝 누르면서 바늘을 들어 올린다.
3. 한 땀 아래에 바늘을 찔러 넣고 1, 2번을 반복하여 작업한다.
4. 완성

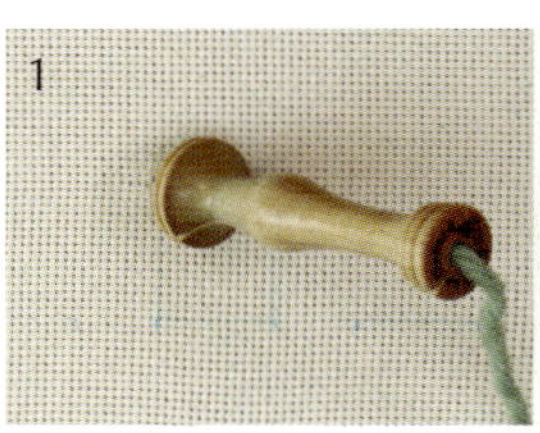

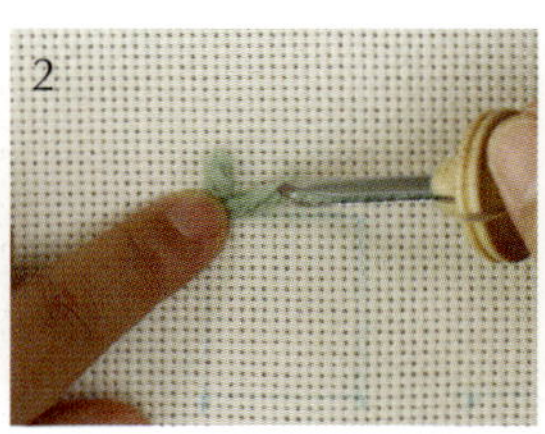

〈 과장된 루프 스티치(작업 면의 뒷면) 〉

다양한 사이즈의 바늘로 루프의 높낮이를 편하게 표현할 수 있지만 바늘이 하나만 있어도 손을 사용해 루프(실의 고리)의 길이 조절이 가능합니다. 작업 시 뒷면에서 손으로 루프를 잡고 바늘만 빼내면 긴 루프가 만들어 집니다.

〈 컷 루프(작업 면의 뒷면) 〉

루프의 고리 중간을 잘라 다양한 질감 표현을 할 수 있습니다.

→

완성 면에 따른 도안 방향 설정

〈 펀치 니들 작업을 진행하는 면·작업 면·플랫 스티치가 보이는 면 〉

펀치 니들 작업이 진행되는 면이면서 플랫한 스티치가 보이는 면입니다. 도안의 방향과 완성 방향은 동일합니다.

〈 펀치 니들 작업을 진행하는 뒷면·작업 면 뒷면·루프가 생기는 면 〉

펀치 니들 작업을 진행하는 뒷면이면서 루프(실의 고리)가 생기는 면으로 볼륨감 있는 작업물이 됩니다. 작업 면과 완성 면이 반대 방향이기 때문에 도안이 좌우 반전되어 완성됩니다. 직접 도안을 만들 때 완성 방향과 눈동자 등을 생각하면서 디자인하는 것이 좋습니다.

레터링 표현

플랫 스티치 응용

플랫 스티치 한 땀을 길게 여러 번 겹쳐서 올록볼록한 입체적인 표현이 가능합니다.

1 알파벳 A를 펜으로 그린다.

2 바늘에 실을 끼우고 A 아랫부분에 바늘을 찔러 넣는다. 플랫 스티치 면이 완성면일 경우 바늘에 실을 낄 때 생기는 실 꼬리를 수틀 뒤로 빼면 마지막 돗바늘로 정리하는 과정을 줄일 수 있다.

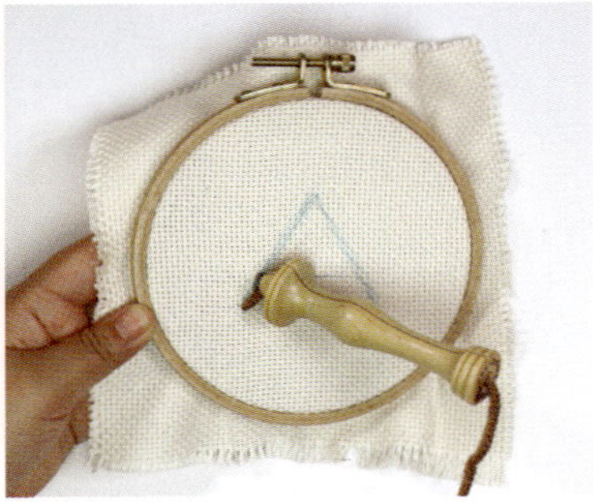

3 1cm 정도 이동하여 바늘을 찔 러 넣는다. 실이 꼬이지 않게 바늘의 열린 부분은 항상 진행 방향을 향하게 한다.

4 다시 아래 2번 위치로 바늘 방향을 아래로 돌려서 찔러 넣는다.

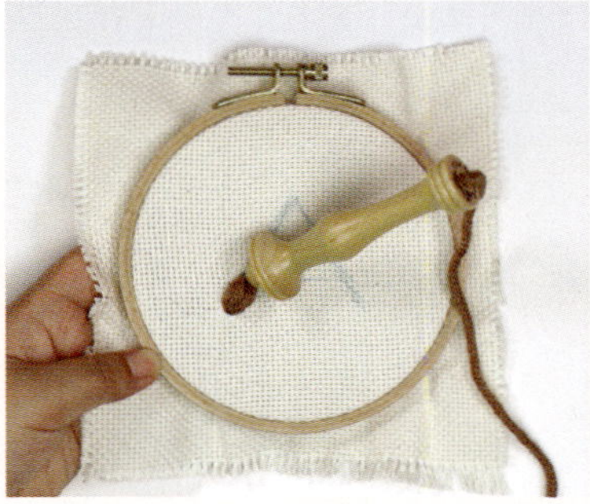

5 3, 4번 과정을 8번 정도 실을 겹겹이 쌓아 올려 볼륨감 있는 스티치를 만든다.

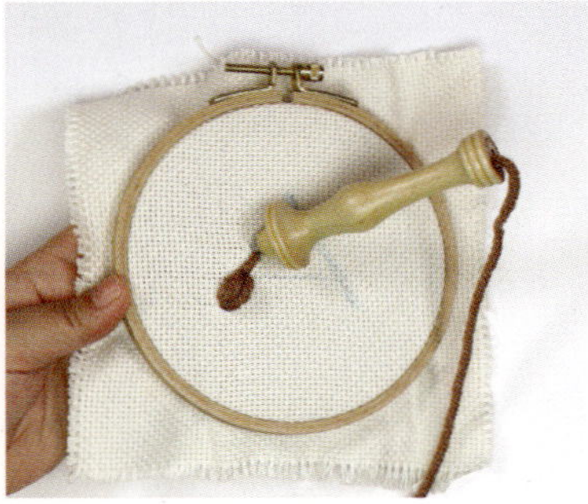

6 다시 1cm 정도 바늘을 이동하여 찔러 넣는다.

플랫, 루프 스티치를 응용하여
올록볼록한 입체적인 레터링 표현이 가능합니다.
그 외 다양한 스티치 방법은 유튜브 〈greendotori〉에서
확인할 수 있습니다.

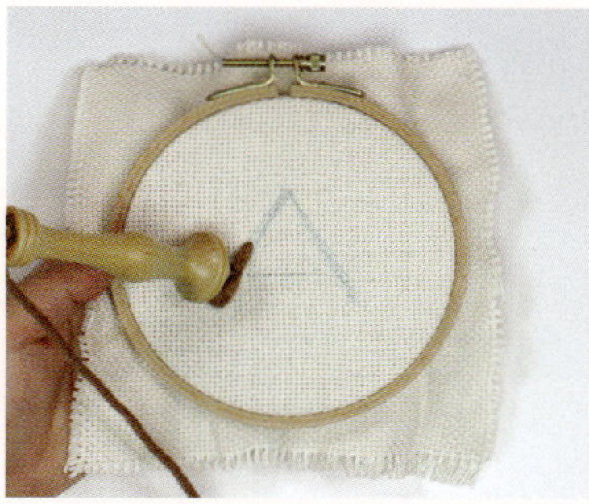

7 다시 3번 위치로 바늘 방향을 아래로 돌려서 찔러 넣는다.

8 다시 위아래를 번갈아가면서 같은 곳에 바늘을 찔러 넣어 볼륨감 있는 스티치를 A의 끝부분까지 수놓는다.

9 수틀 뒷면 바늘 끝부분 실을 잘라 정리한다.

10 나머지 부분도 같은 방법으로 작업을 진행해 A를 완성한다.

11 수틀 라인에 따라 안쪽 면을 플랫 스티치로 채우면 미니 액자 완성.

루프 스티치 응용

수틀 아래에서 위로 바늘을 통과시켜 루프를 만들고 다시 그 루프 사이에 바늘을 통과시킨 뒤 루프를 연결하여 체인 느낌의 입체감 있는 표현을 할 수 있습니다.

1 수틀 뒷면에서 앞으로 바늘을 찔러 넣는다.

2 바늘을 뒤로 빼고 원단 위에 생긴 루프를 손으로 누른다.

3 다시 바늘을 루프 사이로 찔러 넣는다.

4 바늘을 뒤로 빼고 새로 생긴 루프를 손으로 누른다.

5 다시 바늘을 루프 사이로 찔러 넣는다.

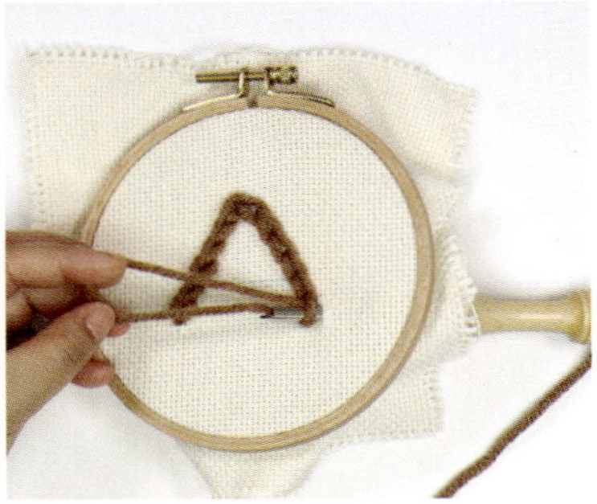

6 A 끝까지 같은 방법으로 수놓은 뒤 바늘을 마지막 부분에 찔러 넣은 채 루프를 손으로 당기어 길게 뽑아내어 실을 자른다.

7 실에 돗바늘을 끼어 루프 끝부분에 통과시킨다.

8 나머지 부분도 같은 방법으로 수놓는다.

9 마무리는 6, 7번과 같은 방법으로 돗바늘로 마무리하여 A를 완성한다.

10 수틀 라인에 따라 안쪽 면을 플랫 스티치로 채우면 미니 액자 완성.

수놓기

면을 채울 때 기본적으로 많이 사용하는 방법을 소개합니다. 수놓는 방법은 간단합니다. 한 땀의 간격과 줄 사이의 간격을 촘촘하게 작업을 진행합니다. 플랫 스티치의 방향성은 눈에 잘 보이기 때문에 완성 면으로 할 경우 스티치의 흐름을 생각해서 작업을 진행하면 됩니다.

레귤러 10호 굵은 바늘의 경우 한 땀 간격은 바늘의 두께인 0.5cm 정도가 좋습니다. 파인 14호 가는 바늘의 경우 한 땀 간격은 바늘의 두께인 0.3~0.4cm 정도가 좋습니다. 같은 실을 사용해도 가는 바늘을 통과하여 나오기 때문에 실이 얇게 표현되므로 간격도 조금 더 촘촘하게 작업을 진행해야 합니다.

레귤러 10호 플랫 스티치로 수놓은 모습

파인 14호 플랫 스티치로 수놓은 모습

플랫 스티치 면을 완성 면으로 사용할 경우는 원단이 보이지 않을 정도로 촘촘히 작업을 진행합니다. 루프 스티치 면을 완성 면으로 사용한다면 루프가 풍성하게 생겨서 원단이 잘 보이지 않아 플랫 스티치 작업 면에서 원단이 살짝 보여도 특별히 문제는 없습니다.

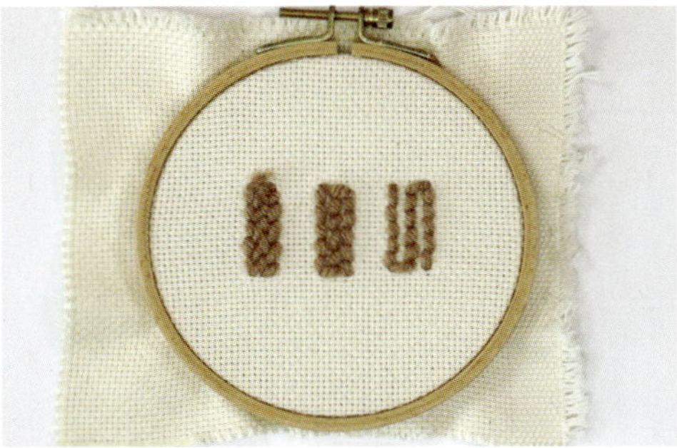
오른쪽으로 갈수록 줄 간격이 멀어진다

오른쪽으로 갈수록 루프 간격이 벌어지고 원단도 보인다

〈 수놓기 연습 〉

1 라인 안쪽을 따라 플랫 스티치로 한 줄 일정한 땀의 크기로 외각 형태를 수놓는다.

2 두 번째 줄부터는 벽돌을 쌓듯이 반 폭씩 엇갈리게 스티치를 수놓는다.

TIP

루프 면을 완성 면으로 생각할 경우 간혹 반 폭씩 엇갈리지 않는 부분도 있더라도 특별한 문제는 없으나 한 땀 간격을 넓게 잡고 진행할 경우 뒷면에 루프가 드문드문 생겨 빈 공간이 생겨 원단이 보일 가능성이 높습니다.

반 폭씩 엇갈리지 않는 부분은 바늘 아래 공간이 많이 비어서 뒷면 완성 면에 원단이 보일 가능성이 높음

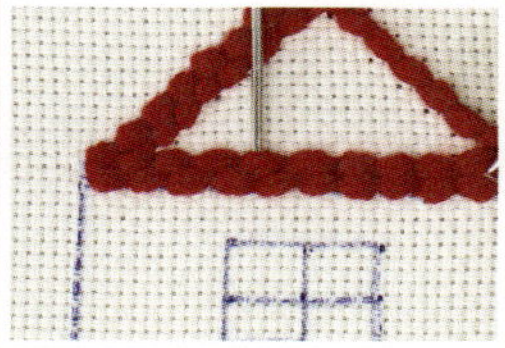

반 폭씩 엇갈린 부분

3 플랫 스티치 면을 완성 면으로 할 경우 스티치 방향성을 생각하면서 면을 채운다.

4 모든 면을 플랫 스티치로 채운다.

실&루프 정리하기

플랫 스티치 면을 완성 면으로 사용할 경우 실 자르기 방법은 두 가지가 있으며, 실을 정리하는 방법은 플랫, 루프 스티치 면에 따라 방법이 다릅니다. 플랫 스티치 면이 완성 면일 경우에는 실 꼬리를 깔끔히 정리하고, 루프 면이 완성 면일 경우에는 루프 라인을 이미지에 맞추어 정리하는 것이 작업의 완성도를 높이는 방법입니다.

〈 실 자르기 1 〉

완성 면 방향에 상관없이 가장 기본적으로 사용하는 방법입니다. 하지만 플랫 스티치 면을 완성 면으로 사용할 경우 실을 자른 뒤 돗바늘을 이용하여 실을 정리해야 하는 번거로움이 있습니다.

1 실 끝부분을 원단 위로 빠져나오지 않게 누르고 바늘을 들어 올린다.

2 실을 0.5cm 정도 남기고 자른다.

〈 실 자르기 2 〉

이 방법은 플랫 스티치 면을 완성 면으로 사용할 경우 실을 자른 뒤 돗바늘을 이용하여 실을 정리하지 않아도 되는 편리함이 있습니다. 하지만 큰 수틀을 사용할 경우 실을 자를 때마다 수틀을 돌리기 어렵기 때문에 주로 작은 수틀에서 작업할 때 사용합니다.

1 바늘을 꽂은 채 루프 면에서 바늘 끝부분 실을 자른다.

〈 플랫 스티치 면이 완성 면일 경우 실과 루프 정리하기 〉

1 지저분한 실 꼬리 부분을 돗바늘 귀로 눌러 루프 면으로 보낸다.

2 깔끔히 정리하여 마무리한다.

〈 루프 스티치 면이 완성 면일 경우 실과 루프 정리하기 〉

1 지저분한 실 꼬리 부분을 0.5cm 남기고 깔끔히 자른다.

2 루프 면으로 수틀을 뒤집은 뒤 꼬여 있는 루프 라인을 돗바늘 귀로 정리한다.

3 튀어나와 있는 루프의 중간 부분을 돗바늘 귀로 눌러 뒷면으로 보낸다.

4 루프의 라인과 튀어나와 있는 부분을 깔끔히 정리하여 마무리한다.

바느질 및 마무리 방법

원단의 가장자리 올 풀림을 방지하면서 원단을 서로 이을 때 사용하는 여러 가지 방법을 소개합니다.

〈 감침질 〉

원단의 끝부분 올이 풀리지 않도록 꿰매는 바느질 방법이면서 감긴 실의 모양이 하나의 무늬가 되기 때문에 실이 꼬이지 않게 가지런히 모양을 잡아주면서 바느질해야 합니다.

1 돗바늘에 실을 끼워 두 줄로 준비한다. 펀치 니들에 사용하는 감침질은 매듭을 따로 짓지 않고 시작한다.

2 실 끝부분 2센티 정도를 한 손으로 잡고 수놓은 작업물과 마스킹 테이프 붙인 사이의 작은 틈으로 바늘을 넣는다.

3 바늘을 앞으로 가져와 시작점 왼쪽으로 바늘을 넣는다.

4 뒤에 있는 실을 앞으로 가져온다. 이때 실이 꼬이지 않도록 가지런히 모양을 잡는다.

5 실 끝부분과 뒤에서 가져온 실을 함께 잡는다.

6 실이 꼬이지 않게 확인하면서 실을 천천히 뺀다.

7 3~6번을 반복하여 감침질한다.

8 실이 4cm 정도 남으면 감침질한 중간 부분에 끼워 넣는다.

9 실을 가위로 잘라 마무리한다.

〈 박음질 〉

원단을 튼튼하게 꿰매는 바느질 방법입니다. 주로 도안의 여러 면을 잇는데 사용합니다.

1 돗바늘에 한 줄로 실을 꿰어 매듭을 짓는다.

2 원단 사이의 루프를 아래로 눌러 박음질하는 부분에 끼이지 않도록 박음질 중간 중간 정리한다.

3 작업물과 마스킹 테이프를 붙인 사이의 작은 틈으로 바늘을 뒤에서 앞으로 뺀다.

4 시작점 오른쪽으로 한 땀 간격을 두고 바늘을 앞에서 뒤로 통과시킨다.

5 시작점 왼쪽으로 한 땀 간격을 두고 바늘을 뒤에서 앞으로 통과시킨다.

6 3~5번 작업을 반복하여 박음질한다.

〈 홈질 〉

바늘땀을 위아래로 드문드문 성기게 꿰매는 바느질 방법이다. 책에서는 박음질 후 창구멍으로 원단을 뒤집은 뒤 창구멍을 막을 때 주로 사용합니다.

1 안쪽에 있는 바늘을 작업물과 마스킹 테이프를 붙인 틈 사이로 밖으로 뺀다.

2 마스킹 테이프를 붙인 시접 부분을 안으로 접어 넣은 뒤 원단 면을 홈질로 한 땀 뜬다.

3 루프 면의 시접 부분도 홈질로 한 땀 뜬다.

4 2, 3번을 반복하여 창구멍을 모두 홈질한다.

5 실을 잡아당기어 실이 안 보이게 정리한다.

〈 일자 감침질 하는 방법 〉

일자 모양의 스티치가 생기면서 원단을 잇는 방법입니다.

1 실에 매듭을 지은 뒤 바늘을 원단 뒷면에서 앞으로 뺀다.

2 1번과 동일한 위치의 루프 면으로 바늘을 넣어 다시 원단 면의 한 땀 옆으로 바늘을 통과시킨다.

3 다시 2번과 동일한 위치의 루프 면으로 바늘을 넣어 다시 원단 면의 한 땀 옆으로 바늘을 통과시킨다.

4 2, 3번을 반복하여 일정한 간격을 유지하면서 바느질한다.

고정시키기

펀치 니들 작업물은 루프를 세게 잡아당기면 올이 풀립니다. 그래서 뒷면에 본드 또는 접착 심지를 선택하여 고정 작업을 진행합니다. 그렇다고 모든 작업물을 할 필요는 없고 사용성이 높은 아이템을 작업할 때 추천합니다.

〈 원단용 본드로 고정하기 〉

1 삐죽 삐져나와 있는 실들을 모두 깔끔히 정리한다.

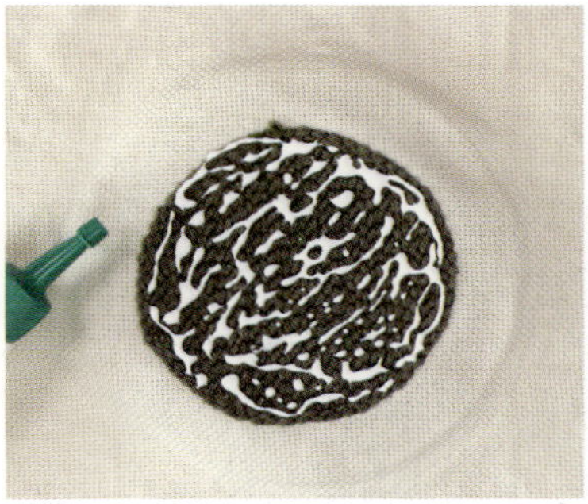

2 본드를 작업 면 전체에 고루 짠다.

3 두꺼운 종이를 이용하여 본드를 얇게 펴 바른 뒤 4시간 이상 건조시킨다. 큰 작업물의 경우 원단이 오그라들 수 있으므로 네 면에 무거운 물건을 올려둔다.

〈 접착 심지로 고정하기 〉

1 실 꼬리를 0.5cm 남기고 정리한다.

2 접착 심지의 반짝거리는 면을 작업물 뒷면과 맞닿도록 포갠다.

3 중간 정도 온도의 다리미로 다린다. 수 놓은 면 밖의 원단도 3cm 이상 다리미로 다린다.

장식 만들기

퐁퐁, 코, 귀 만들기를 익혀두면 조금 더 입체감 있는 아이템을 완성할 수 있습니다.

〈 퐁퐁 만들기 〉

1 폭 5cm 정도 되는 두꺼운 종이에 실을 40회 감는다.

2 감은 실을 뺀다.

3 25cm 길이의 실로 감은 실 중앙을 묶는다.

4 묶은 매듭에 강력 본드를 바른다.

5 양쪽 고리의 중앙을 자른다.

6 둥근 형태가 되도록 다듬는다.

〈 코 만들기 〉

1 실을 검지에 5회 감는다.

2 감은 실을 검지에서 빼낸 뒤 중앙 부분을 5회 감는다.

3 양쪽 생긴 고리가 서로 맞닿도록 반으로 접는다.

4 접은 중앙을 다시 3회 감는다.

5 감은 실 뭉치를 45도쯤 돌려 그 중앙을 3회 감는다.

6 조금씩 각도를 달리하면서 2~3회씩 실을 감는다.

7 원하는 크기가 되었을 때 손 중앙에 넣어 잡고 실 꼬리를 20cm 남기고 자른 뒤 돗바늘을 끼운다.

8 돗바늘을 감은 실 사이를 여러 번 통과시킨다.

〈 귀 만들기 〉

1 돗바늘에 한 줄로 실을 끼워 매듭을 지은 뒤 수틀 뒤에서 앞으로 바늘을 통과시킨다.

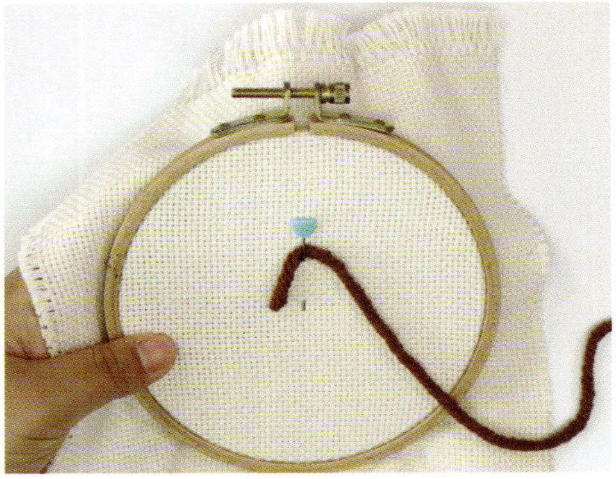

2 시침핀을 귀의 높이를 생각하여 귀의 중앙 부분에 꽂은 뒤 실을 시침핀에 걸어준다.

3 사진과 같이 귀의 넓이를 생각하여 돗바늘을 꽂은 뒤 중앙으로 뺀다.

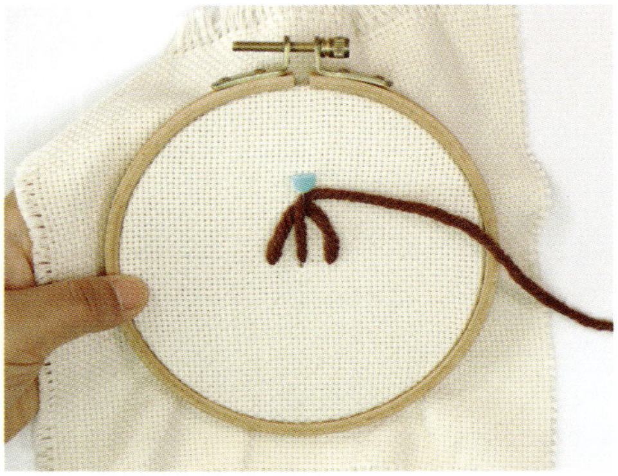

4 실을 다시 시침핀에 걸어준다.

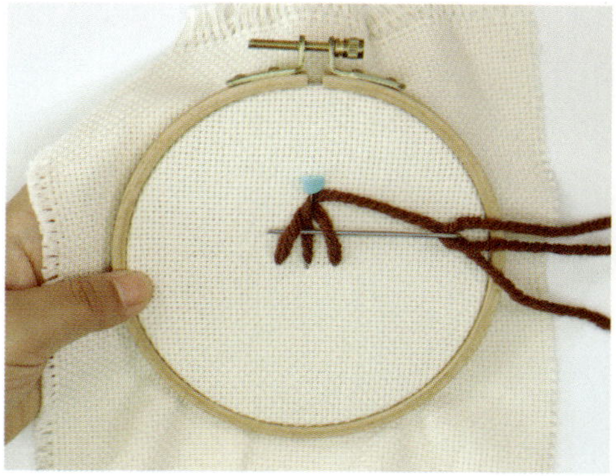

5 돗바늘을 실의 아래→위→아래로 통과시킨다.

6 실을 당긴다.

7 다시 돗바늘을 실의 위→아래→위로 통과시킨 뒤 실을 당겨가며 귀의 형태를 잡는다.

8 5~8번을 번갈아가면서 귀의 형태를 잡는다.

9 시침핀을 제거한 뒤 수틀 뒤로 돗바늘을 빼내어 매듭을 짓고 실을 자른다.

Punch Needle

3

펀치 니들로 소품 만들기

재료와 도구, 기초 수업까지 알아보았어요. 이제부터 차근차근 펀치 니들로 만들 수 있는 36개의 작품을 함께 만들어 보아요. 브로치, 열쇠고리와 같은 작은 소품부터 러그, 인형, 헌팅 트로피와 같은 큰 소품까지 다양한 작품을 만나볼 수 있어요.

Level ★★★☆☆

미니 곰 수틀 액자

××××××

작은 수틀 위로 불룩 튀어나온 주둥이와 작은 귀를 입체감 있게 표현할 수 있는 방법을 소개합니다. 프랑스 자수의 여러 기법을 활용하면 어렵지 않게 재미있는 작업을 할 수 있어요. 그중 작은 귀는 돗바늘로 레이즈드 리프 스티치를 활용하여 표현했어요.

재료

- 몽스 원단……36×36cm, 18×18cm
- 자수틀……14cm(외경)
- 마스킹 테이프……12mm
- 실(두께: 코지울 4~5mm)

A 코지울 K940 블랙
B 코지울 K025 아이보리
C 코지울 K1892 브라운

도구

옥스퍼드 펀치 니들 레귤러 10호, 가위, 돗바늘, 네임펜, 드라이버

Design

Size 14×14cm

ⓐ 곰 얼굴

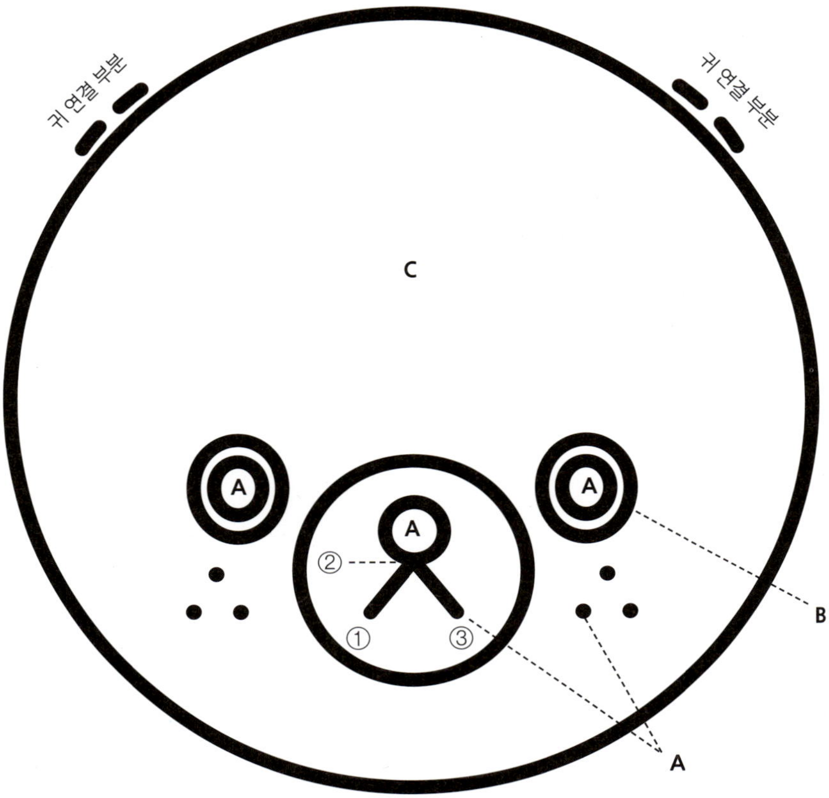

ⓑ 주둥이

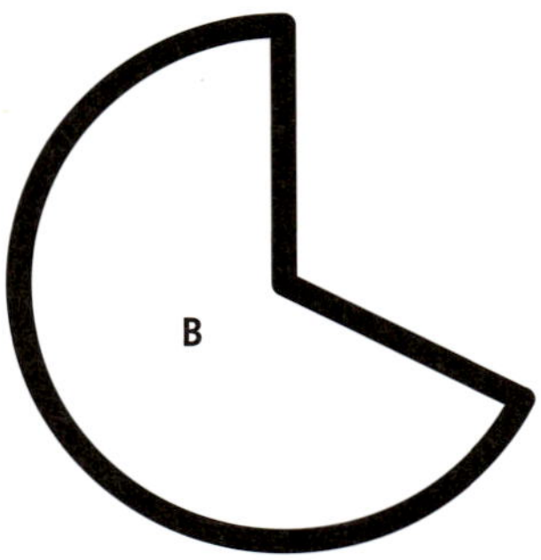

도안은 작업 면 기준입니다.
90% 축소 도안입니다.

How to make

• 재료 준비

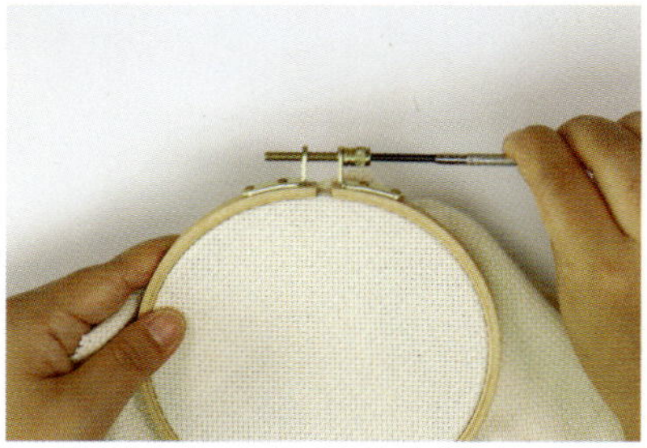

1 원단을 자수틀에 끼워 준비한다. 자수틀을 사용할 때는 수틀의 조임쇠 부분을 드라이버로 단단히 조여 원단을 최대한 팽팽하게 고정시키는 것이 중요하다.

• 도안 그리기

1 수틀 뒷면 원단(36×36cm) 위에 ⓐ 도안을 그린다. 수틀을 원형 그대로 사용한다면 얼굴 둥근 외각 라인은 그리지 않아도 된다.

2 수틀 앞면 원단(18×18cm) 위에 ⓑ 도안을 그린다. ⓐ 도안 펀칭 작업이 끝나고 진행해도 된다.

26p 도안 옮기기 참고

• 펀칭 작업

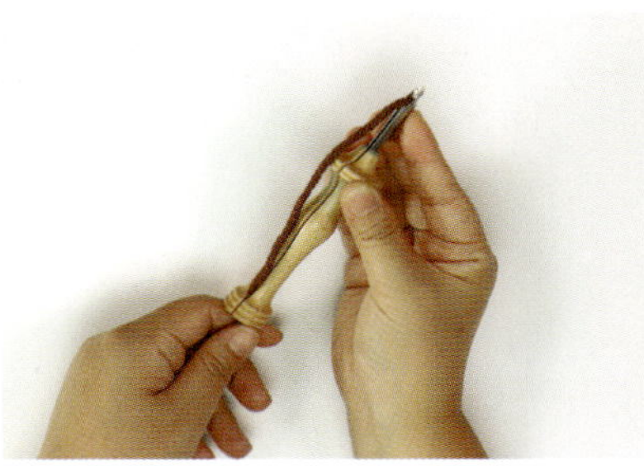

1 바늘의 열린 방향으로 A실을 끼워 준비한다.

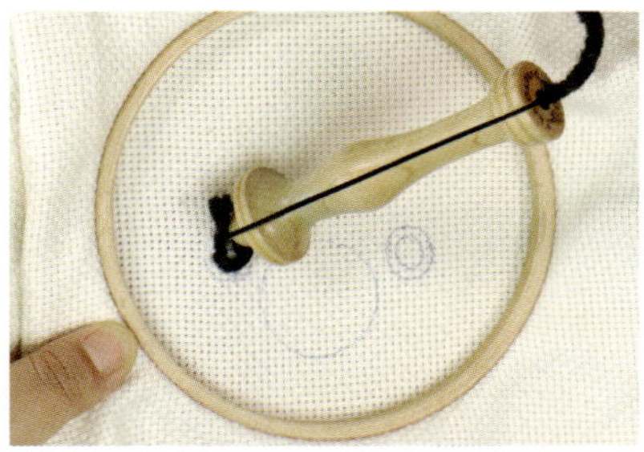

2 ⓐ 도안의 검은 동자 라인 안쪽을 따라 플랫 스티치로 한 줄 외각 형태를 수놓은 뒤 면을 채운다. 양쪽 눈 모두 같은 방법으로 작업을 진행한다.

3 흰 동자 라인 안쪽을 따라 플랫 스티치로 한 줄 외각 형태를 수놓는다. 양쪽 모두 같은 방법으로 작업을 진행한다.

4 곰 얼굴 수틀 안쪽 외각과 눈, 주둥이 외각을 플랫 스티치로 두 줄 외각 형태를 수놓은 뒤 면을 채운다.

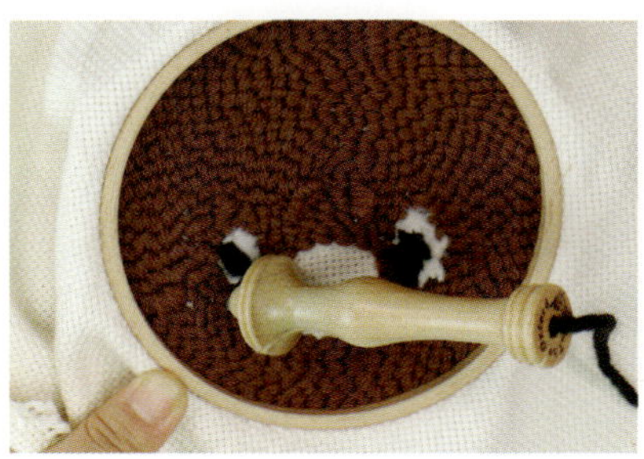

5 도안에서 주근깨 위치를 확인 후 A실로 플랫 스티치로 양쪽 모두 수놓는다.

6 수틀을 뒤집어 주근깨 루프가 잘 안 보일 경우 돗바늘로 루프를 살짝 위로 뺀다.

7 ⓑ 도안 외각 라인 안쪽을 따라 플랫 스티치로 한 줄 외각 형태를 수놓은 뒤 면을 채운다.

• 마무리 작업

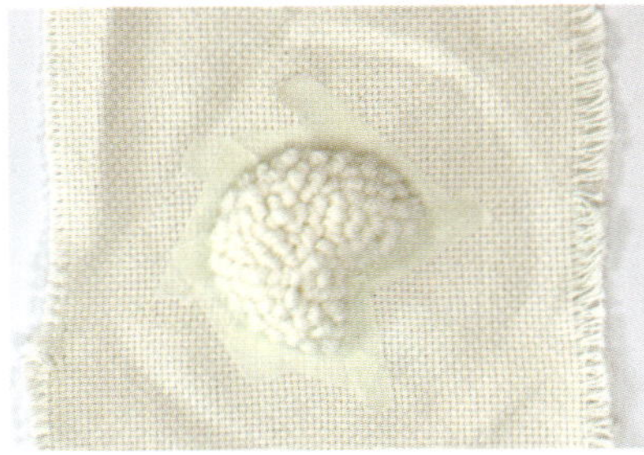

1 ⓑ 작업물 수틀을 제거한 뒤 마스킹 테이프를 외각선에 맞추어 붙인다.

2 수놓은 작업물과 마스킹 테이프 사이를 0.7cm 시접을 주고 외곽을 따라 자른다.

3 C실 25cm를 돗바늘에 끼워 한 줄로 플랫 스티치 면에서 다트 부분의 시접을 잡고 박음질한다.

44p 박음질 방법 참고

4 박음질이 끝나면 루프 면으로 뒤집은 뒤 바늘을 시접을 통과시켜 루프 면으로 뺀다.

5 나머지 시접을 안쪽으로 넣는다.

6 ⓐ 작업물의 주둥이 부분에 ⓑ 작업물을 위치시킨다. 다트 선이 보이는 쪽을 아래로 향하게 한다.

7 ⓐ, ⓑ 작업물을 홈질로 연결한다. 돗바늘을 수틀 아래로 통과시킨다. 이때 ⓐ 작업물의 루프를 눌러 정확한 위치를 확인하면서 바느질한다.

45p 홈질 방법 참고

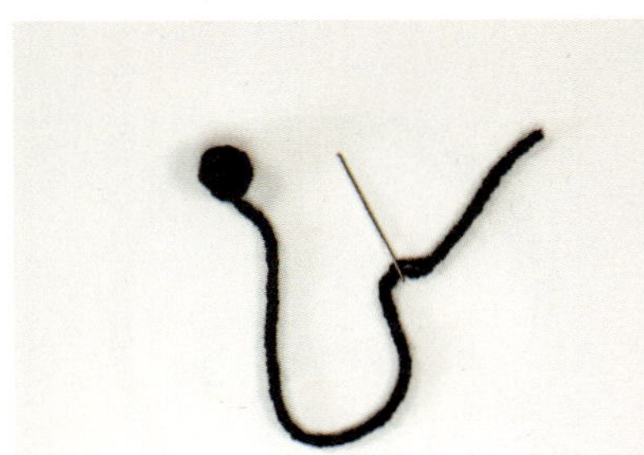

8 실을 감아 지름 1.5cm의 코를 만든다.

49p 실감아 코 만들기 참고

9 ⓑ의 중심에 코에 연결되어 있는 돗바늘을 수틀 뒷면까지 통과시킨다.

10 수틀 뒤에서 앞으로 ⓑ의 중심 살짝 옆으로 바늘을 빼낸 뒤 코의 아랫부분을 가로로 통과시킨다.

11 다시 코 중심 부분에 바늘을 통과시키어 수틀 뒷면으로 뺀다. 10, 11번 과정을 한 번 더 반복하여 코를 단단히 고정시킨다.

12 도안에서 입 위치 확인 후 아래에서 위로 ①로 바늘을 통과시킨다.

13 ②로 바늘을 통과시킨다.

14 다시 ③으로 바늘을 빼낸 뒤 ②로 통과시켜 수틀 뒷면에서 매듭을 지어 실을 자른다.

15 C실 80cm를 돗바늘에 끼워 한 줄로 준비한다. 도안에서 귀 위치를 확인 후 레이즈드 리프 스티치로 귀를 만든다.

50p 귀 만들기 참고

16 귀의 중심선을 잡기 위해 시침핀은 마스킹 테이프에 꽂아 작업을 진행한다.

17 다른 한 쪽 귀도 15, 16번과 동일한 방법으로 작업한다.

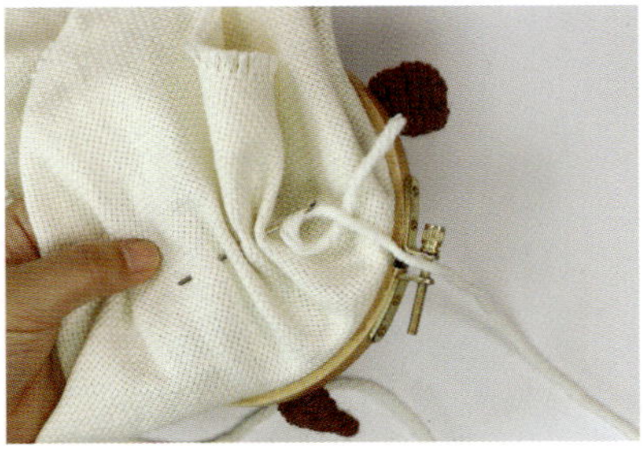

18 수틀을 뒤집어 수틀에서 4cm 여유를 주고 둥글게 홈질을 한다.

19 실을 당기어 원단을 오므린다.

20 실을 묶은 뒤 원단 끝부분을 4cm 여유를 주고 자른다.

21 끝부분 원단을 수틀 안쪽으로 넣어 마무리한다.

Mini Bear
Framed Picture Frame

숲 속 요정&
꽃과 채소 미니 수틀 액자

××××××

Level ★☆☆☆☆

루프 스티치만으로 또는 플랫, 루프 스티치를 섞어서 다양한 표현이 가능해요. 수틀 그대로 마무리를 하기 때문에 플랫, 루프 스티치를 섞어서 사용하는 경우 수틀 앞면에 도안을 그린 뒤 루프를 표현할 부분만 수틀 뒷면 같은 위치에 도안을 그려주세요. 미니 수틀 액자의 도안은 8개로, 만드는 방법은 동일해요. 스티치를 섞어서 사용할 경우 작업 방향만 앞뒤를 번갈아가면서 작업을 진행하니 도안을 확인하면서 작업을 진행해주세요.

Design

도안은 작업면 기준입니다.

재료

ⓐ 핑크 꽃(도안: 수틀 앞면)
- 몽스 원단……36×36cm
- 자수틀……14cm(외경)

A 코지울 K1892 브라운
B 코지울 K025 아이보리
C 코지울 H1877 핑크믹스_진핑크
D 코지울 H1874 그린믹스_그린
E 코지울 H1874 그린믹스_다크그린
F 코지울 K1480 인디딥그린
G 나코 봉주르 23691 연연연베이지

ⓑ 핑크 열매(도안: 수틀 앞면)
- 몽스 원단……28×28cm
- 자수틀……14cm(외경)

A 코지울 H1877 핑크믹스_진핑크
B 코지울 H1877 핑크믹스_레드핑크
C 코지울 H1877 핑크믹스_다크핑크a
D 울티마 2276 인디핑크
E 코지울 H1874 그린믹스_연그린
F 코지울 H1874 그린믹스_다크그린
G 코지울 H1874 그린믹스_그레이그린
H 나코 봉주르 23688 진아이보리

ⓒ 둥근 꽃(도안: 수틀 앞면)
- 몽스 원단……36×36cm
- 자수틀……13.5×18.5cm(외경) 라운드 수틀

A 나코 봉주르 23689 단호박
B 코지울 K1873 베이비인디연핑크
C 코지울 H1874 그린믹스_그린
D 코지울 H1874 그린믹스_연그린
E 코지울 H1874 그린믹스_그레이그린
F 코지울 H1874 그린믹스_다크그린
G 코지울 K1480 인디딥그린

ⓓ 다람쥐(도안: 수틀 뒷면)
- 몽스 원단……36×36cm
- 자수틀……13.5×18.5cm(외경) 라운드 수틀

A 코지울 K940 블랙
B 히트울 708 브라운M
C 코지울 K1892 브라운
D 코지울 K150 레드
E 나코 봉주르 23688 진아이보리

ⓔ 빨간 버섯(도안: 수틀 뒷면)
- 몽스 원단……20×20cm
- 자수틀……8.5 cm(외경)

A 코지울 K150 레드
B 코지울 K025 아이보리
C 코지울 K1892 브라운

ⓕ 래디쉬(도안: 수틀 뒷면)
- 몽스 원단……36×36cm
- 자수틀……13.5×18.5cm(외경) 라운드 수틀

A 코지울 H1877 핑크믹스_핫핑크
B 코지울 H1874 그린믹스_다크그린
C 코지울 H1874 그린믹스_그린
D 코지울 K1480 인디딥그린
E 에이피원더 04 올리브
F 코지울 H1874 그린믹스_연그린
G 나코 봉주르 23688 진아이보리

ⓖ 숲(도안: 수틀 뒷면)
- 몽스 원단……36×36cm
- 자수틀……16.5cm(외경)

A 코지울 H1874 그린믹스_그린
B 코지울 H1874 그린믹스_연그린
C 코지울 H1874 그린믹스_다크그린
D 코지울 K1892 브라운
E 울티마 10126 카멜
F 코지울 K025 아이보리

ⓗ 요정 할아버지(도안: 수틀 앞면)
- 몽스 원단……25×35cm
- 자수틀……10.5×16cm(외경) 라운드 자수틀

A 코지울 K1873 베이비인디연핑크
B 코지울 K940 블랙
C 울티마 2276 인디핑크
D 코지울 K025 아이보리
E 코지울 K150 레드
F 코지울 K1892 브라운
G 나코 메가울 23322 녹차라떼메란지

※ 실(두께: 코지울 4~5mm, 코지울 프린트 4~5mm, 히트울 5mm, 나코 봉주르 5mm, 나코 메가울 4~5mm, 울티마 4mm, 에이피원더 5mm)

※ ⓐ, ⓑ, ⓒ 도안은 플랫 스티치가 메인이며. 포인트로 루프 스티치가 들어가는 도안임으로 수틀 앞면 기준으로 도안을 확인한다.

※ ⓓ, ⓔ, ⓕ, ⓖ, ⓗ 도안은 루프 스티치가 완성면이며, 도안은 수틀 뒷면 기준으로 도안을 확인한다.

도구

옥스퍼드 펀치 니들 레귤러 10호, 가위, 돗바늘, 네임펜, 드라이버

Size 핑크 꽃 14×14cm, 둥근 꽃 13.5×18.5cm, 래디쉬 13.5×18.5cm, 핑크 열매 12×12cm,
요정 할아버지 10.5×16cm, 숲 16.5×16.5cm, 다람쥐 13.5×18.5cm, 빨간 버섯 8.5×8.5cm

ⓐ 핑크 꽃

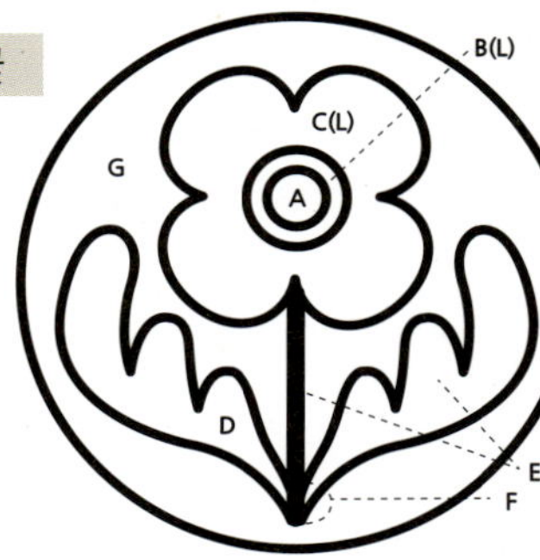

ⓒ 둥근 꽃

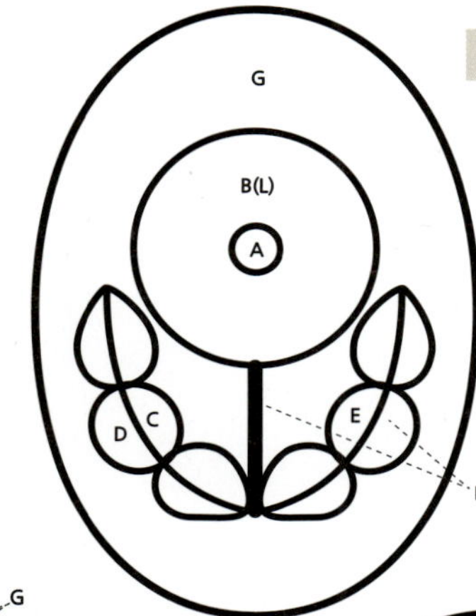

ⓑ 핑크 열매

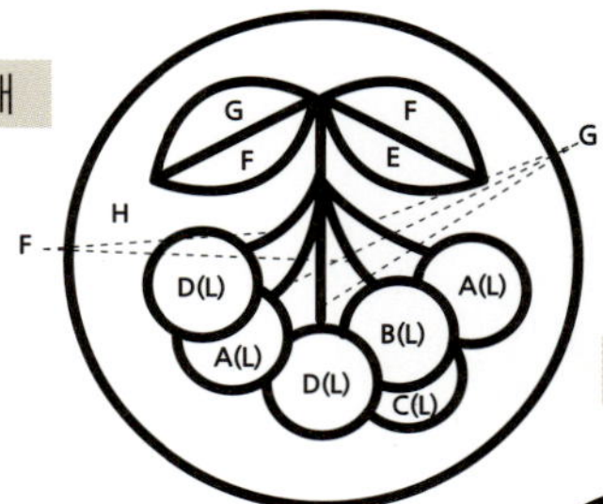

ⓕ 래디쉬

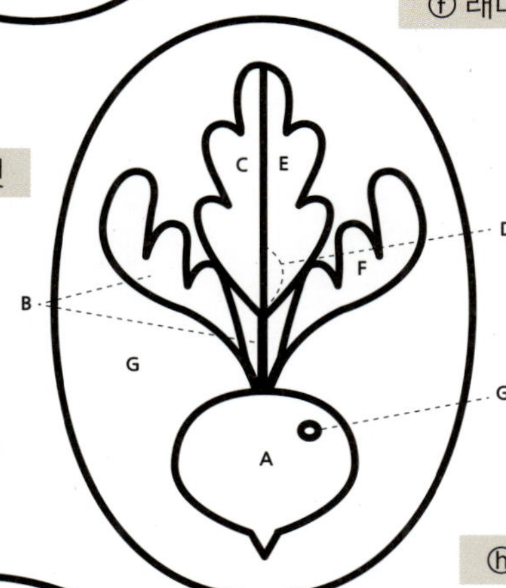

ⓔ 빨간 버섯

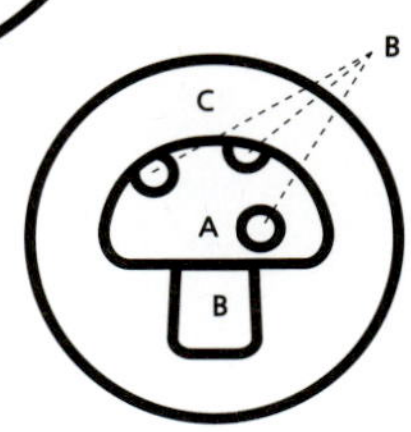

ⓓ 다람쥐

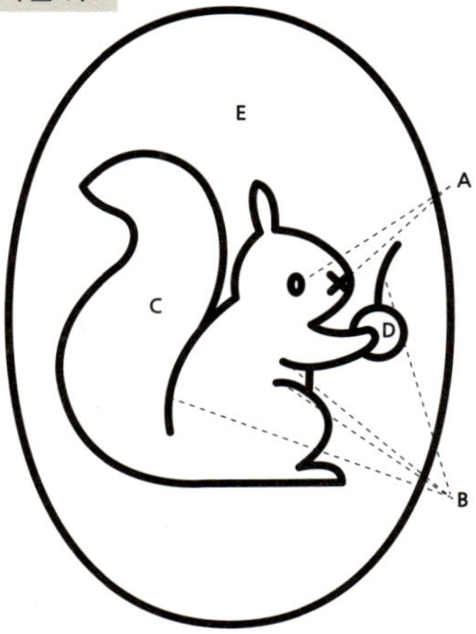

ⓗ 요정 할아버지

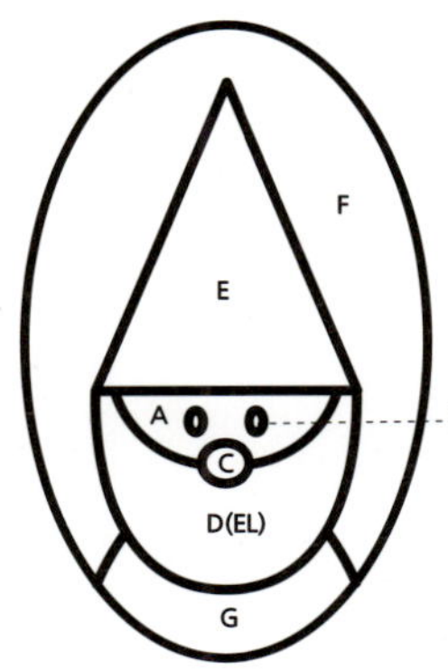

ⓖ 숲

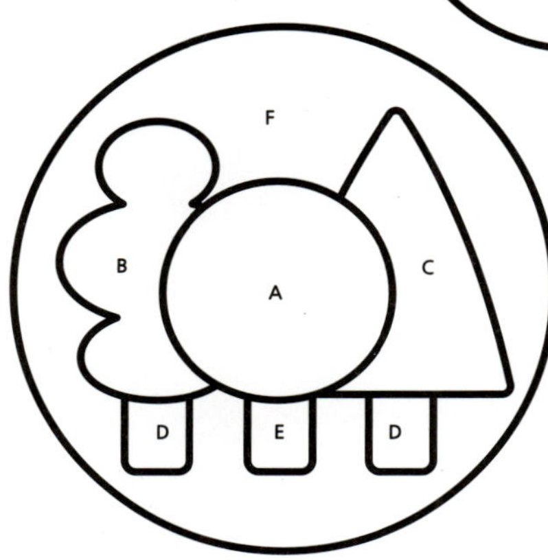

36% 축소 도안입니다.
모든 도안의 기본 스티치는 플랫 스티치이며,
루프 스티치인 경우 (L),
과장된 루프 스티치인 경우 (EL)로 표시하였습니다.

How to make

• 재료 준비

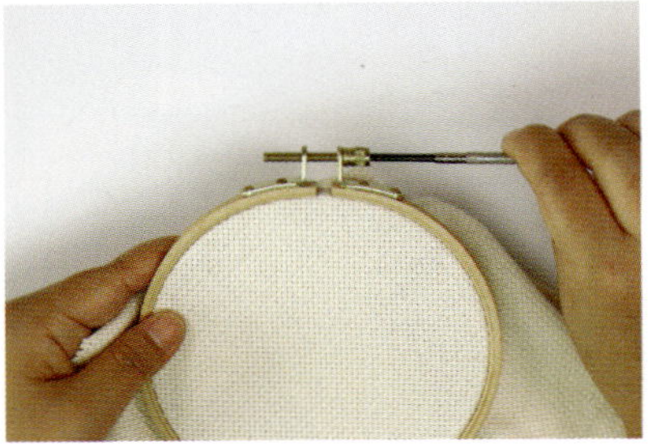

1 원단을 자수틀에 끼워 준비한다. 자수틀을 사용할 때는 수틀의 조임쇠 부분을 드라이버로 단단히 조여 원단을 최대한 팽팽하게 고정시키는 것이 중요하다.

• 도안 그리기

1 수틀 앞면 원단 위에 도안을 그린다.

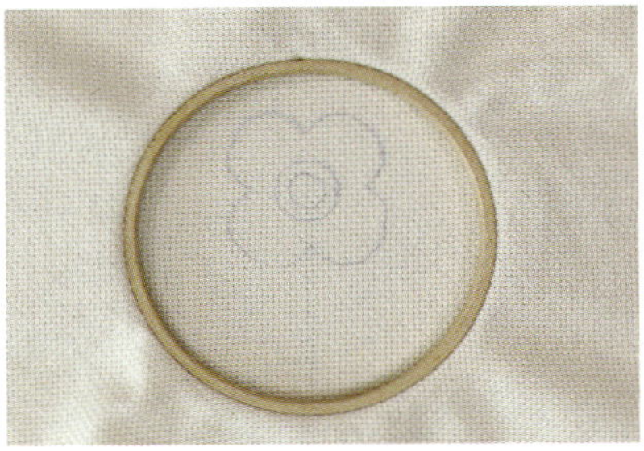

2 수틀 뒷면 원단에 루프 스티치로 포인트를 줄 꽃을 같은 위치에 그린다.

26p 도안 옮기기 참고

• 펀칭 작업

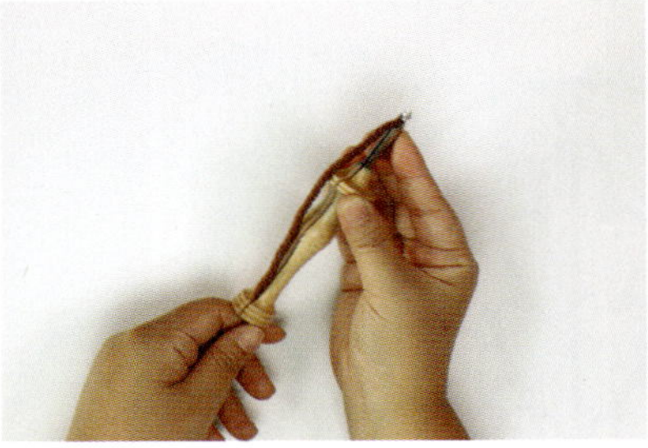

1 바늘의 열린 방향으로 A실을 끼워 준비한다.

2 꽃 중심 둥근 라인 안쪽을 따라 플랫 스티치로 한 줄 외각 형태를 수놓은 뒤 면을 채운다.

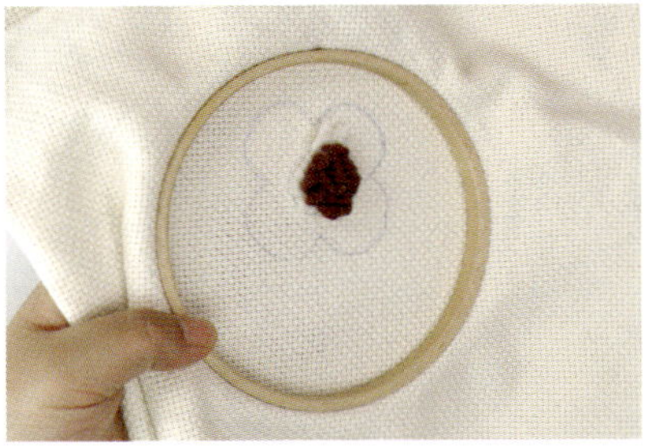

3 수틀을 뒤집어 두 번째 흰 둥근 라인을 플랫 스티치로 한 줄 외각 형태를 수놓는다.

4 꽃 라인을 플랫 스티치로 한 줄 외각 형태를 수놓은 뒤 면을 채운다.

5 다시 수틀을 앞면으로 뒤집은 뒤 꽃줄기를 세 줄 수놓는다. 이때 루프로 가려져 있는 안쪽까지 꼼꼼히 작업을 진행한다.

6 잎의 라인을 플랫 스티치로 한 줄 외각 형태를 수놓은 뒤 면을 채운다.

7 반대쪽 잎도 6번과 동일한 방법으로 수놓는다.

8 F실로 줄기와 잎 사이의 경계선을 플랫 스티치로 두 땀 수 놓는다.

9 수틀 안쪽 라인을 플랫 스티치로 한 줄 외각 형태를 수놓은 뒤 면을 채운다.

• 마무리 작업

1 수틀을 뒤집어 수틀에서 4cm 여유를 주고 둥글게 홈질을 한다.

2 실을 당기어 원단을 오므린다.

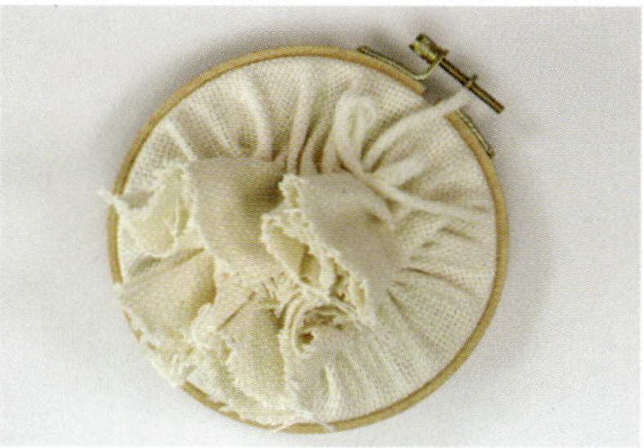

3 실을 묶은 뒤 원단 끝부분을 4cm 여유를 주고 자른다.

4 끝부분 원단을 수틀 안쪽으로 넣어 마무리한다.

Level ★★☆☆☆

작은 집과 나무 브로치

××××××

작은 크기의 소품을 만들어 브로치 핀을 붙이면 가방, 담요, 쿠션 등을 장식할 수 있는 귀여운 브로치를 만들 수 있답니다. 작지만 펀치 니들을 즐길 수 있는 모든 방법을 한 번에 습득할 수 있어요. 10cm 정도의 작은 아이템을 만들 경우에는 가는 바늘인 파인 14호를 사용하면 작은 루프가 만들어져 디테일한 표현이 가능해집니다.

재료

ⓐ 작은 집
- 몽스 원단……18×18cm
- 황마 원단……10×10cm
- 일자 브로치 핀……1개
- 마스킹 테이프(12mm) ……조금
- 실(두께: 코지울 4~5mm)

A 코지울 K150 레드
B 코지울 K885 베이지
C 코지울 K025 아이보리
D 코지울 K1892 브라운

ⓑ 나무
- 몽스 원단……18×18cm
- 황마 원단……10×10cm
- 일자 브로치 핀……1개
- 마스킹 테이프(12mm)……조금
- 실(두께: 코지울 4~5mm, 매직로망 3mm)

E 코지울 프린트 H1874 그린믹스_그린
F 매직로망 122 카멜

※ 코지울 프린트는 다섯 가지 컬러가 섞여 있는 실로 책에서는 구간을 나누어서 사용한다.

도구

옥스퍼드 펀치 니들 파인 14호, 원목 자수틀 14cm(외경), 가위, 돗바늘, 네임펜, 집게 3개, 실과 바늘

※ 옥스퍼드 펀치 니들 14호 바늘 사용 시 털실 두께 3~5mm를 사용할 경우 손잡이 뒷부분에 있는 고리는 사용하지 않아도 된다.
※ 옥스퍼드 펀치 니들 레귤러 10호로도 작업이 가능하다.

Design

Size 작은 집 9×9cm, 나무 9×9cm

ⓐ 작은 집

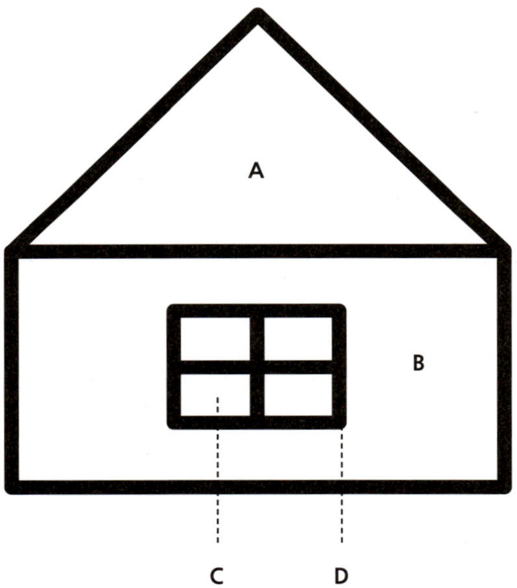

ⓑ 나무

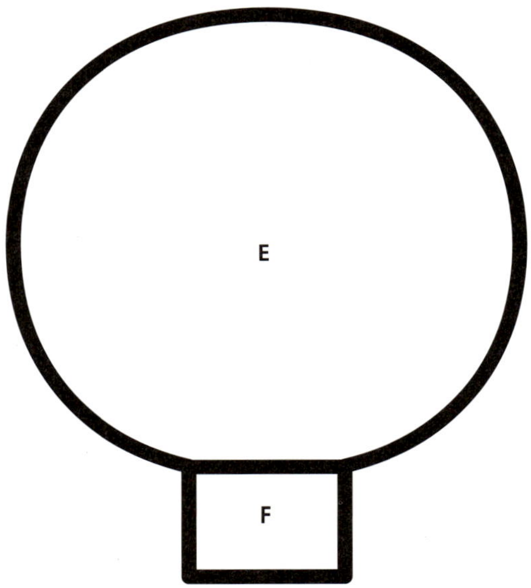

도안은 작업 면 기준입니다.
90% 축소 도안입니다.

How to make

• 작은 집 브로치 재료 준비

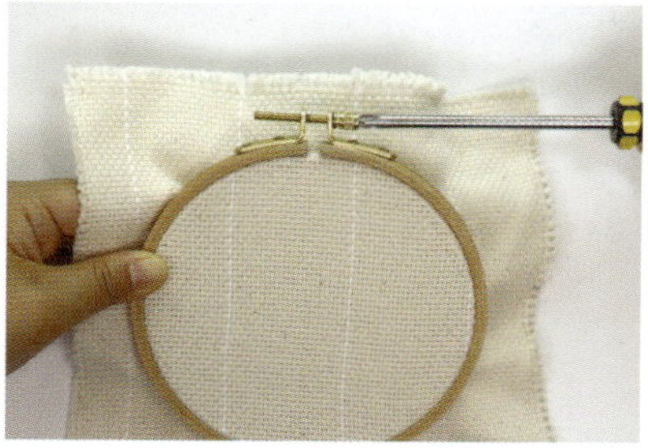

1 원단을 자수틀에 끼워 준비한다. 자수틀을 사용할 때는 수틀의 조임쇠 부분을 드라이버로 단단히 조여 원단을 최대한 팽팽하게 고정시키는 것이 중요하다.

• 도안 그리기

1 원단 위에 도안을 그린다.

26p 도안 옮기기 참고

• 펀칭 작업

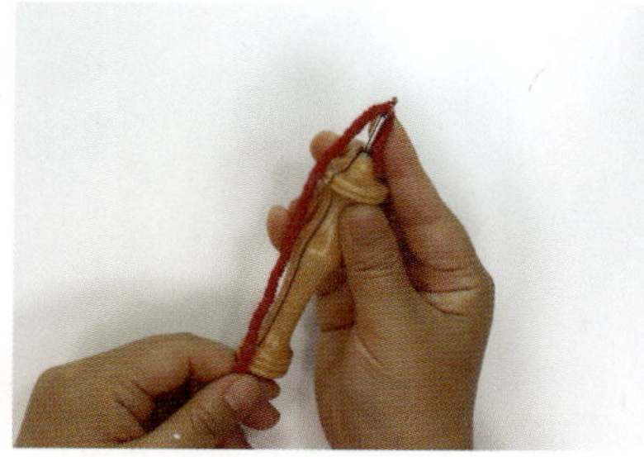

1 바늘의 열린 방향으로 A실을 끼워 준비한다.

2 지붕 라인 안쪽을 따라 플랫 스티치로 두 줄 외각 형태를 수놓은 뒤 면을 채운다.

3 창문 라인은 한 줄로 테두리를 수놓는다.

4 벽 부분 라인 안쪽을 따라 두 줄로 플랫 스티치로 외각 형태를 수놓은 뒤 면을 채운다. 창문은 한 줄로 ●에서 시작해서 ★ 방향으로 수놓는다.

5 수틀을 뒤집어 색실 경계 부분의 꼬여 있는 루프의 라인을 정리한다. 돗바늘 귀를 이용해서 정리하면 편리하다.

• 마무리 작업

1 수틀을 제거한 뒤 마스킹 테이프를 집 외각 실루엣에 맞추어 붙인다.

2 수놓은 작업물과 마스킹 테이프 사이를 0.7cm 시접을 주고 외곽을 따라 자른다. 모서리 부분은 둥글게 자른다.

3 황마 위에 자른 작업물을 올리고 외각 실루엣을 네임펜으로 그린다.

4 네임펜으로 그린 실루엣 위에 마스킹 테이프를 선 중앙으로 오게 붙인다.

5 플랫 스티치가 보이는 방향과 마스킹 테이프를 붙인 황마 면이 서로 맞닿도록 포갠 뒤 작업물 사이즈에 맞춰 황마를 자른다.

6 자른 그대로 집게로 고정시킨다.

7 마스킹 테이프 부분을 감침질로 마무리 작업을 진행한다. 감침질할 부분의 10배 정도의 털실을 준비한다. 빨간 지붕부터 감침질을 시작한다.

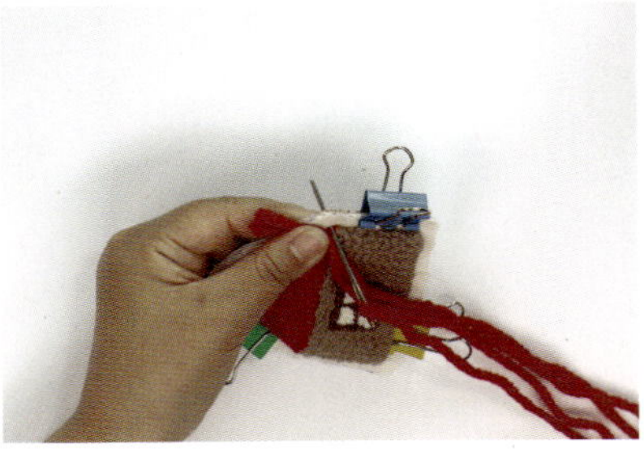

8 A실을 돗바늘에 끼워 두 줄로 준비한다. 실 끝부분 2cm 정도를 한 손으로 잡고 수놓은 작업물과 마스킹 테이프 붙인 사이의 작은 틈으로 돗바늘을 찔러 넣어 감침질을 진행한다.

42p 감침질 방법 참고

9 감침질이 끝나면 돗바늘은 감침질한 중간 부분에 끼워 넣고 실을 끊어 마무리한다.

10 작업물 가운데 매듭 지은 실을 브로치 핀 구멍 간격만큼 두 번 정도 황마를 통과시킨다.

11 브로치 핀 왼쪽 구멍으로 실을 통과시킨다.

12 바늘을 브로치 핀과 황마 아래로 0.5cm 건너 위쪽으로 통과시킨다.

13 다시 바늘을 브로치 핀 왼쪽 구멍과 그 아래 황마를 통과시켜 아래로 뺀다. 11~13번을 두 번 정도 반복한다.

14 브로치 오른쪽 구멍으로 바늘을 옮긴다.

15 11~13번을 세 번 정도 반복한 뒤 브로치 부근에서 매듭을 짓고 바늘을 황마 뒤로 통과시켜 실을 끊고 마무리한다.

• 나무 브로치 재료 준비

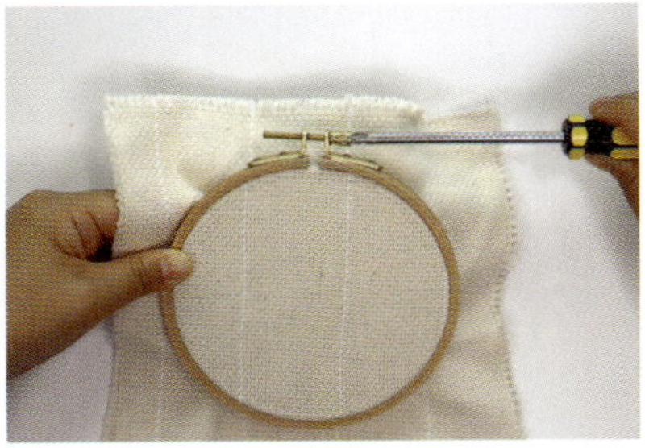

1 원단을 자수틀에 끼워 준비한다. 자수틀을 사용할 때는 수틀의 조임쇠 부분을 드라이버로 단단히 조여 원단을 최대한 팽팽하게 고정시키는 것이 중요하다.

• 도안 그리기

1 원단 위에 도안을 그린다.
26p 도안 옮기기 참고

• 펀칭 작업

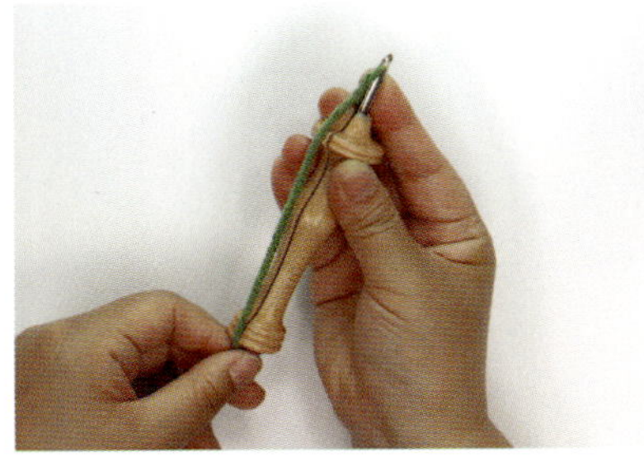

1 바늘의 열린 방향으로 E실을 끼워 준비한다.

2 동그란 라인 안쪽을 따라 플랫 스티치로 두 줄 외각 형태를 수놓은 뒤 면을 채운다.

3 나무 기둥도 2번과 같은 방법으로 수놓는다.

4 수틀을 뒤집어 색실 경계 부분의 꼬여 있는 루프가 있는지 확인한다. 특별히 라인을 정리하지 않아도 될 경우 건너뛰어도 된다.

• 마무리 작업

1 수틀을 제거한 뒤 마스킹 테이프를 나무 외각 실루엣에 맞추어 붙인다.

2 수놓은 작업물과 마스킹 테이프 사이를 0.7cm 시접을 주고 외곽을 따라 자른다. 모서리 부분은 둥글게 자른다.

3 황마 위에 작업물을 올리고 네임펜으로 외각 실루엣을 따라 그린다.

4 네임펜으로 그린 외각 실루엣 위에 마스킹 테이프를 선 중앙으로 오도록 붙인다.

5 플랫 스티치가 보이는 방향과 마스킹 테이프를 붙인 황마 면이 서로 맞닿도록 포갠 뒤 작업물 사이즈에 맞춰 황마를 자른다.

6 자른 그대로 집게로 고정시킨다.

7 마스킹 테이프 부분을 감침질로 마무리 작업을 진행한다. 감침질할 부분의 10배 정도의 털실을 준비한다. 가장 먼저 나무의 푸른 잎부터 감침질을 시작한다.

8 E실을 돗바늘에 끼워 두 줄로 준비한다. 실 끝부분 2cm 정도를 한 손으로 잡고 수놓은 작업물과 마스킹 테이프 붙인 사이의 작은 틈으로 돗바늘을 찔러 넣어 감침질을 진행한다.

42p 감침질 방법 참고

9 감침질이 끝나면 감침질한 중간 부분에 바늘을 끼워 넣고 실을 끊어 마무리한다.

10 작업물 가운데에 매듭을 지은 실을 브로치 핀 구멍 간격만큼 두 번 정도 황마를 통과시킨다.

11 브로치 핀 왼쪽 구멍으로 실을 통과시킨다.

12 바늘을 브로치 핀과 황마 아래로 0.5cm 건너 위쪽으로 통과시킨다.

13 다시 바늘을 브로치 핀 왼쪽 구멍과 그 아래 황마를 통과시켜 아래로 뺀다. 11~13번을 두 번 정도 반복한다.

14 브로치 오른쪽 구멍으로 바늘을 옮긴다.

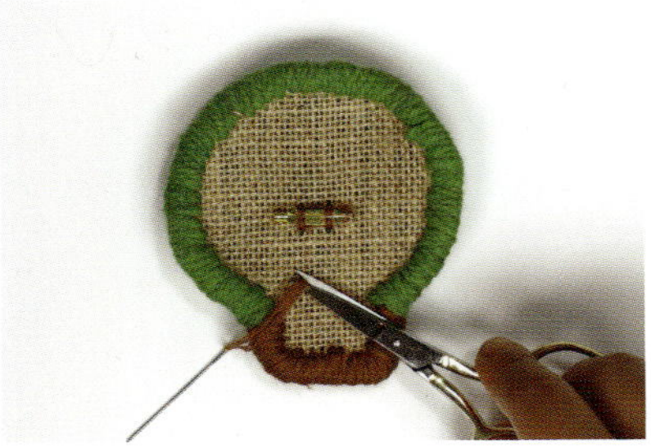

15 11~13번을 세 번 정도 반복한 뒤 브로치 부근에서 매듭을 짓고 바늘은 황마뒤로 통과시켜 실을 끊고 마무리한다.

Small house&wooden brooch

Level ★★★☆☆

알파카 쿠션

××××××

단 두 가지 색상으로 귀여운 알파카를 완성할 수 있어요. 눈을 감고 있는 알파카 쿠션을 보면 잠이 스르륵~ 쿠션도 좋지만 아이들 베개로 활용하여도 좋아요.

재료

- 몽스 원단……60×60cm, 35×46cm
- 솜……250g
- 레이스 끈……20cm
- 방울……1개
- 마스킹 테이프(12mm, 30mm) ……1개씩
- 실(두께: 코지울 4~5mm)

A 코지울 K940 블랙
B 코지울 K025 아이보리 2개

도구

옥스퍼드 펀치 니들 레귤러 10호, 그리퍼 수틀 50×50cm(외경), 가위, 돗바늘, 네임펜, 집게 5개, 겸자

Size 30×40cm

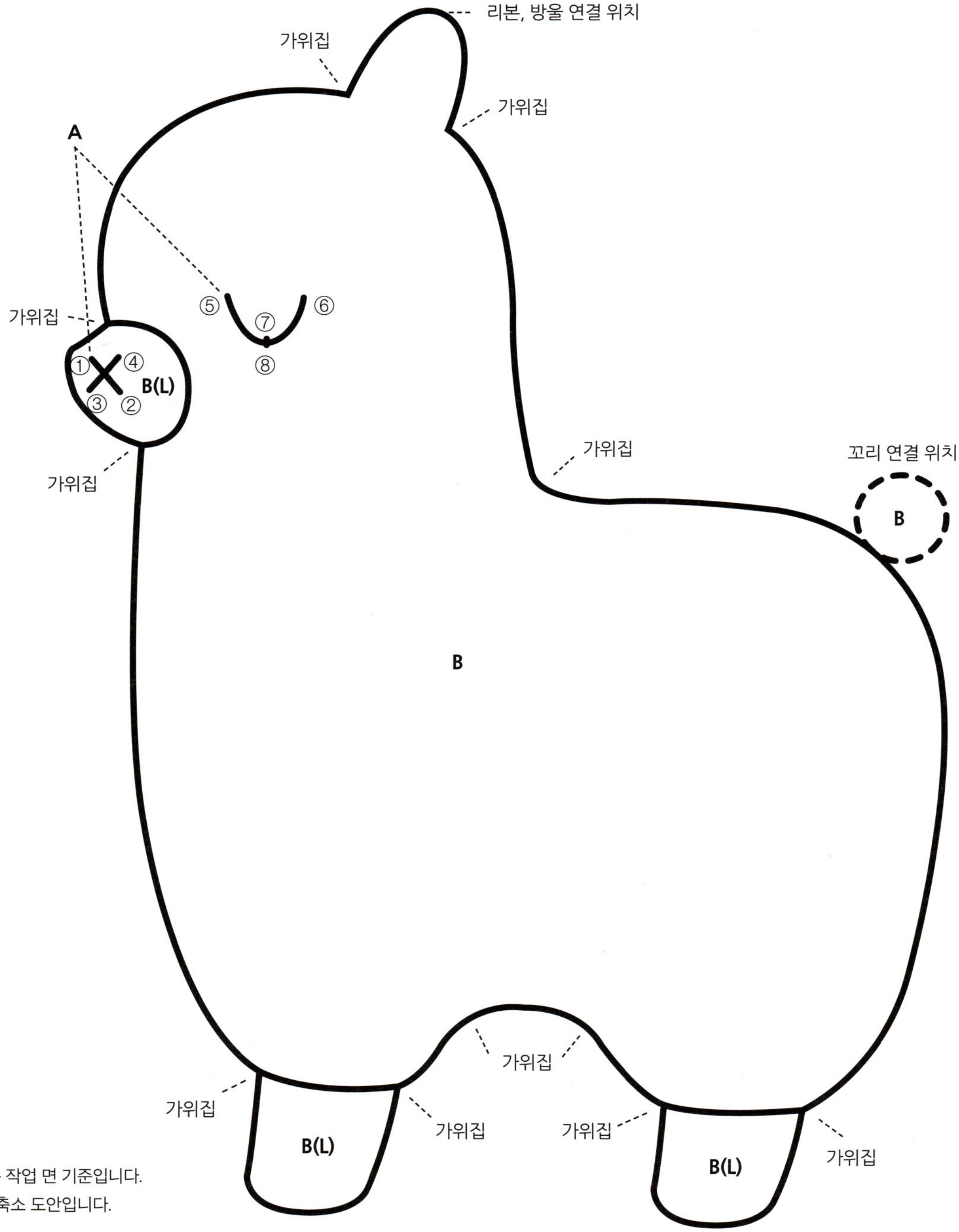

도안은 작업 면 기준입니다.
40% 축소 도안입니다.

How to make

• 재료 준비

1 원단을 그리퍼 수틀에 최대한 팽팽하게 당기어 고정시킨다.

• 도안 그리기

1 원단 위에 도안을 그린다.

26p 도안 옮기기 참고

2 원단을 뒤집어 그리퍼 수틀에 다시 끼운 뒤 코와 발 부분만 똑같은 위치에 다시 그린다. 도안과 좌우 반전 상태다.

• 펀칭 작업

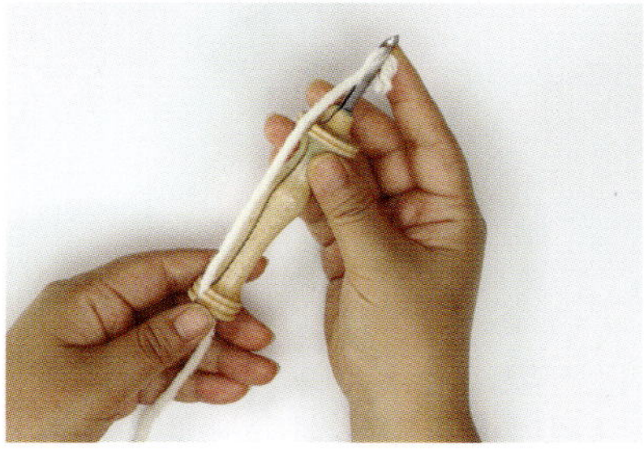

1 바늘의 열린 방향으로 B실을 끼워 준비한다.

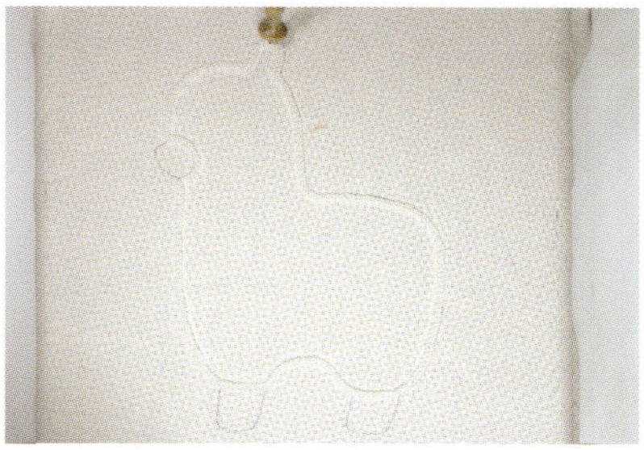

2 원단을 뒤집어 다시 그리퍼 수틀에 끼워 도안 그리기 1번 과정 상태에서 작업을 시작한다. 입과 발을 제외한 알파카 라인 안쪽을 따라 플랫 스티치로 두 줄 외각 형태를 수놓는다.

3 수놓은 외각 테두리 안쪽을 플랫 스티치로 모두 채운다.

4 원단을 뒤집어 다시 수틀에 끼우고 입 주변 라인 안쪽을 따라 플랫 스티치로 두 줄 외각 형태를 수놓는다.

5 수놓은 외각 테두리 안쪽을 플랫 스티치로 모두 채운다. 발도 라인 안쪽을 따라 플랫 스티치로 두 줄 외각 형태를 수놓은 뒤 면을 채운다.

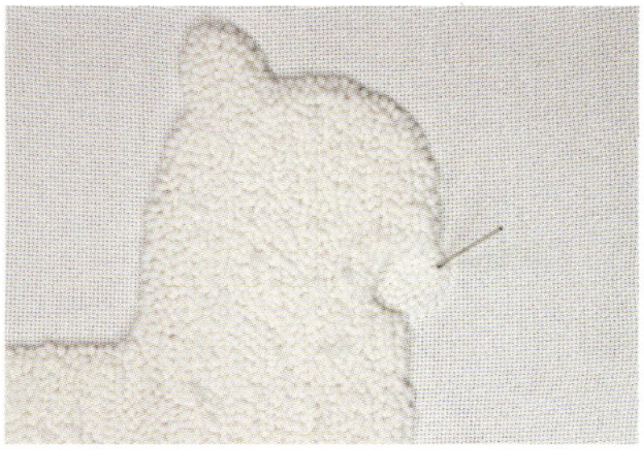

6 A실 40cm를 돗바늘에 끼워 한 줄로 매듭을 지은 뒤 도안에서 입의 위치를 확인하여 ①로 돗바늘을 아래에서 위로 넣어준다.

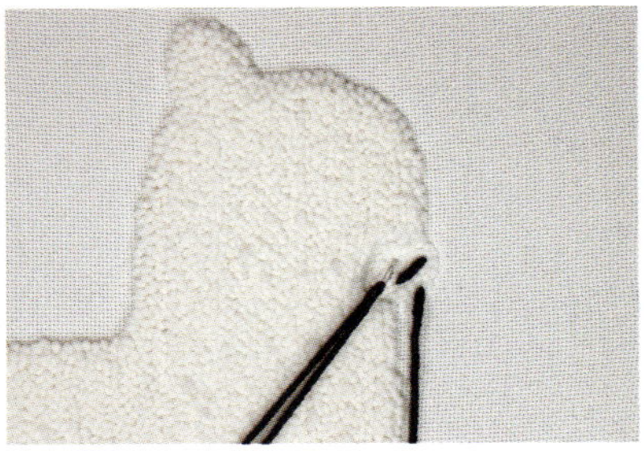

7 ②~④까지 순서대로 바늘을 통과시킨다.

8 도안에서 눈의 위치를 확인 후 ⑤로 넣어준다.

9 ⑥~⑧까지 순서대로 바늘을 통과시킨다.

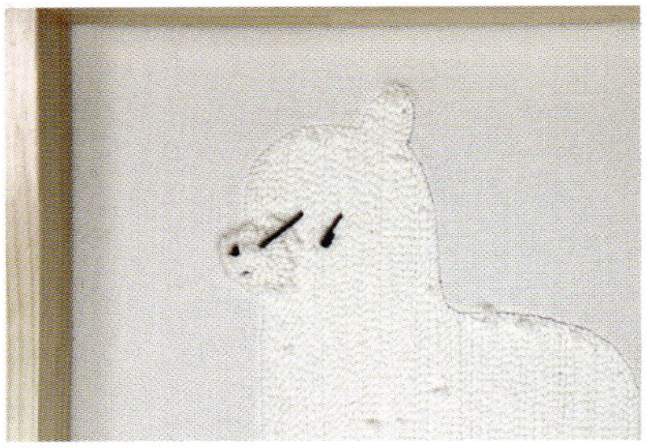

10 수틀을 뒤집어 실을 자른다.

11 수틀을 뒤집어 실이 삐죽 빠져나와 있는 부분과 색실 경계 부분의 꼬여 있는 루프의 라인을 정리한다. 돗바늘 귀를 이용해서 정리하면 편리하다.

• 마무리 작업

1 작업물을 수틀에서 제거한 뒤 12mm 마스킹 테이프를 알파카 외각선에 맞추어 붙인다.

2 수놓은 작업물과 마스킹 테이프 사이를 1cm 시접을 주고 외곽을 따라 자른다.

3 몽스 원단 위에 자른 작업물을 올리고 네임펜으로 외각 실루엣을 그린다.

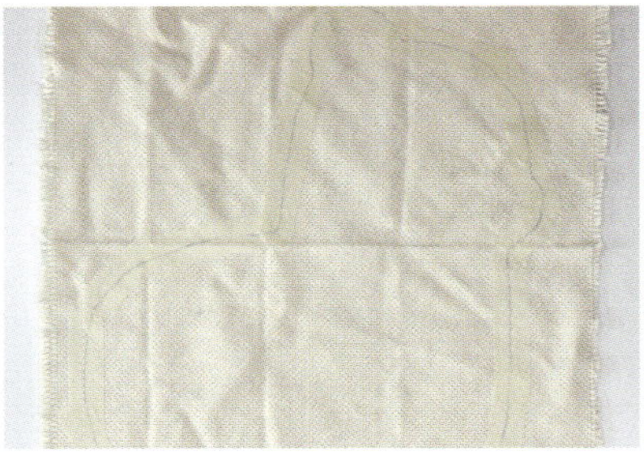

4 네임펜으로 그린 실루엣 위에 30mm 마스킹 테이프를 선 중앙으로 오도록 붙인다.

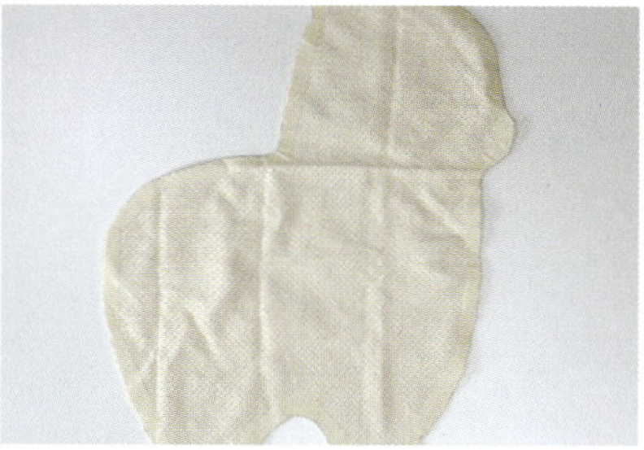

5 네임펜 라인을 따라 원단을 자른다.

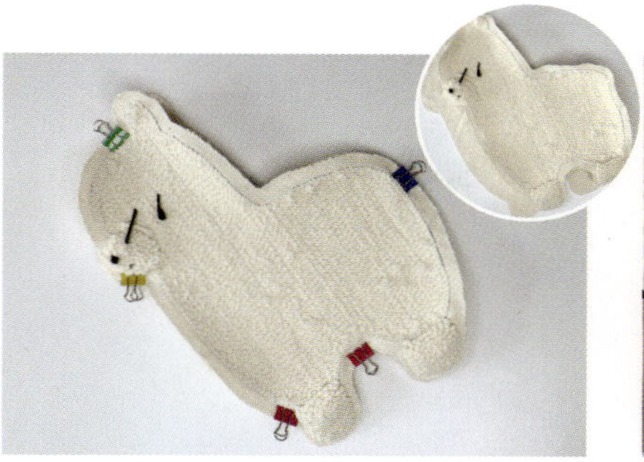

6 루프 면과 마스킹 테이프를 붙이지 않은 원단 면이 서로 맞닿도록 포갠 뒤 집게로 고정시킨다.

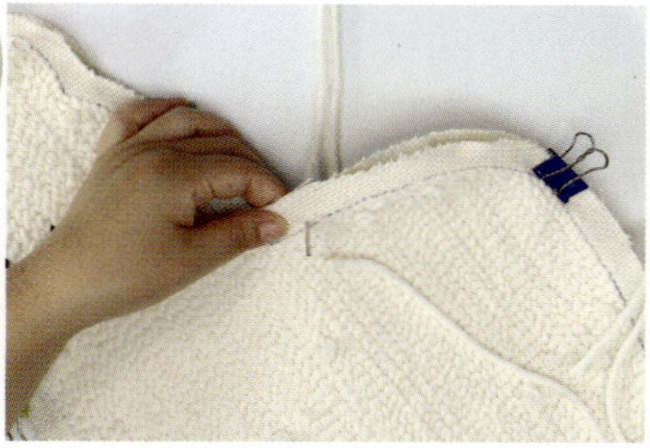

7 B실을 돗바늘에 끼워 한 줄로 매듭을 지어 박음질한다. 실의 길이는 여유 있게 준비한다.
44p 박음질 방법 참고

8 20cm 정도 창구멍을 남기고 박음질한다.

9 움푹 들어간 시접 부분에 마스킹 테이프가 잘 붙어 있는지 확인 후 도안에서 가위집 위치를 보고 2/3 정도만 가위집을 낸다.

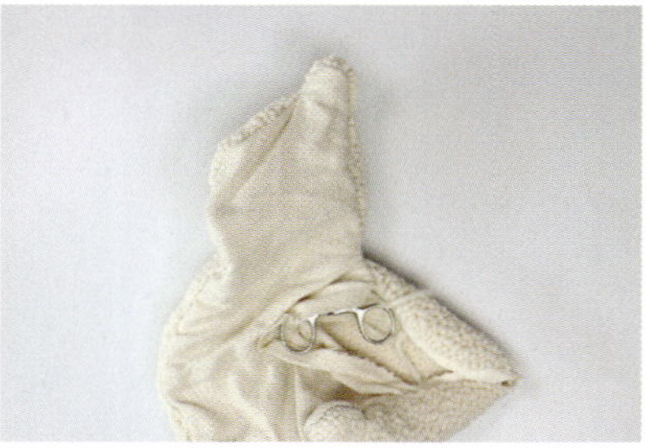

10 박음질 하지 않은 창구멍을 통해 전체를 뒤집는다. 귀와 꼬리 같이 좁은 부분은 겸자 끝으로 눌러 형태를 잡는다.

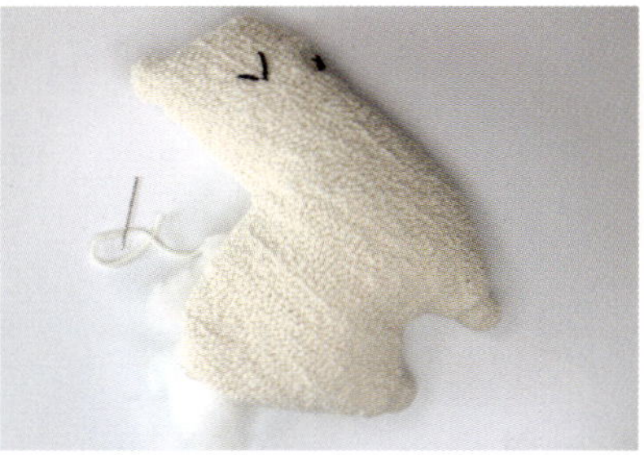

11 창구멍으로 솜을 너무 빵빵해지지 않도록 살짝 도톰한 정도로만 채워 넣는다.

12 안쪽에 있는 바늘을 시접을 통해 밖으로 뺀다. 펀칭 작업 면 ㉮, 뒷면 원단 면 ㉯로 설정한다.

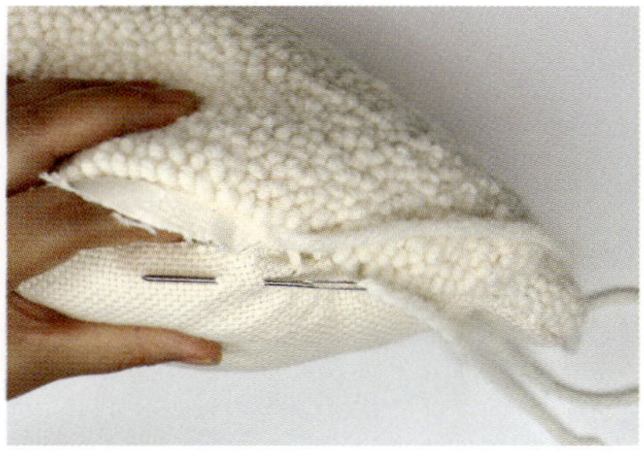

13 ㉯의 시접 부분을 홈질로 한 땀 뜬다.

14 ㉮의 시접 부분도 홈질로 한 땀 뜬다.

15 13~14번 과정을 반복하여 창구멍 5cm 정도 남기고 홈질한다.

16 실을 잡아당기어 홈질 부분을 조인다.

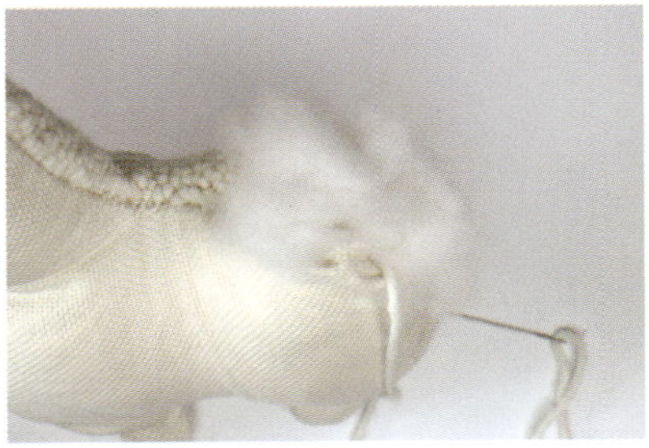

17 엉덩이 부분에 다시 한번 솜을 채워 공간이 비지 않도록 형태를 잡는다.

18 홈질을 끝까지 한 뒤 매듭을 짓고 바늘을 멀리 빼내어 실을 자른다.

19 레이스 끈을 반으로 접은 뒤 위에서 5cm 부분을 묶어 사진과 같이 리본을 만든다.

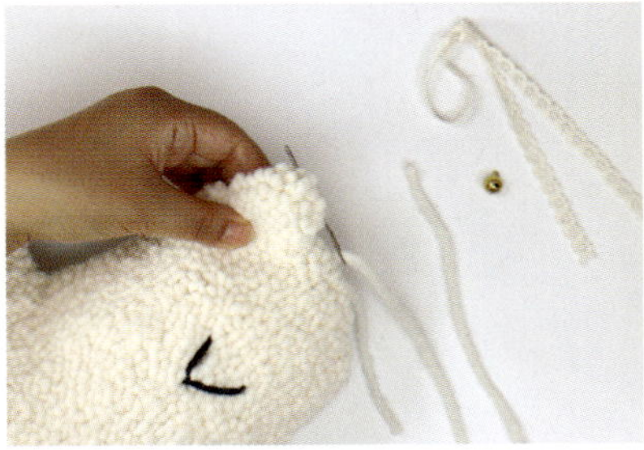

20 B실 20cm를 돗바늘에 끼워 한 줄로 매듭을 짓고 귀의 중앙 부분을 한 땀 뜬다.

21 돗바늘로 리본 매듭 부분을 통과시킨 뒤 방울을 실에 연결한다.

22 귀 중앙 부분을 한 땀 뜬다.

23 매듭을 짓고 돗바늘을 멀리 빼내어 실을 자른다.

24 지름 6cm의 퐁퐁을 만든다. 실 감는 횟수를 60번으로 늘려 크기를 키운다.

48p 퐁퐁 만들기 참고

25 도안에서 꼬리 연결 위치 확인 후 퐁퐁에 돗바늘을 끼워 ⑭의 엉덩이 부분에 돗바늘을 통과시킨다.

26 퐁퐁에 연결되어 있는 실 사이로 바늘을 통과시킨다.

27 퐁퐁 중앙에 바늘을 통과시킨다.

28 ⑭의 엉덩이 부분에 바늘을 통과시킨다.

29 매듭을 짓고 바늘을 멀리 빼내어 실을 자른다.

HAPPY

Level ★★☆☆☆

해피 월행잉

××××××

면 실을 이용하여 행잉바에 연결하는 방법과 버튼홀 스티치 방법을 소개합니다. 경쾌한 느낌을 주기 위해 많은 컬러의 실을 사용하였지만 한 가지 컬러로 표현하여도 심플하고 멋스러운 작업물로 완성할 수 있어요. 좋아하는 컬러의 실과 단어 또는 이니셜만 넣어 자유롭게 변형이 가능해요.

재료

- 몽스 원단……36×36cm
- 4.5수 리넨 원단……29×25cm
- 자작나무 행잉바……270mm
- 면 실……360cm
- 마스킹 테이프(12mm, 30mm) ……1개씩
- 실(두께: 코지울 4~5mm, 나코 봉주르 5mm)

A 코지울 프린트 H1877 핑크믹스_핫핑크
B 코지울 K1210 인디오렌지
C 나코 봉주르 23689 단호박
D 코지울 프린트 H1874 그린믹스_그린
E 코지울 프린트 H1873 터키민트_민트블루
F 코지울 K025 아이보리

※ 코지울 프린트는 다섯 가지 컬러가 섞여 있는 실로 책에서는 구간을 나누어서 사용한다.

도구

옥스퍼드 펀치 니들 레귤러 10호, 그리퍼 수틀 30×30cm(외경), 가위, 돗바늘, 네임펜, 시침 핀 5개

Size 26.5×22cm

도안은 작업 면 기준입니다.
75% 축소 도안입니다.

How to make

• 재료 준비

1 원단을 그리퍼 수틀에 최대한 팽팽하게 당기어 고정시킨다.

• 도안 그리기

1 원단 위에 도안을 그린다.

26p 도안 옮기기 참고

• 펀칭 작업

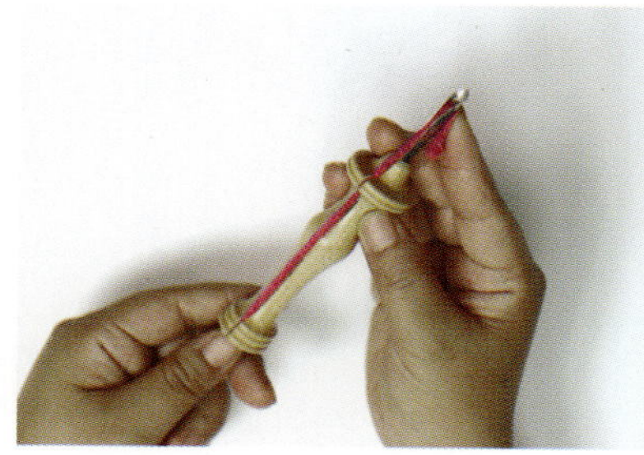

1 바늘의 열린 방향으로 A실을 끼워 준비한다.

2 H 라인 안쪽을 따라 플랫 스티치로 한 줄 외각 형태를 수놓는다.

3 수놓은 외각 테두리 안쪽을 플랫 스티치로 모두 채운다.

4 나머지 알파벳도 2, 3번과 같은 방법으로 수놓는다.

5 패턴 가장자리 안쪽과 문자 외각 라인을 플랫 스티치로 한두 줄 정도 수놓는다.

6 수놓은 안쪽을 플랫 스티치로 모두 채운다.

7 수틀을 뒤집어 실이 삐죽 빠져나와 있는 부분과 색실 경계 부분의 꼬여 있는 루프의 라인을 정리한다. 돗바늘 귀를 이용해서 정리하면 편리하다.

• 마무리 작업

1 수틀을 제거한 뒤 12mm 마스킹 테이프를 작업물 외각선에 맞추어 붙인다.

2 수놓은 작업물과 마스킹 테이프 사이를 1cm 시접을 주고 외곽을 따라 자른다.

3 리넨 원단 위에 루프 면이 위로 향하게 작업물을 올린 뒤 네임펜으로 외각 실루엣을 따라 그린다.

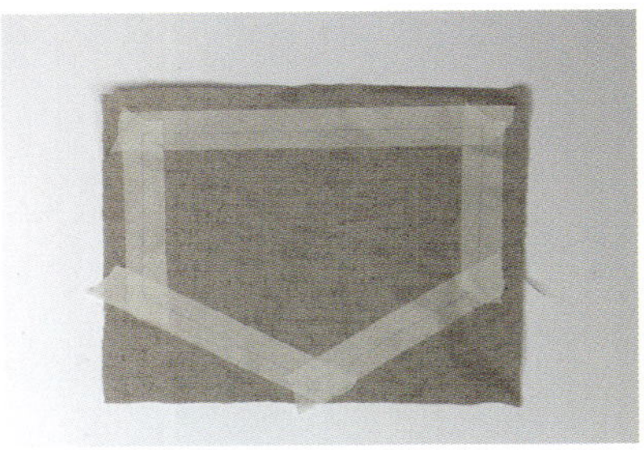

4 네임펜으로 그린 실루엣 위에 30mm 마스킹 테이프를 선 중앙으로 오도록 붙인다.

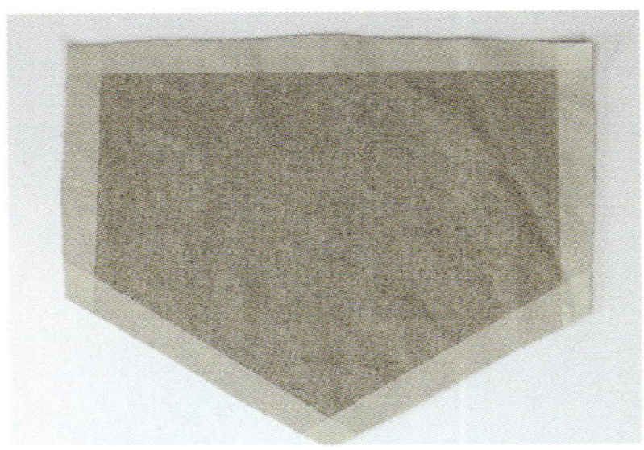

5 네임펜 라인을 따라 리넨을 자른다.

6 플랫 스티치 면과 마스킹 테이프를 붙인 리넨 면이 서로 맞닿도록 포갠다.

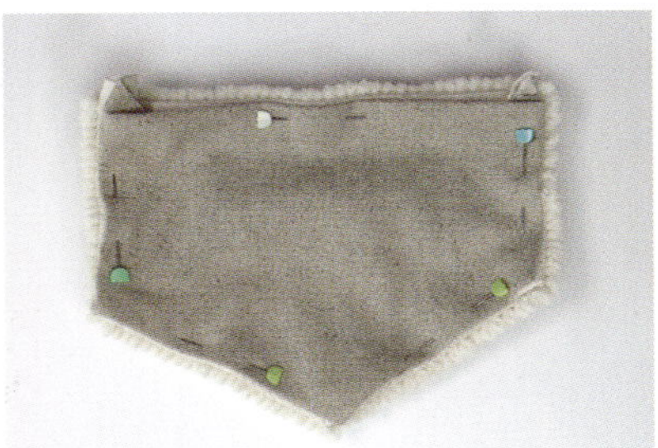

7 마스킹 테이프가 붙은 시접 부분을 안쪽으로 넣어 포갠 뒤 시침핀으로 고정시킨다. 펀칭 작업물을 ㉮, 리넨을 ㉯로 설정한다.

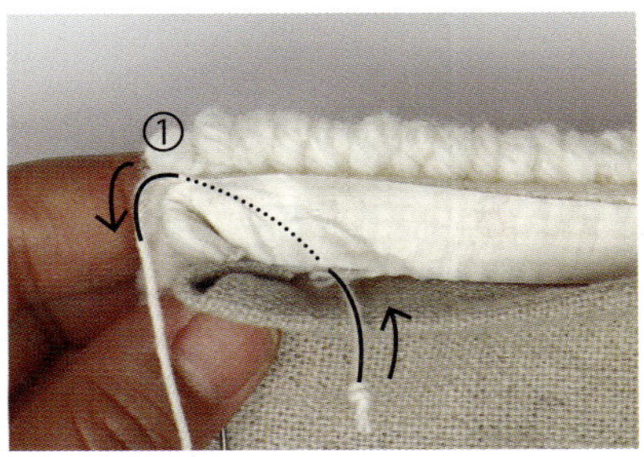

8 돗바늘에 면 실을 끼운 뒤 매듭을 지어 ㉮의 시접 아래에서 위로 ①로 바늘을 뺀다.

9 바늘을 ㉯의 ②에서 ㉮의 ③으로 넣어준다.

10 바늘에 실을 걸어 뺀다.

11 바늘을 다시 ㉯의 ④에서 ㉮의 ⑤로 넣고 앞의 실을 걸어 뺀다.

12 일정한 간격을 두고 11번과 같은 방법으로 모든 테두리를 바느질한다.

13 바느질이 끝나면 매듭을 지어 멀리 ㉮와 ㉯ 사이의 틈으로 바늘을 빼내어 매듭을 감춘 뒤 실을 자른다.

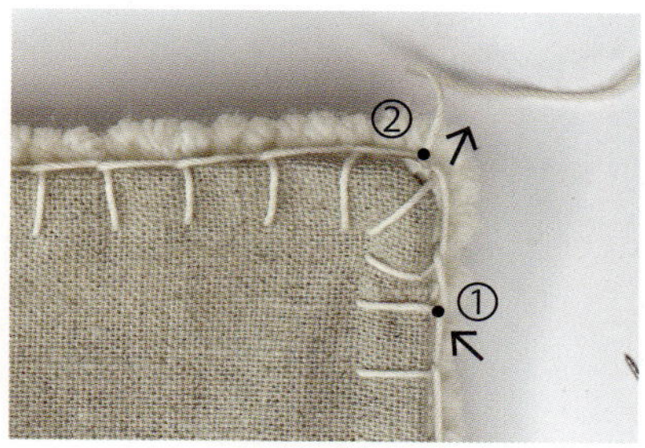

14 자작나무 행잉바와 돗바늘에 면 실 70cm를 끼워 한 줄로 매듭을 짓고 돗바늘을 ㉮와 ㉯ 사이의 비어있는 틈인 ①에서 ㉮의 ②로 바늘을 통과시킨다.

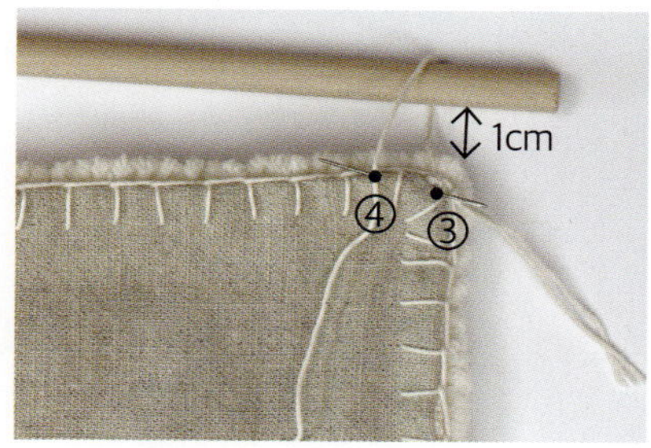

15 바늘을 ㉯의 ③에서 ④로 통과시킨 뒤 여유분의 실을 남겨두어 실 고리를 만든다. 실 고리의 길이는 행잉바와 작업물 사이가 1cm 벌어지도록 조절한다.

16 바늘을 ㉮의 ⑤에서 ⑥으로 통과시켜 실 고리를 만든다.

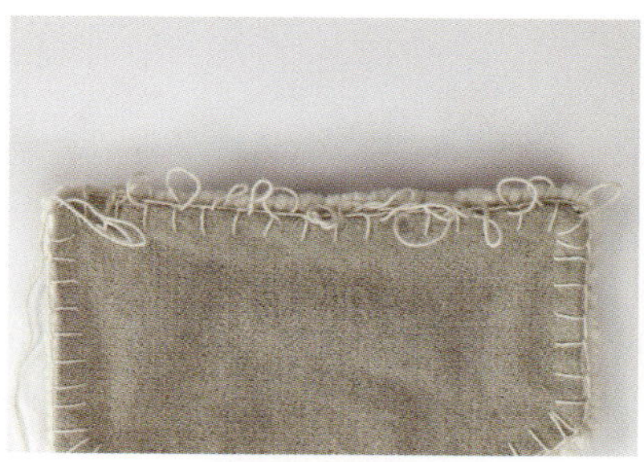

17 일정한 간격으로 ㉮, ㉯를 번갈아가면서 실 고리를 만든다.

18 실 고리에 행잉바를 끼운다.

19 행잉바를 끼운 상태에서 실 고리를 화살표 방향으로 한 줄씩 잡아당겨가며 실의 길이를 균일하게 조절한다.

20 실 고리 길이 조절을 모두 끝낸 뒤 행잉바 끝부분에 실을 두 번 감는다.

21 실은 36cm 정도 여유를 남겨두고 반대편에 실을 두 번 감은 뒤 매듭을 짓는다.

22 행잉바에 연결할 지름 6cm 폼폼을 만든다. 감는 횟수를 60번으로 늘려 크기를 키운다. 깔끔한 느낌을 원할 때는 따로 폼폼을 달지 않고 마무리해도 된다.

48p 폼폼 만들기 참고

23 폼폼에 돗바늘을 끼워 행잉바 끝부분에 바늘을 통과시킨다.

24 고리를 만들어 바늘을 통과시킨 뒤 묶는다.

25 바늘을 폼폼 중앙을 통과시키어 폼폼 밖으로 나온 실을 자른다.

Happy wall hanging

Level ★★★☆☆

사슴 쿠션

××××××

결눈질 하는 소심하지만 귀여운 아기 사슴 쿠션을 만들어 보아요. 시접 처리 방법 중 감침질, 홈질, 박음질로 마무리 하는 방법이 있는데, 그중 창구멍을 제외한 모든 면을 박음질 후 원단을 뒤집어 솜을 넣는 방법을 소개합니다. 전신형 실루엣 쿠션으로 포인트 인테리어 소품으로 좋아요.

재료

- 몽스 원단……60×60cm, 35×46cm
- 솜……250g
- 마스킹 테이프(12mm, 30mm)……1개씩
- 실(두께: 코지울 4~5mm, 아메리 L 3mm)

A 코지울 K940 블랙
B 코지울 K025 아이보리
C 아메리 L #104 레드 브라운 3개

도구

옥스퍼드 펀치 니들 레귤러 10호, 그리퍼 수틀 50×50cm(외경), 가위, 돗바늘, 네임펜, 집게 5개, 겸자

Design

Size 30×40cm

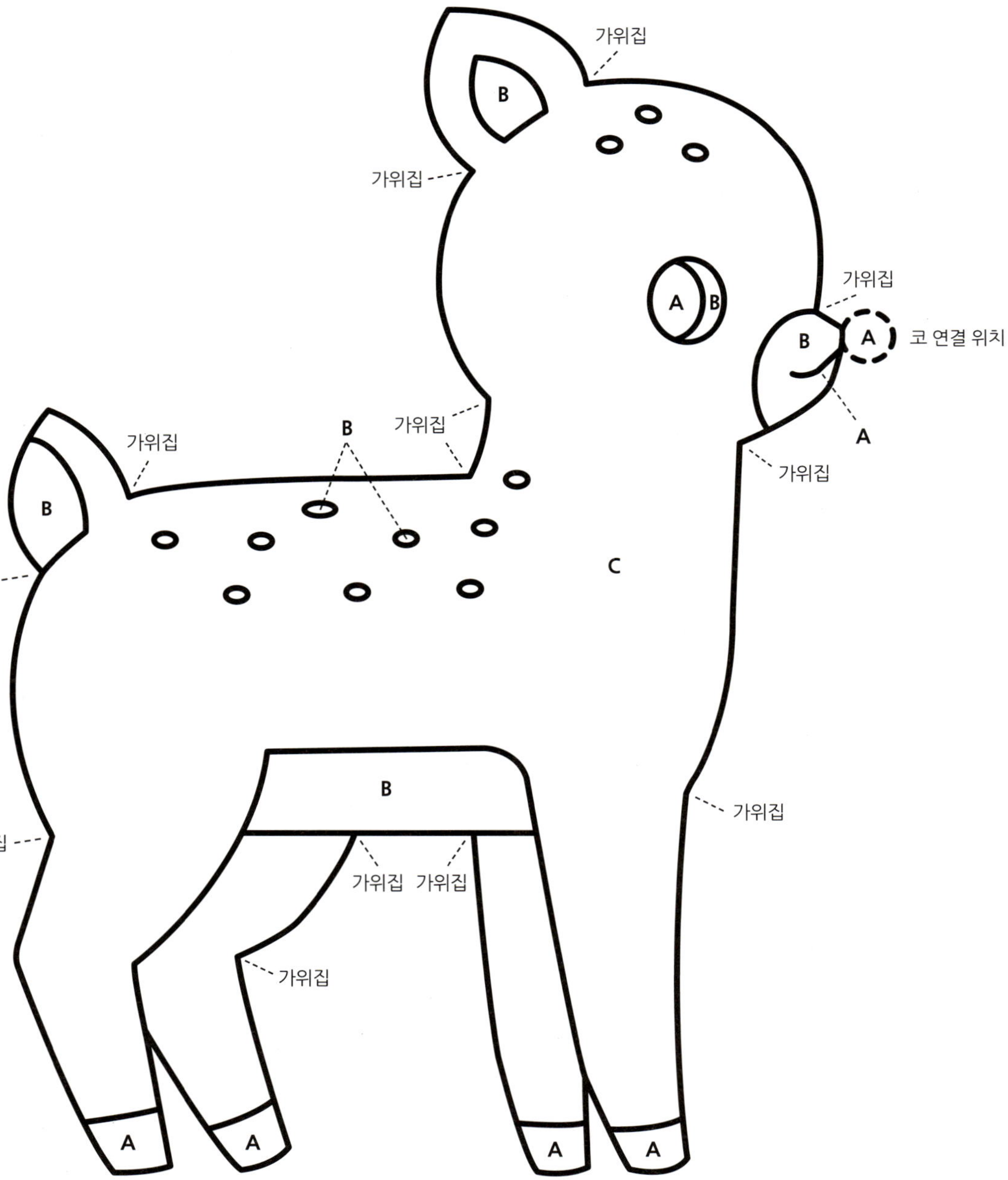

도안은 작업 면 기준입니다.
40% 축소 도안입니다.

How to make

• 재료 준비

1 원단을 그리퍼 수틀에 최대한 팽팽하게 당기어 고정시킨다.

• 도안 그리기

1 원단 위에 도안을 그린다.

26p 도안 옮기기 참고

• 펀칭 작업

1 바늘의 열린 방향으로 A실을 끼워 준비한다.

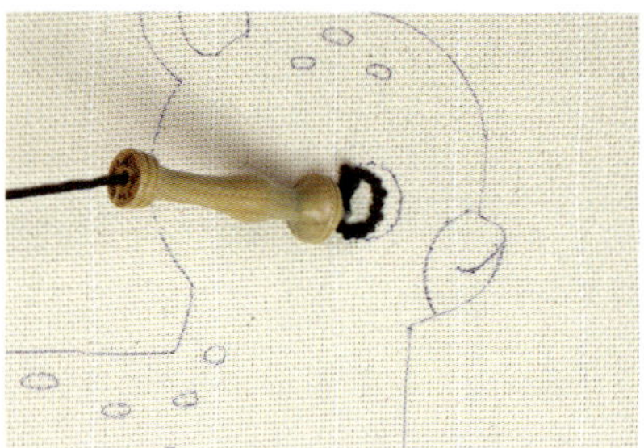

2 검은 동자 라인 안쪽을 따라 플랫 스티치로 한 줄 외각 형태를 수놓는다.

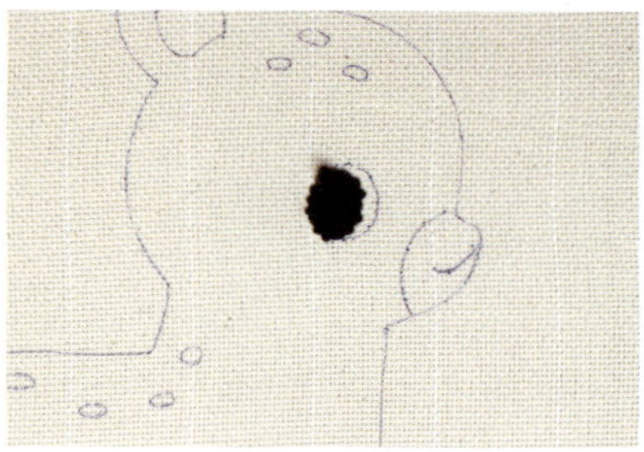

3 수놓은 외각 테두리 안쪽을 플랫 스티치로 모두 채운다. 흰 동자 라인도 안쪽을 따라 플랫 스트치로 한 줄 외각 형태를 수놓은 뒤 면을 채운다.

4 입, 다리 라인은 한 줄로 수놓고, 귀, 점무늬, 배, 입 주변, 꼬리는 라인 안쪽을 따라 플랫 스티치로 한 줄 외각 형태를 수놓은 뒤 면을 채운다.

5 사슴 외각 라인과 그 외 수놓은 부분의 외각을 플랫 스티치로 한 두 줄 정도 수놓는다.

6 플랫 스티치로 모든 면을 채운다.

7 수틀을 뒤집어 실이 삐죽 빠져나와 있는 부분과 색실 경계 부분의 꼬여 있는 루프의 라인을 정리한다. 돗바늘 귀를 이용해서 정리하면 편리하다.

• 마무리 작업

1 작업물을 수틀에서 제거한 뒤 12mm 마스킹 테이프를 사슴 외각선에 맞추어 붙인다.

2 수놓은 작업물과 마스킹 테이프 사이를 1cm 시접을 주고 외곽을 따라 자른다.

3 원단 위에 자른 작업물을 올리고 네임펜으로 외각 실루엣을 그린다.

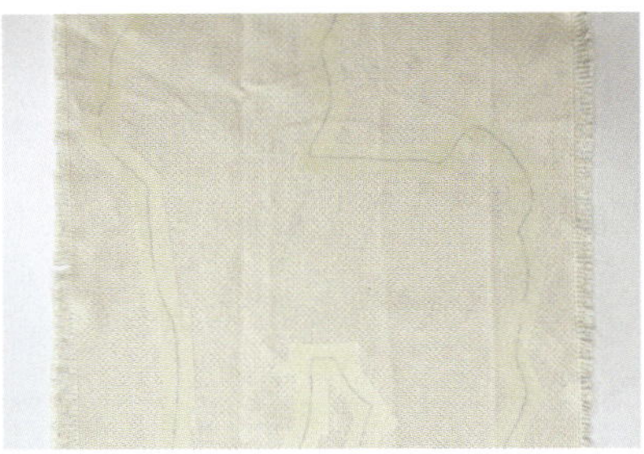

4 네임펜으로 그린 실루엣 위에 30mm 마스킹 테이프를 선 중앙으로 오도록 붙인다.

5 네임펜 라인을 따라 원단을 자른다.

6 루프 면과 마스킹 테이프를 붙이지 않은 원단 면이 서로 맞닿도록 포갠 뒤 그대로 집게로 고정시킨다.

7 C실을 박음질할 부분의 2~3배 정도 준비하여 돗바늘에 끼운 뒤 한 줄로 매듭을 지어 20cm 정도 창구멍을 남기고 박음질한다. 실을 끊지 않고 바늘을 연결한 채 둔다.

44p 박음질 방법 참고

8 움푹 들어간 시접 부분에 마스킹 테이프가 잘 붙어 있는지 확인 후 도안에서 가위집 위치를 보고 2/3 정도만 가위집을 낸다.

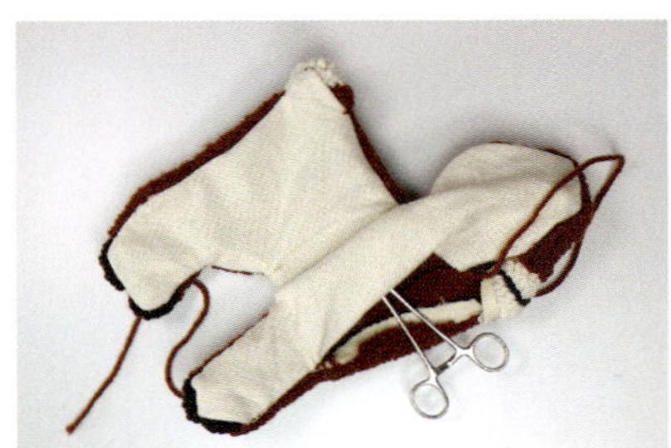

9 창구멍을 통해 전체를 뒤집는다. 귀와 꼬리 같이 좁은 부분은 겸자 끝으로 눌러 형태를 잡는다.

10 창구멍으로 솜을 너무 빵빵해지지 않도록 살짝 도톰한 정도로만 채워 넣는다.

11 안쪽에 있는 바늘을 시접을 통해 밖으로 뺀다. 펀칭 작업 면 ㉮, 원단 면 ㉯로 설정한다.

12 ㉮의 시접 부분을 홈질로 한 땀을 뜬다.

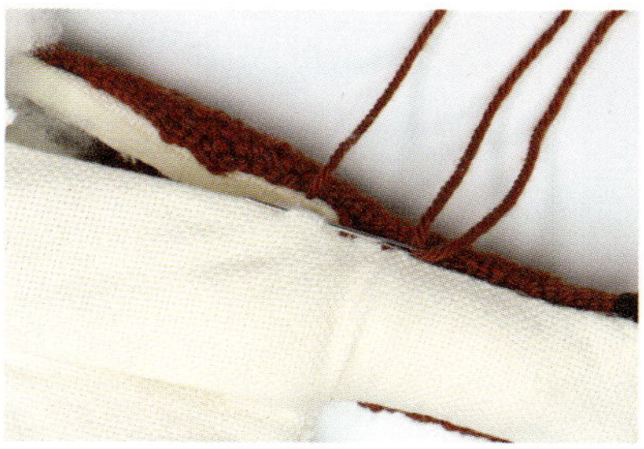

13 ㉯의 시접 부분도 홈질로 한 땀 뜬다.

14 12, 13번을 반복하여 입 부분을 제외하고 창구멍을 홈질한다.

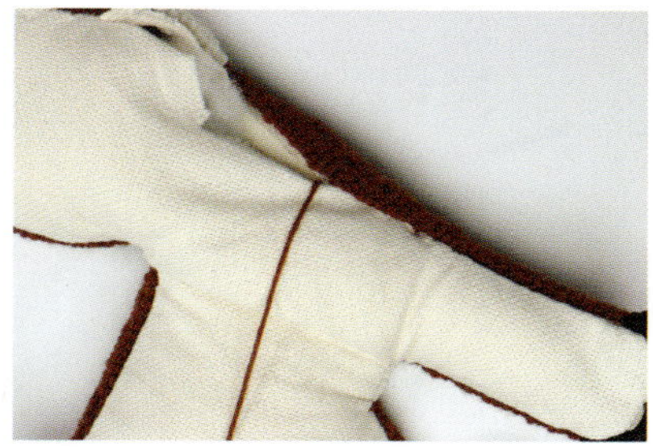

15 실을 잡아당기어 홈질 부분을 조인다.

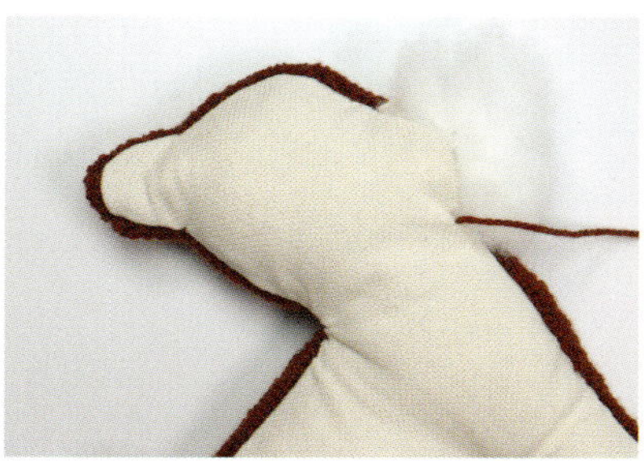

16 입 부분에 다시 한번 솜을 채워 공간이 비지 않도록 얼굴 형태를 잡아준다.

17 홈질을 끝까지 한 뒤 매듭을 짓고 바늘을 멀리 빼내어 실을 자른다.

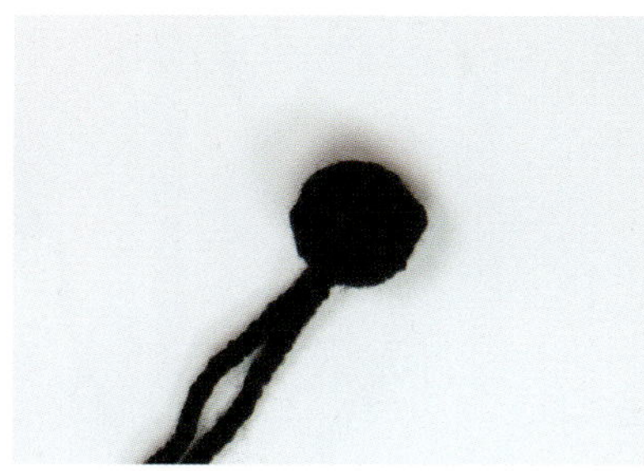

18 지름 2.5cm의 코를 만든다.

49p 코 만들기 참고

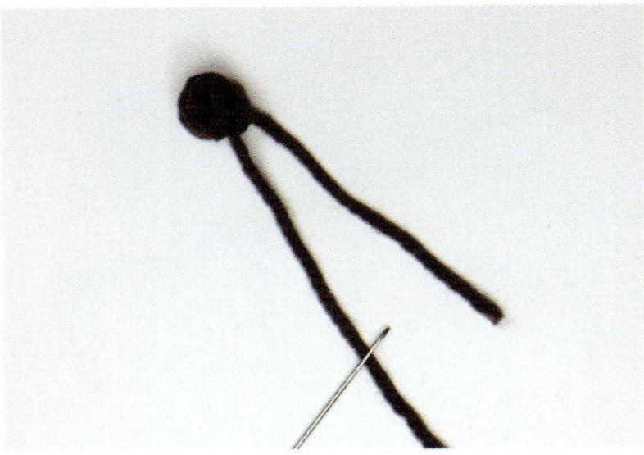

19 한 쪽 실에 돗바늘을 끼워 준비한다.

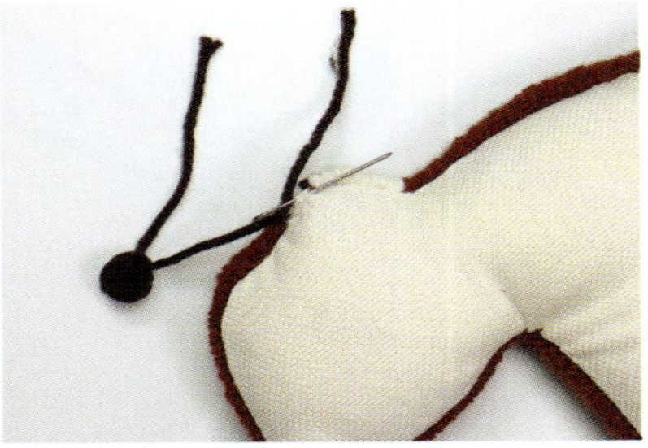

20 도안에서 코 위치 확인 후 ⓛ의 코 부분에 돗바늘을 세로로 세워 통과시킨다.

21 돗바늘을 코 밑부분에 통과시킨다.

22 다시 20, 21번 작업을 한 번 더 반복해서 코를 연결한다.

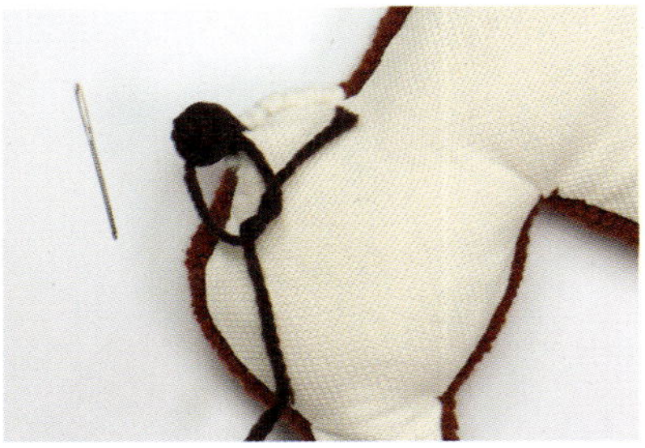

23 돗바늘을 빼고 남겨둔 실과 묶는다.

24 다시 바늘을 실 두 줄에 끼워 코 밑부분으로 통과시킨다.

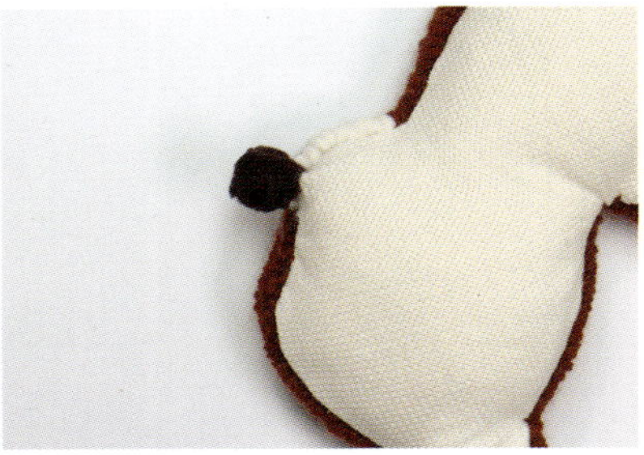

25 한두 번 정도 코를 통과시킨 뒤 실을 자른다.

Deer cushion

Level ★★★☆☆

사슴 식탁 의자 등커버와 방석

××××××

식탁 의자에 귀여운 사슴 얼굴과 방석을 세트로 만들어 보아요. 사슴 얼굴 앞면 도안을 이용해서 방석과 쿠션, 벽걸이 아이템으로도 만들 수 있으니 다양하게 활용할 수 있어요.

재료

- 몽스 원단……50×50cm 4장
- 접착 심지……40×40cm 2장
- 샤무드 끈(3mm)……80cm
- 지퍼(26cm)……1개
- 둥근 방석 솜(36cm)……1개
- 마스킹 테이프(12mm, 30mm)……1개씩
- 실(두께: 코지울 4~5mm, 아메리 L 3mm)

A 아메리 L #104 레드 브라운 8개
B 코지울 K025 아이보리
C 코지울 K940 블랙

도구

옥스퍼드 펀치 니들 레귤러 10호, 대형 원목 수틀 42cm(외경), 가위, 돗바늘, 네임펜, 집게 7개, 다리미

Size 33×36cm

ⓐ 사슴 얼굴 앞면

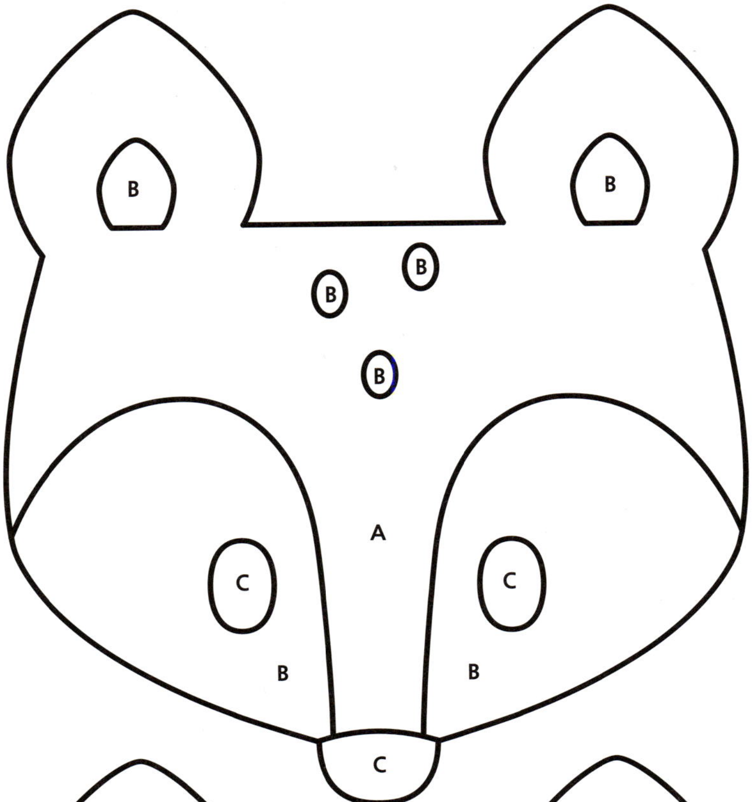

ⓑ 사슴 얼굴 뒷면

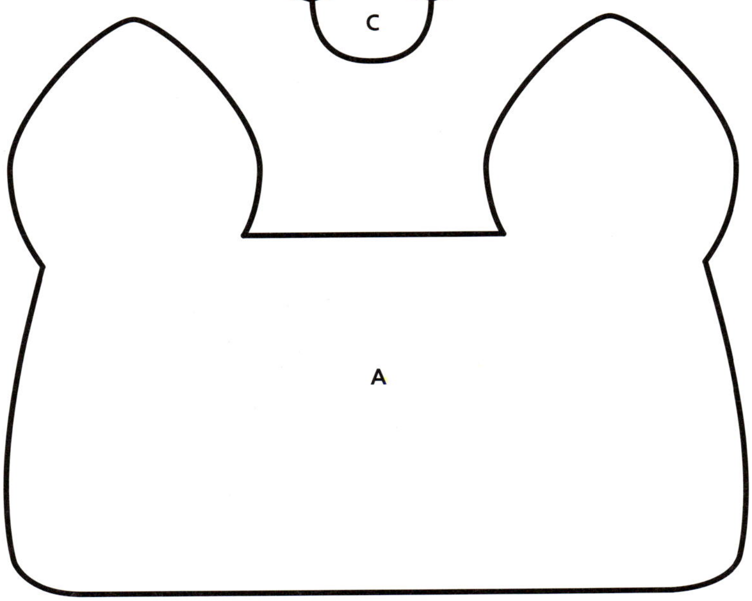

Size 38×38cm

© 사슴 방석

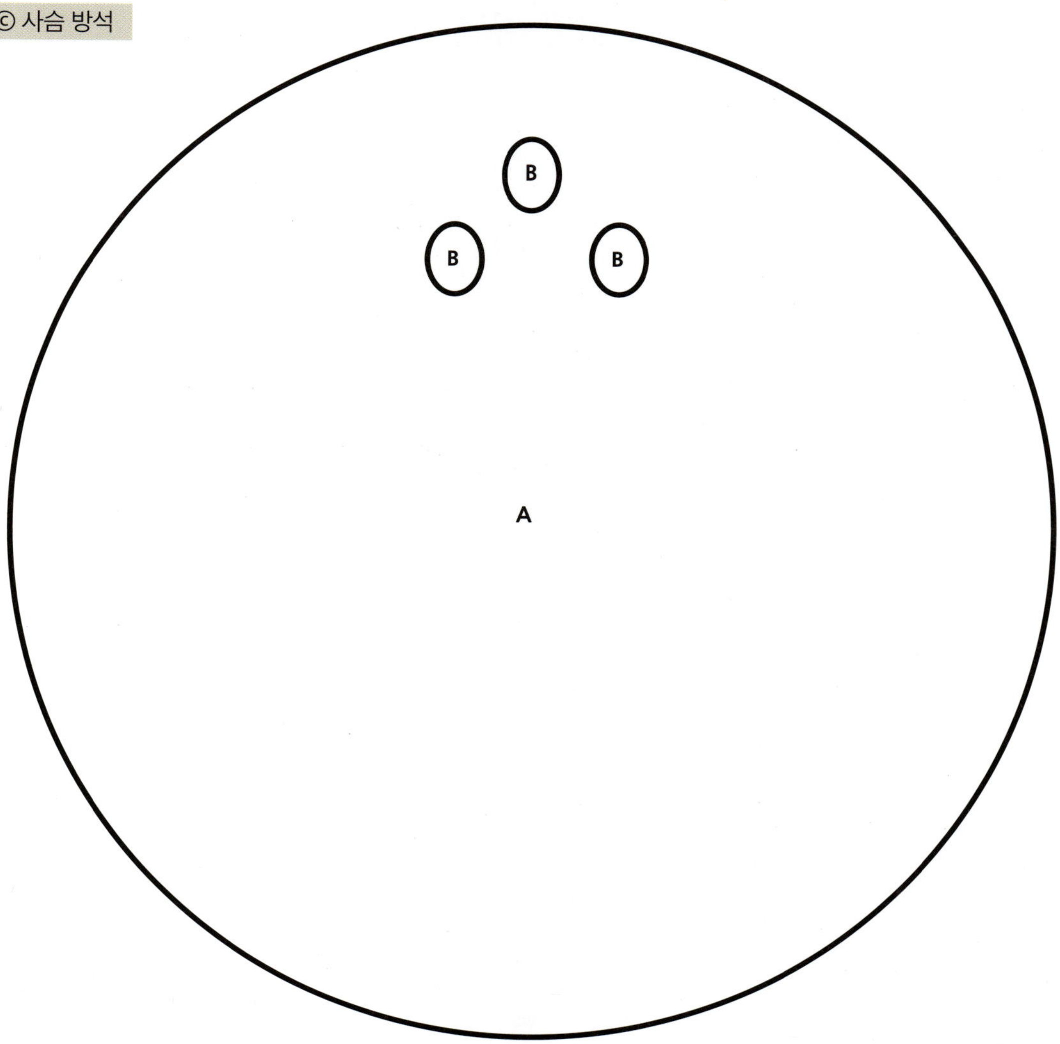

도안은 작업 면 기준입니다.
35% 축소 도안입니다.

How to make

• 사슴 식탁 의자 등커버 재료 준비

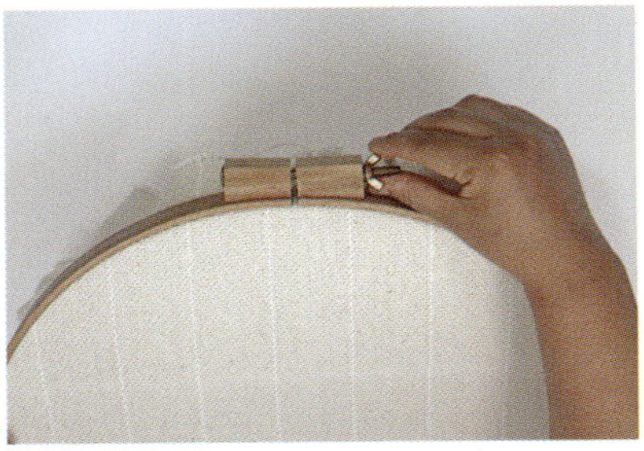

1 원단을 자수틀에 끼워 준비한다. 자수틀을 사용할 때는 수틀의 조임쇠 부분을 단단히 조여 원단을 최대한 팽팽하게 고정시키는 것이 중요하다.

• 도안 그리기

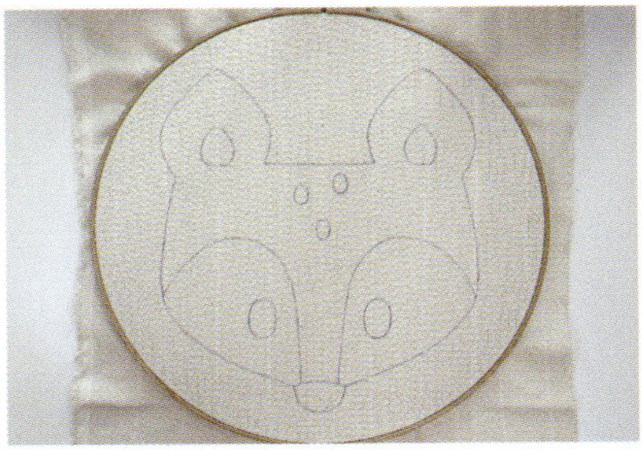

1 원단 위에 ⓐ 도안을 그린다.

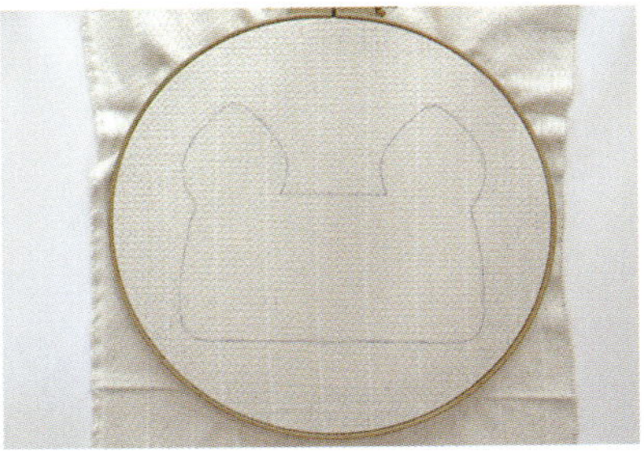

2 원단 위에 ⓑ 도안을 그린다. 수틀을 두 개 사용하지 않고 ⓐ 도안 펀칭 작업이 끝난 뒤 작업을 진행해도 무방하다.

26p 도안 옮기기 참고

• 펀칭 작업

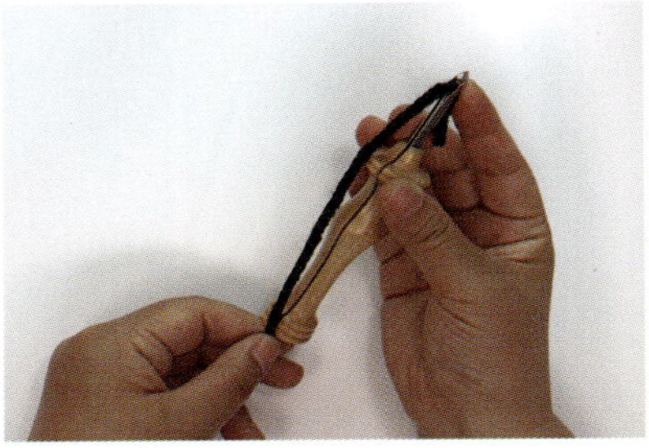

1 바늘의 열린 방향으로 C실을 끼워 준비한다.

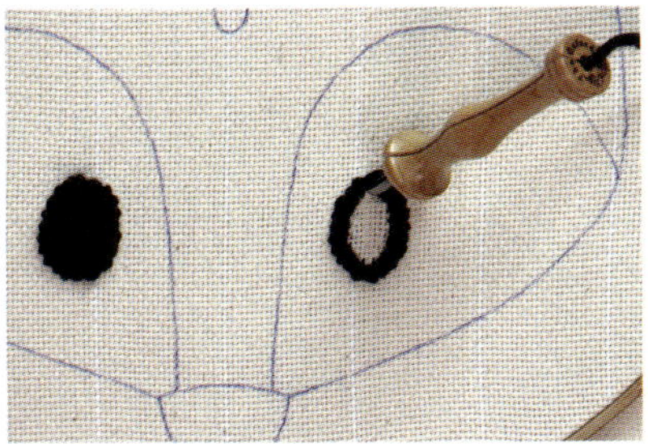

2 사슴 얼굴 앞면 ⓐ 도안부터 작업을 시작한다. 사슴 눈 라인 안쪽을 따라 두 줄 정도 플랫 스티치로 외각 형태를 수놓는다.

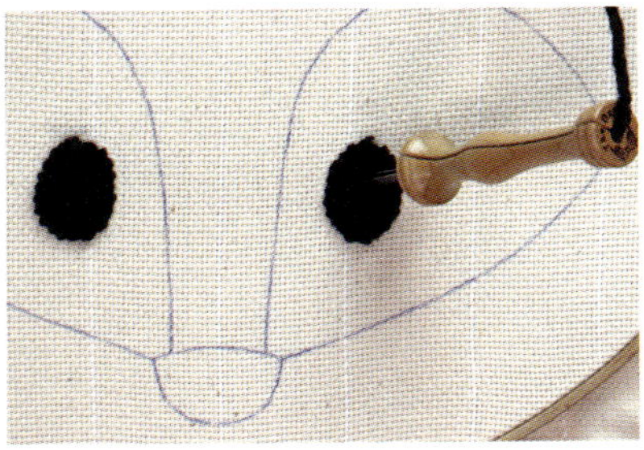

3 수놓은 외각 테두리 안쪽을 플랫 스티치로 모두 채운다.

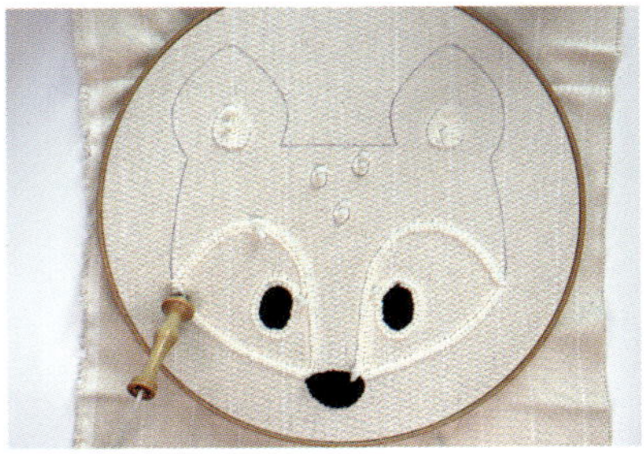

4 코, 이마의 흰 점, 귀의 흰 부분도 두 줄 정도 플랫 스티치로 외각 형태를 수놓은 뒤 면을 채운다.

5 사슴 얼굴 형태도 라인 안쪽을 따라 두 줄 정도 플랫 스티치로 외각 형태를 수놓는다.

6 수놓은 외각 테두리 안쪽을 플랫 스티치로 모두 채운다.

7 수틀을 뒤집어 실이 삐죽 빠져나와 있는 부분과 색실 경계 부분의 꼬여 있는 루프의 라인을 정리한다. 돗바늘 귀를 이용해서 정리하면 편리하다.

8 사슴 뒷면 ⓑ 도안도 흰 점과 라인 안쪽을 따라 두 줄 정도 플랫 스티치로 외각 형태를 수놓은 뒤 면을 채운다.

9 수틀을 뒤집어 실이 삐죽 빠져나와 있는 부분과 색실 경계 부분의 꼬여 있는 루프의 라인을 정리한다. 돗바늘 귀를 이용해서 정리하면 편리하다.

• 마무리 작업

1 수틀을 제거한 뒤 플랫 스티치 면 위로 삐죽 빠져나와 있는 실을 0.5cm 남기고 자른다.

2 ⓐ의 플랫 스티치 면과 접착 심지의 접착면이 서로 맞닿도록 포갠다.

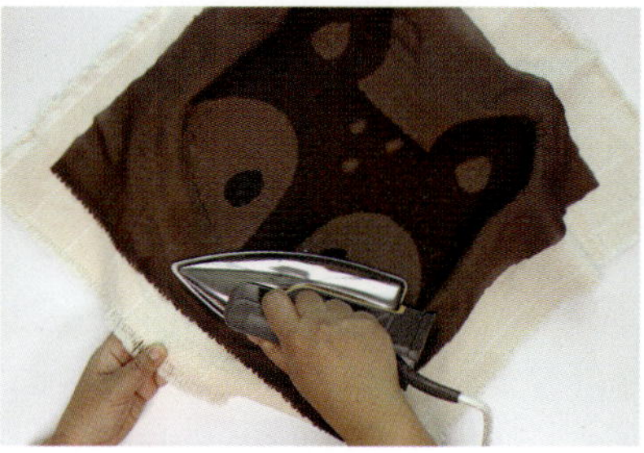

3 중간 정도 온도의 다리미로 접착 심지를 붙인다.

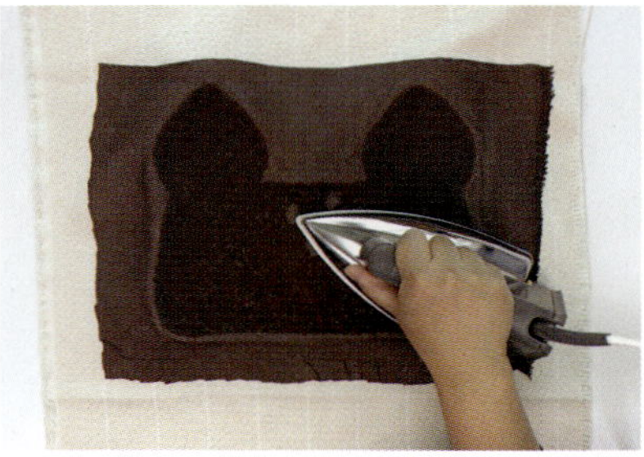

4 ⓑ도 1~3번과 동일한 방법으로 심지를 붙인다.

5 ⓐ에 마스킹 테이프를 외각선에 맞추어 붙인다.

6 ⓑ도 3번과 동일한 방법으로 마스킹 테이프를 붙인다.

7 ⓐ, ⓑ 작업물 모두 마스킹 테이프 사이를 1cm 시접을 주고 외곽을 따라 자른다.

8 ⓐ, ⓑ의 접착 심지를 붙인 면이 서로 맞닿도록 포갠 뒤 그대로 집게로 고정시킨다.

9 ⓐ, ⓑ의 ●~★ 화살표까지 마스킹 테이프 부분을 감침질로 마무리 작업을 진행한다. 감침질할 부분의 10배 정도의 털실을 준비한다. 준비한 실이 길 경우는 여러 번 나누어 감침질을 진행한다.

10 A실을 돗바늘에 끼워 두 줄로 준비한다. 실 끝부분 2cm 정도를 한 손으로 잡고 수놓은 작업물과 마스킹 테이프 붙인 사이의 작은 틈으로 돗바늘을 찔러 넣어 감침질을 진행한다.

42p 감침질 방법 참고

11 ★~● 화살표까지는 ⓐ, ⓑ 각각 감침질을 진행한다. 원단 한 장을 감침질할 경우 한 겹 더 마스킹 테이프를 붙여 원단을 도톰하게 만들면 원단이 한 겹인 상태보다 끝부분이 울지 않아서 좀 더 편하게 작업이 가능하다.

12 ⓐ를 먼저 감침질한다.

13 ⓑ도 감침질한다.

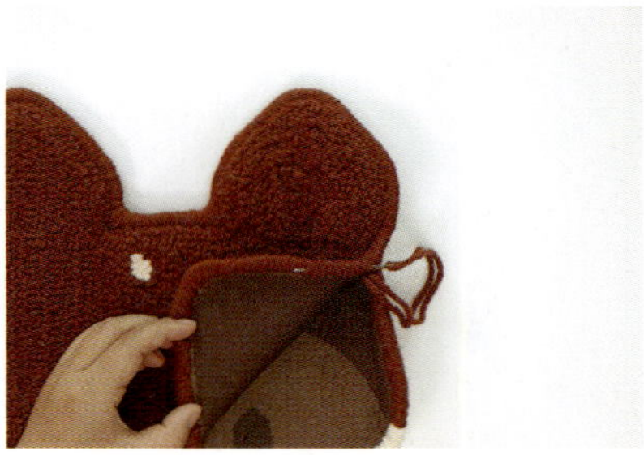

14 감침질이 끝나면 감침질한 중간 부분에 돗바늘을 끼워 넣고 실을 끊어 마무리한다.

15 샤무드 끈을 돗바늘에 끼워 준비한다.

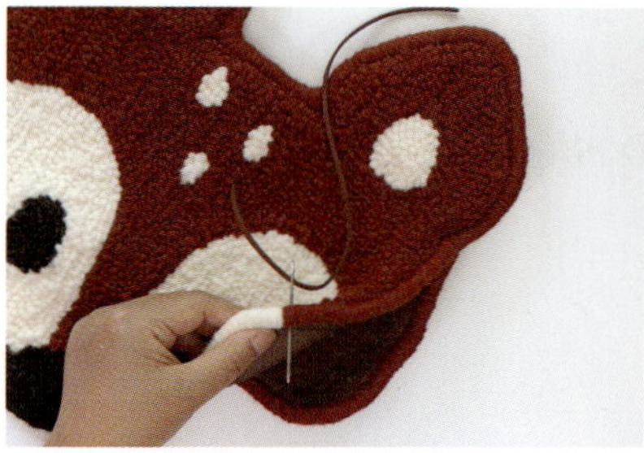

16 ⓐ의 볼 끝부분에 돗바늘을 통과시킨다.

17 샤무드 끈 끝부분 3cm 남겨두고 두 번 정도 묶는다.

18 ⓑ도 15~17번과 동일한 방법으로 작업한다.

19 양쪽 모두 작업한다. 총 네 군데를 샤무드 끈으로 연결한다.

• 사슴 방석 재료 준비

1 원단을 그리퍼 수틀에 최대한 팽팽하게 당기어 고정시킨다.

• 도안 그리기

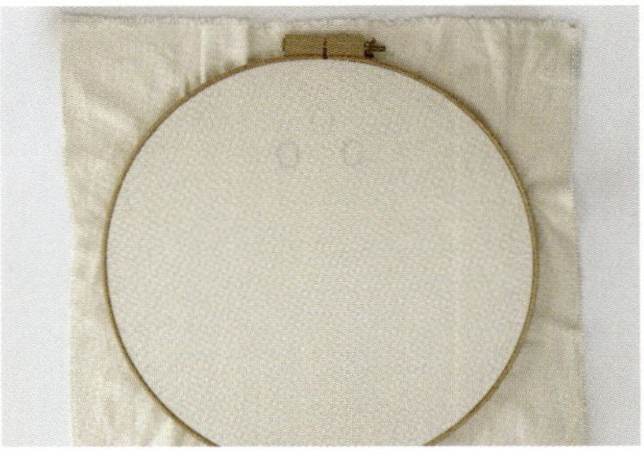

1 원단 위에 도안을 그린다. 외각 원형을 그릴 때 수틀의 안쪽 프레임 안쪽으로 그려 넣는다. 안쪽 프레임 밖으로는 바늘이 프레임에 걸려 통과하지 못한다.

26p 도안 옮기기 참고

• 펀칭 작업

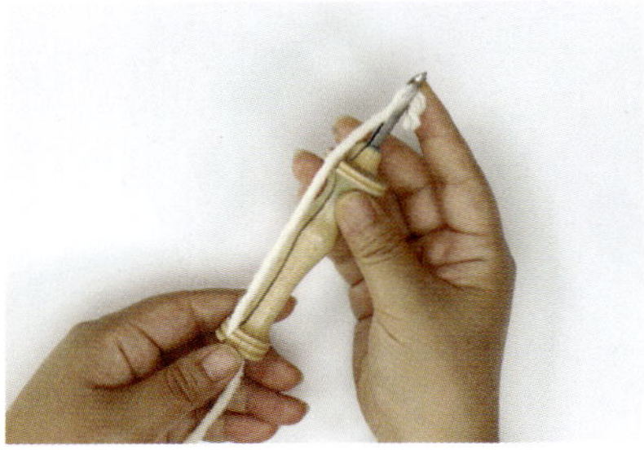

1 바늘의 열린 방향으로 A실을 끼워 준비한다.

2 ⓒ 도안의 흰 무늬부터 작업을 진행한다. 둥근 라인 안쪽을 따라 플랫 스티치로 한 줄 외각 형태를 수놓는다.

3 수놓은 외각 테두리 안쪽을 플랫 스티치로 모두 채운다.

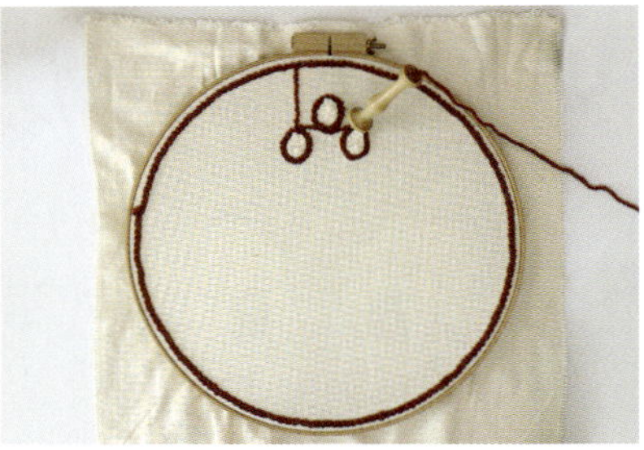

4 수틀 라인 안쪽과 흰 무늬 외각 라인을 플랫 스티치로 두 줄 수놓는다.

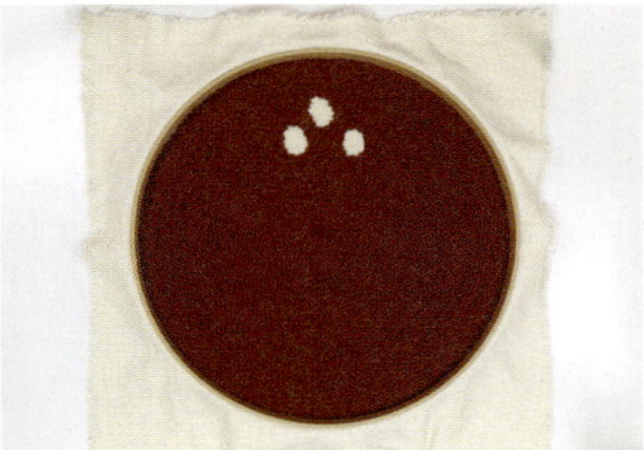

5 수놓은 외각 테두리 안쪽을 플랫 스티치로 모두 채운다.

• 마무리 작업

1 작업물을 수틀에서 제거한 뒤 마스킹 테이프를 둥근 외각선에 맞추어 붙인다.

2 수놓은 작업물과 마스킹 테이프 사이를 1cm 시접을 주고 외곽을 따라 자른다.

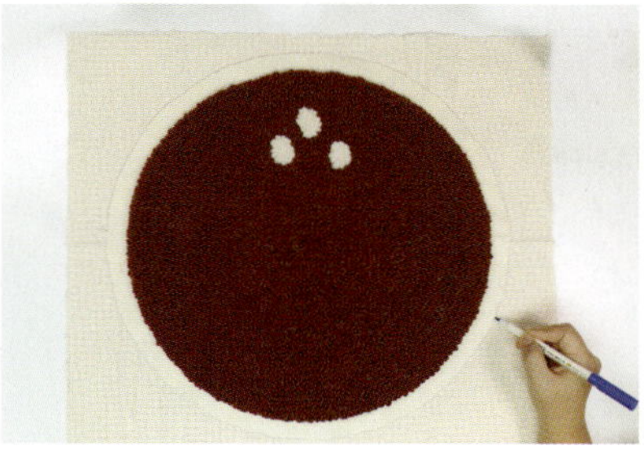

3 원단 위에 자른 작업물을 올리고 네임펜으로 외각 실루엣을 그린다.

4 네임펜으로 그린 실루엣 위에 30mm 마스킹 테이프를 선 중앙으로 오도록 붙인다.

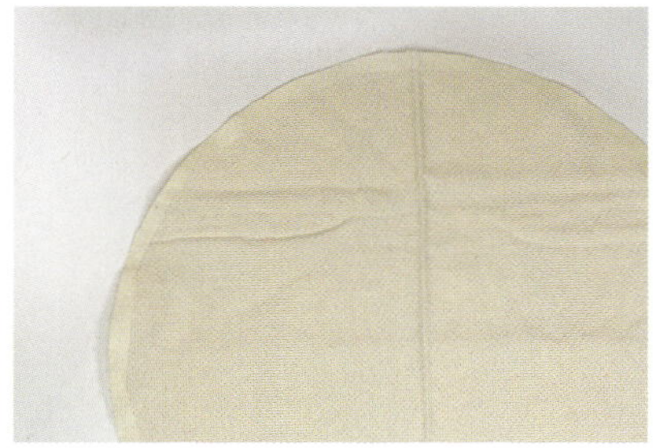

5 네임펜 라인을 따라 원단을 자른다.

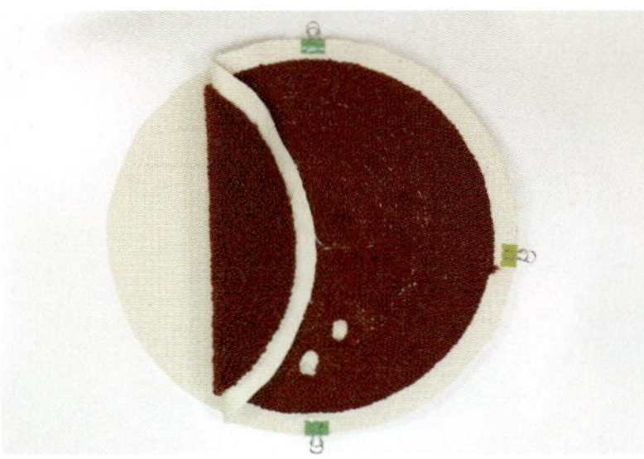

6 루프 면과 마스킹 테이프를 붙이지 않은 면이 서로 맞닿도록 포갠 뒤 집게로 고정시킨다. 펀칭 작업물 ㉮, 원단 면 ㉯로 설정한다.

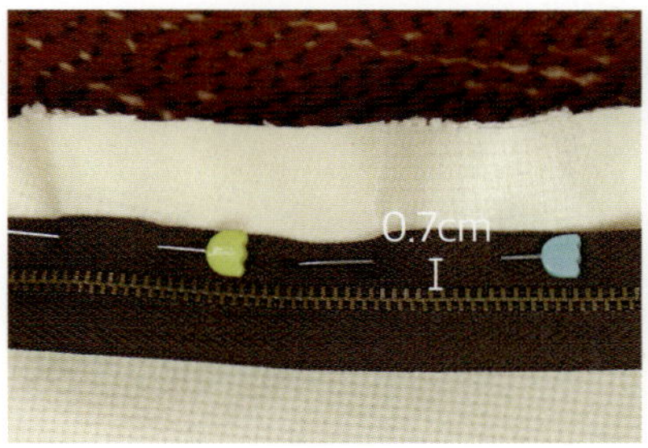

7 ㉮의 한쪽 시접을 뒤집어 지퍼 뒷면을 올려 ㉮의 둥근 외각 라인과 지퍼의 금속 부분에서 0.7cm 밖의 라인을 맞춰 시침핀으로 고정시킨다.

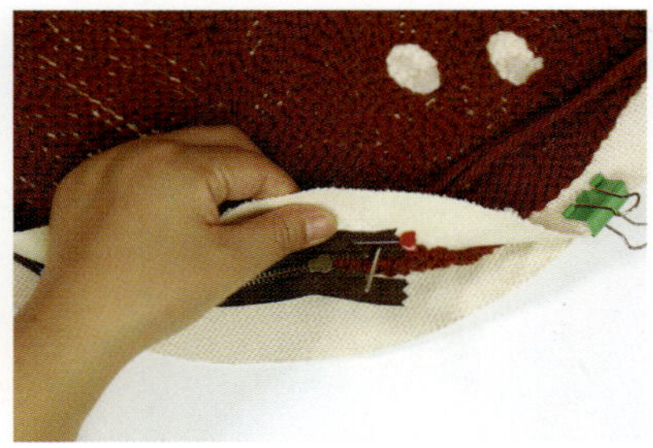

8 A실을 80cm 돗바늘에 끼어 한 줄로 매듭짓고 ㉮와 시침핀으로 고정시킨 지퍼 윗부분의 시작 부분부터 박음질을 끝까지 한다.
44p 박음질 방법 참고

9 작업물을 뒤집어 지퍼가 달릴 부분에 2.5cm 시접 라인을 표시한다.

10 다시 원래대로 뒤집은 뒤 8번 작업이 끝난 지퍼 끝부분을 두세 번 같은 자리를 홈질한다.

11 다시 작업물 전체를 뒤집어 ㉯ 면에 표시한 라인과 지퍼의 금속 부분에서 0.7cm 밖의 라인을 맞춰 시침핀으로 고정시킨다.

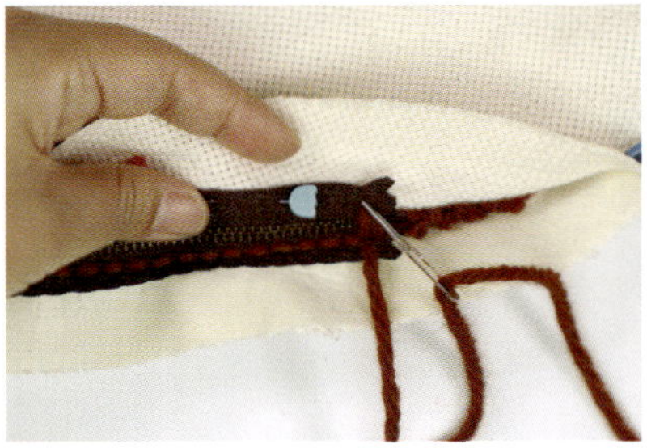

12 9번에 표시한 ㉯ 면의 라인과 지퍼의 금속 부분 0.7cm 라인을 따라 끝까지 박음질한다.

13 지퍼 끝부분을 두세 번 같은 자리를 홈질한다.

14 뒷면으로 돗바늘을 빼내어 매듭을 지은 뒤 실을 자른다.

15 지퍼 2/3를 열어둔다. 이때 지퍼에 루프가 걸리지 않게 루프를 정리하면서 지퍼를 연다.

16 A실을 80cm 돗바늘에 끼워 한 줄로 매듭을 짓고 지퍼를 단 부분을 제외하고 전부 박음질한다. 실의 길이는 여유 있게 준비한다.

17 열어둔 지퍼 사이로 전체를 뒤집은 뒤 방석 솜을 넣어준다.

18 지름 5cm의 퐁퐁을 만든다. 실 감는 횟수를 60번으로 늘려 크기를 키운다.

48p 퐁퐁 만들기 참고

19 퐁퐁에 연결되어 있는 줄을 지퍼 고리에 통과시키어 매듭을 짓고 연결한다.

Deer Dining Table Back Cover&cushion

Level ★★★☆☆

호랑이 수틀 액자

××××××

수틀을 그대로 액자로 활용하여 마무리하는 방법을 소개합니다. 수틀 뒷면의 원단을 정리하는 여러 가지 방법이 있어요. 그중 가장 간단한 글루건을 이용하여 마무리하였어요. 호랑이 얼굴에 귀를 따로 만들어주면 간단히 입체감을 살려줄 수 있답니다.

재료

- 몽스 원단……36×36cm, 20×20cm
- 대나무 자수틀……21cm(외경)
- 마스킹 테이프(12mm) ……1개
- 실(두께: 코지울 4~5mm, 나코 봉주르 5mm, 매직로망 3mm)

A 코지울 K940 블랙
B 코지울 K025 아이보리
C 매직로망 122 카멜
D 나코 봉주르 23689 단호박

도구

옥스퍼드 펀치 니들 레귤러 10호, 그리퍼 수틀 30×30cm(외경), 원목 자수틀 14cm(외경), 가위, 돗바늘, 네임펜, 시침핀 4개, 글루건, 글루건 심

Design

Size 25×24cm

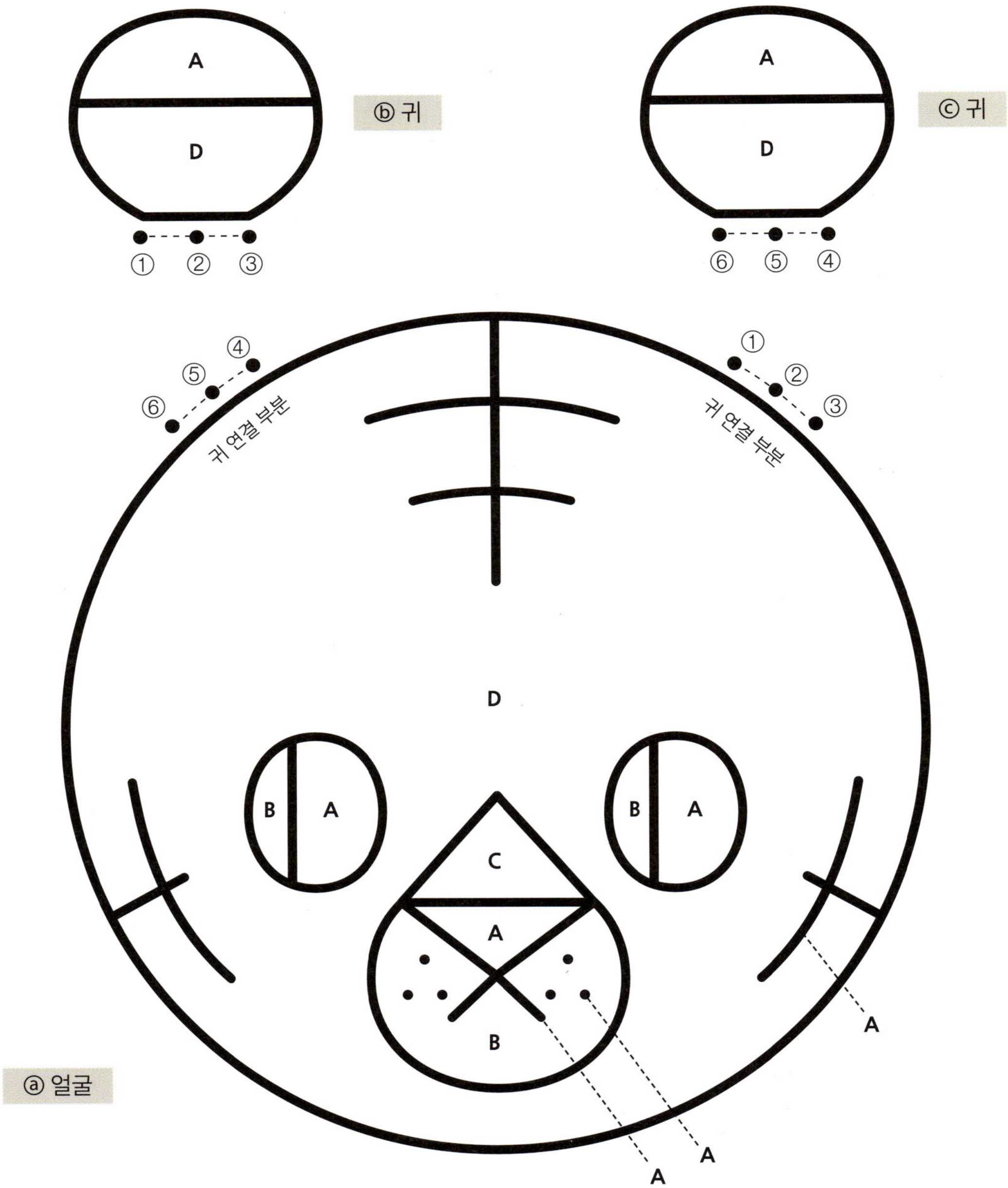

도안은 작업 면 기준입니다.
60% 축소 도안입니다.

How to make

• 재료 준비

1 36×36cm 사이즈의 원단을 그리퍼 수틀에 최대한 팽팽하게 당기어 고정시킨다.

2 20×20cm 사이즈의 원단을 자수틀에 끼워 준비한다.

• 도안 그리기

1 그리퍼 수틀 원단 위에 ⓐ 도안을 그린다.

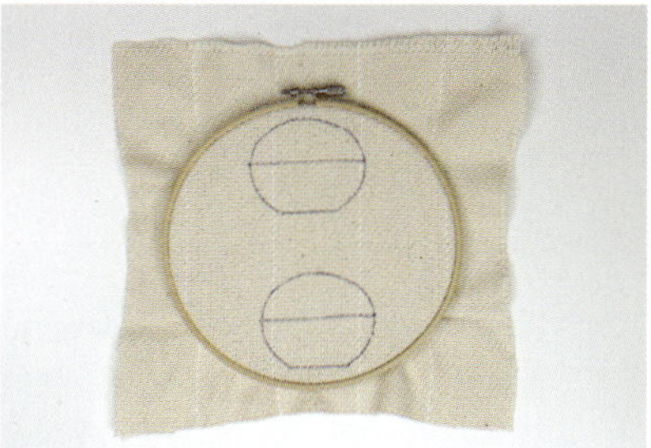

2 자수틀 원단 위에 ⓑ, ⓒ 도안을 그린다.
26p 도안 옮기기 참고

• 펀칭 작업

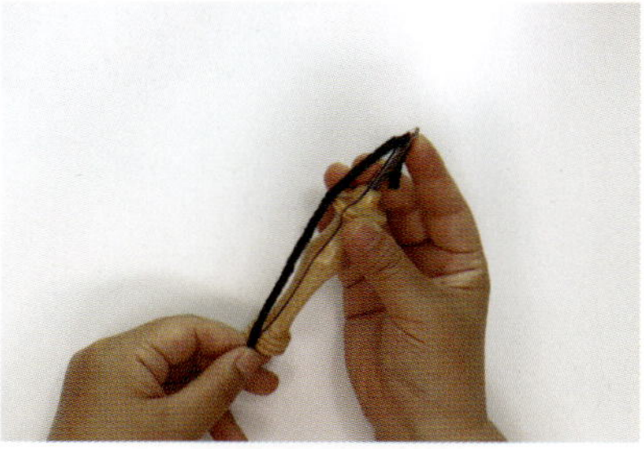

1 바늘의 열린 방향으로 A실을 끼워 준비한다.

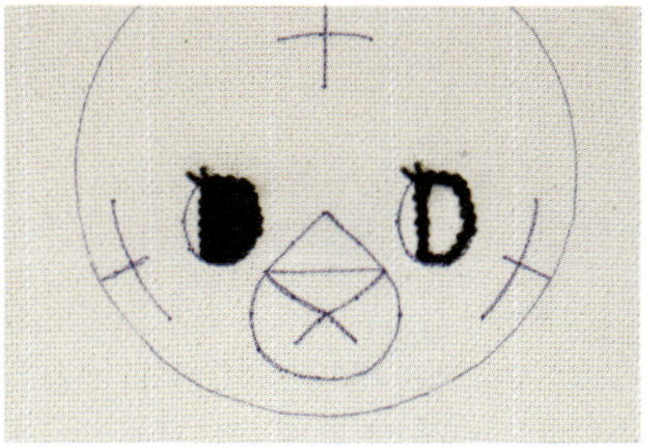

2 검은 동자 라인 안쪽을 따라 플랫 스티치로 한 줄 외각 형태를 수놓은 뒤 면을 채운다. 양쪽 모두 수놓는다.

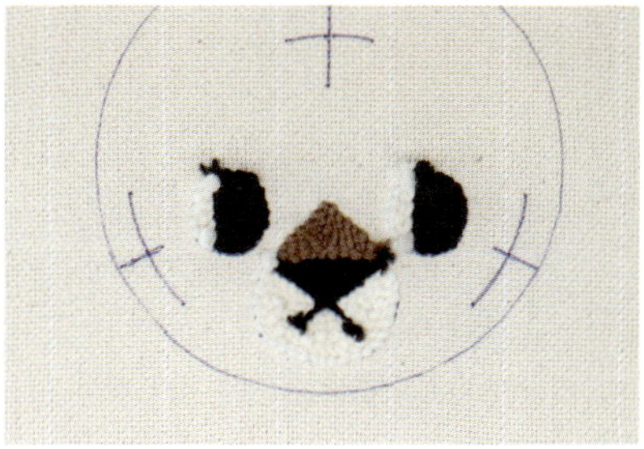

3 흰 동자, 코, 입 주변도 플랫 스티치로 한두 줄 외각 형태를 수놓은 뒤 면을 채운다. 입은 한 줄로 표현한다.

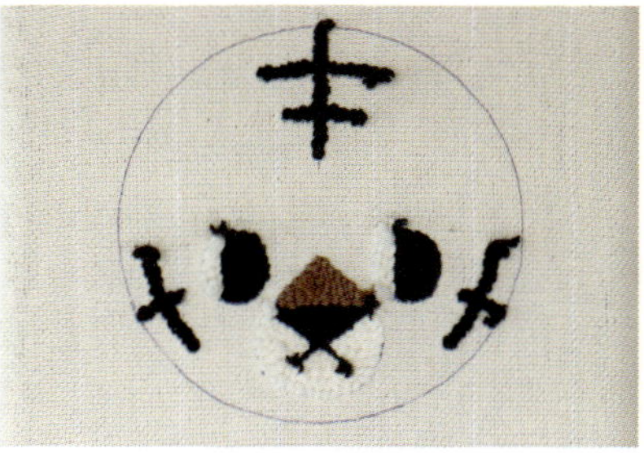

4 얼굴의 줄무늬는 플랫 스티치로 두 줄 수놓는다.

5 둥근 얼굴 라인과 눈, 코, 입, 줄무늬의 수놓은 플랫 스티치 외각 라인을 따라 플랫 스티치로 한두 줄 수놓는다.

6 플랫 스티치로 모든 면을 채운다.

7 수틀을 뒤집어 실이 삐죽 빠져나와 있는 부분과 색실 경계 부분의 꼬여 있는 루프의 라인을 정리한다. 돗바늘 귀를 이용해서 정리하면 편리하다.

8 수틀을 다시 뒤집어 도안에서 주근깨 위치 확인 후 A실로 드문드문 플랫 스티치로 수놓는다.

9 수틀을 다시 뒤집어 주근깨 루프가 잘 안 보일 경우 돗바늘로 루프를 살짝 위로 빼준다.

10 해당하는 부분의 실로 라인 안쪽을 따라 두 줄로 플랫 스티치로 외각 형태를 수놓은 뒤 면을 채운다. 귀 두 개를 같은 방법으로 마무리한다.

11 수틀을 뒤집어 색실 경계 부분의 꼬여 있는 루프의 라인을 정리한다. 돗바늘 귀를 이용해서 정리하면 편리하다.

• 마무리 작업

1 호랑이 얼굴인 ⓐ 작업물을 그리퍼 수틀에서 제거한 뒤 액자로 사용할 21cm 원목 자수틀을 준비한다.

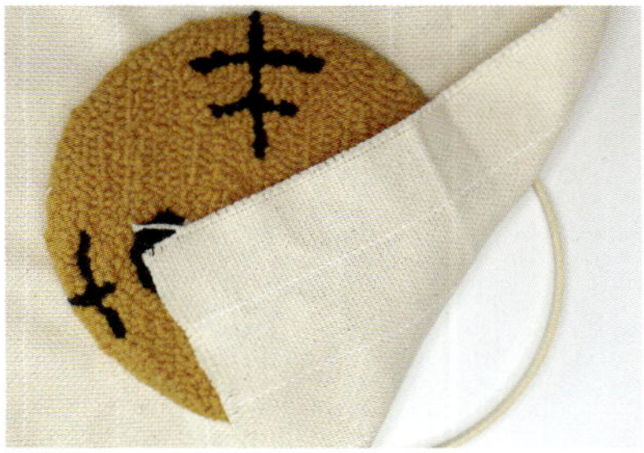

2 자수틀의 조임쇠를 풀어 두 개의 틀 중 안쪽 자수틀을 원단 아래에 둔다.

3 바깥쪽 자수틀을 원단 위에 올려 끼운다.

4 원단을 팽팽하게 고정시킨 뒤 수틀을 뒤집는다.

5 원단을 수틀 안쪽으로 접어 수틀 깊이만큼 눌러 끝부분을 군데군데 펜으로 표시한다.

6 수틀을 앞쪽으로 돌린 뒤 표시한 외각을 따라 원단을 자른다.

7 다시 수틀을 뒤집어 안쪽 자수틀 프레임에 글루건 심을 녹인다.

8 글루건 심이 굳기 전에 사진을 참고하여 원단 전체를 자수틀에 붙인다.

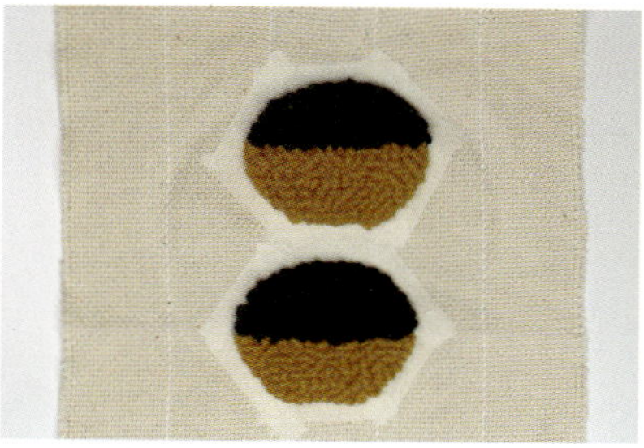

9 ⓑ와 ⓒ를 자수틀에서 분리한 뒤 수놓은 작업물 외각으로 마스킹 테이프를 붙인다.

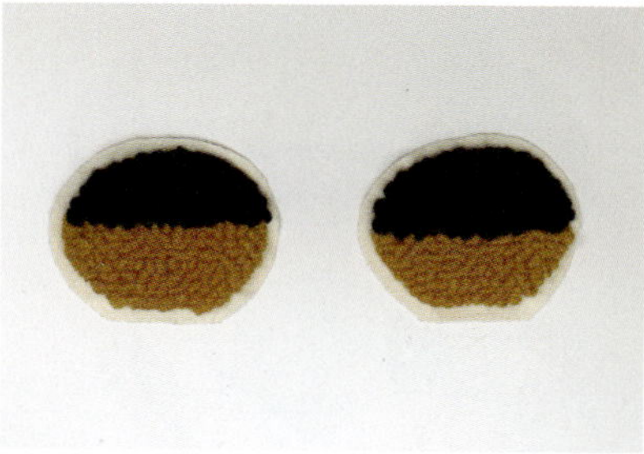

10 수놓은 작업물과 마스킹 테이프 사이를 1cm 시접을 주고 외곽에 따라 자른다.

11 마스킹 테이프 부분을 감침질로 마무리 작업을 진행한다. 감침질할 부분의 12배 정도의 털실을 준비한다.

12 A실을 돗바늘에 끼워 두 줄로 준비한다. 실 끝부분 2cm 정도를 한 손으로 잡고 수놓은 작업물과 마스킹 테이프 붙인 사이의 작은 틈으로 돗바늘을 찔러 넣어 감침질을 진행한다.

42p 감침질 방법 참고

13 감침질이 끝나면 바늘은 감침질한 중간 부분에 돗바늘을 끼워 넣고 실을 끊어 마무리한다.

14 D실로 바꾸어 나머지 부분도 감침질을 진행한다.

15 감침질이 끝나면 돗바늘은 감침질한 중간 부분에 끼워 넣고 실을 끊어 마무리한다. ⓒ 감칠질 완료.

16 ⓑ도 11~14번과 같은 방법으로 감침질을 진행한다. 감침질이 끝나면 돗바늘을 ●(사진 참고)로 뺀다. 실을 끊지 않고 바늘을 연결한 채 둔다.

17 도안에서 귀 연결 부분을 확인 후 ⓐ 위에 ⓑ, ⓒ의 루프 면이 보이게 올린 뒤 시침핀으로 고정시킨다. 이때 작업 면과 완성 면의 위치가 반대이므로 도안을 확인할 때 주의하자.

18 도안을 참고하여 귀에 연결되어 있는 돗바늘을 ⓐ의 ① 앞에서 수틀 뒤로 통과시킨다.

19 수틀 뒤에서 ⓐ의 ① 살짝 옆으로 빼낸 바늘을 ⓑ의 ① 앞에서 수틀 뒤로 통과시킨다.

20 수틀을 돌려 ⓐ의 ③으로 바늘을 통과시킨다.

21 수틀을 다시 앞으로 돌려 ⓑ의 ③ 앞에서 수틀 뒤로 바늘 통과시킨다.

22 수틀을 돌려 ⓐ의 ②로 바늘을 통과시킨다.

23 수틀을 다시 앞으로 돌려 ⓑ의 ② 앞에서 수틀 뒤로 바늘을 통과시킨다.

24 수틀을 돌려 매듭을 짓고 실을 자른다.

25 D실 50cm를 돗바늘에 끼워 두 줄로 매듭을 지어 준비한 뒤 ⓐ 도안 ④, ⓒ 도안 ④, ⓐ 도안 ⑥, ⓒ 도안 ⑥, ⓐ 도안 ⑤, ⓒ 도안 ⑤ 순서대로 바늘을 통과시켜 얼굴과 귀를 연결한다.

Level ★★☆☆☆

여우 방석

××××××

여우 방석의 포인트는 귀여운 리본 모양의 쿳수염이에요. 사용한 털실은 알파카가 함유된 실로 부드럽고 포근한 느낌에 은은한 광택이 돌아요. 양쪽 귀 끝부분에 고리를 만들어 벽장식 아이템으로 사용해도, 심플한 쿠션 앞면에 홈질로 연결해서 포인트 소품으로 활용해도 좋아요.

재료

- 몽스 원단……50×50cm
- 황마 원단……40×40cm
- 마스킹 테이프(30mm)……1개
- 실(두께: 잉카 알파카 4mm)

A 잉카 알파카 6344 캐롯 2개
B 잉카 알파카 23114 아이보리
C 잉카 알파카 217 블랙

도구

옥스퍼드 펀치 니들 레귤러 10호, 대형 원목 수틀 42cm(외경), 가위, 돗바늘, 네임펜, 집게 4개

Design

Size 33×36cm

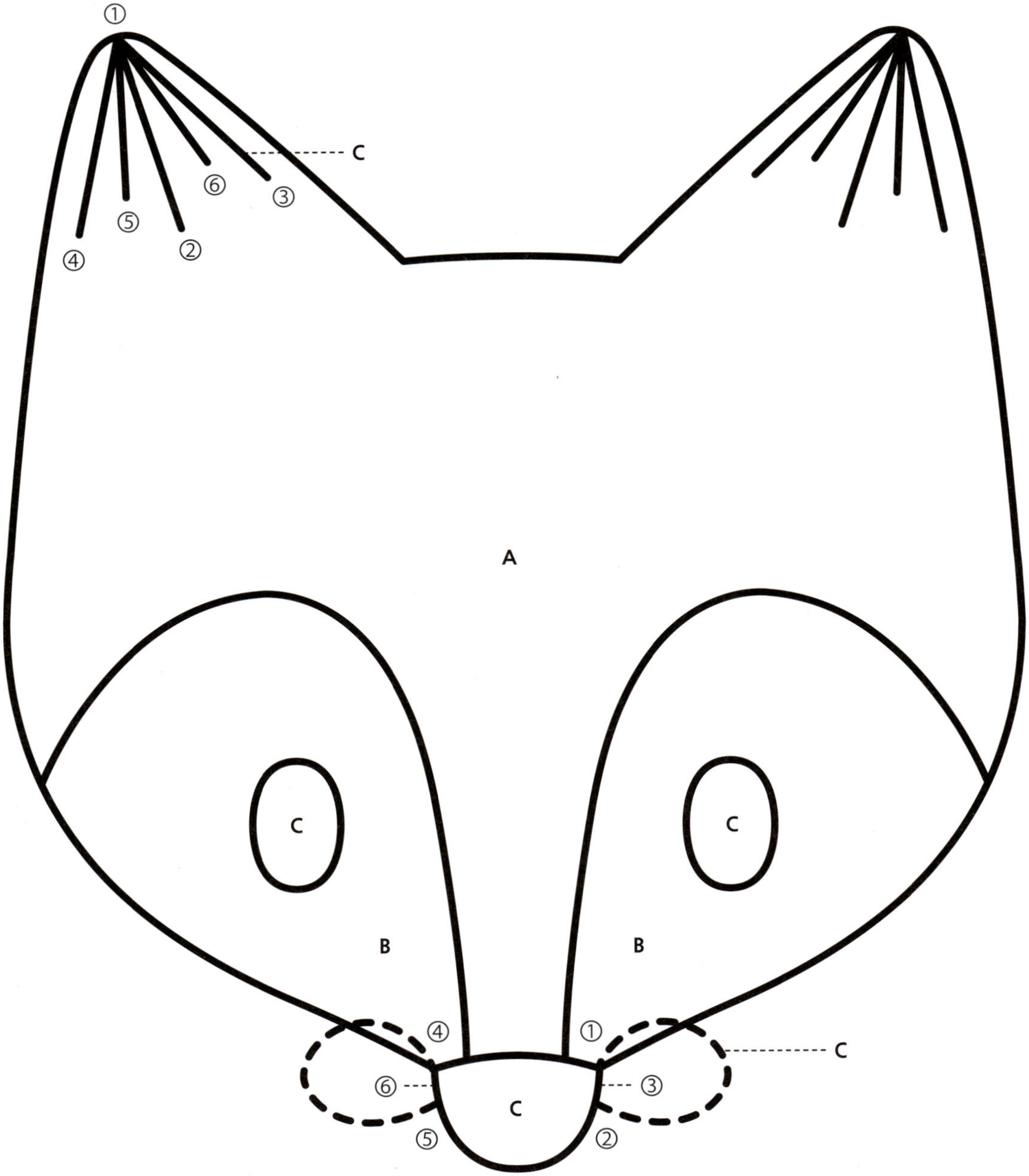

도안은 작업 면 기준입니다.
50% 축소 도안입니다.

How to make

• 재료 준비

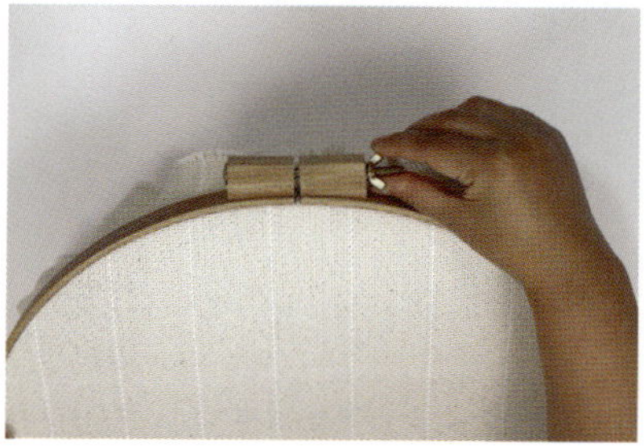

1 원단을 자수틀에 끼워 준비한다. 자수틀을 사용할 때는 수틀의 조임쇠를 단단히 조여 원단을 최대한 팽팽하게 고정시키는 것이 중요하다.

• 도안 그리기

1 원단 위에 도안을 그린다.

26p 도안 옮기기 참고

• 펀칭 작업

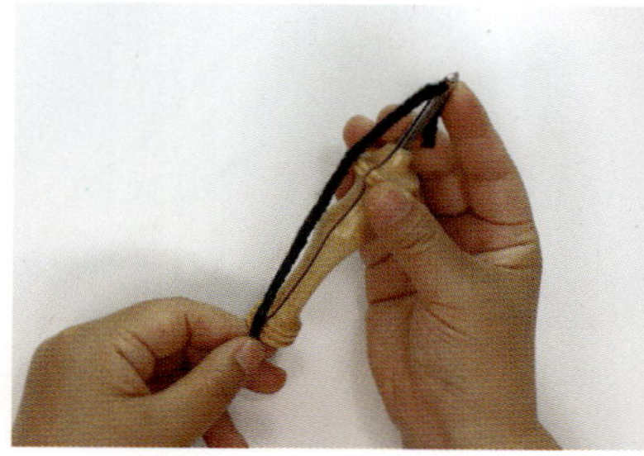

1 바늘의 열린 방향으로 C실을 끼워 준비한다.

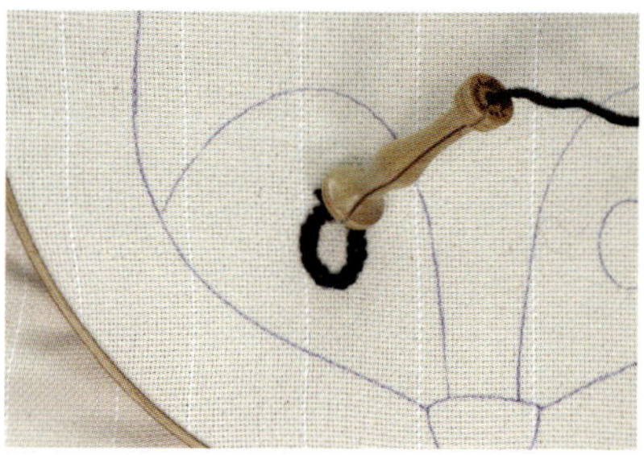

2 여우 눈 라인 안쪽을 따라 두 줄 정도 플랫 스티치로 외각 형태를 수놓는다.

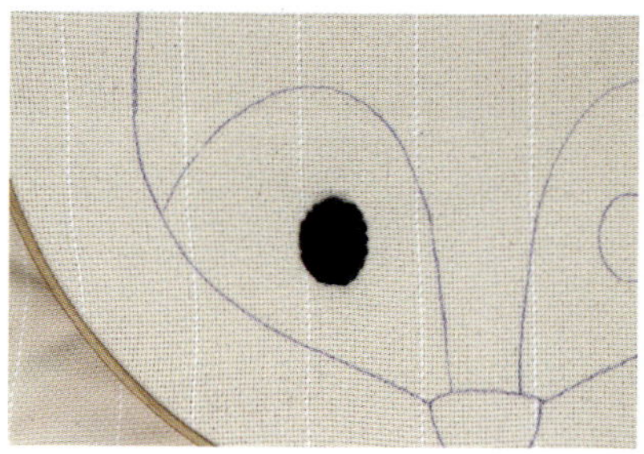

3 수놓은 외각 테두리 안쪽을 플랫 스티치로 모두 채운다. 양쪽 모두 수놓는다.

4 눈 주변 흰 부분도 라인 안쪽과 눈 외각을 두 줄 정도 플랫 스티치로 수놓은 뒤 면을 채운다.

5 여우 얼굴 형태도 라인 안쪽을 따라 두 줄 정도 플랫 스티치로 외각 형태를 수놓는다.

6 수놓은 외각 테두리 안쪽을 플랫 스티치로 모두 채운다.

7 수틀을 뒤집어 실이 삐죽 빠져나와 있는 부분과 색실 경계 부분의 꼬여 있는 루프의 라인을 정리한다. 돗바늘 귀를 이용해서 정리하면 편리하다.

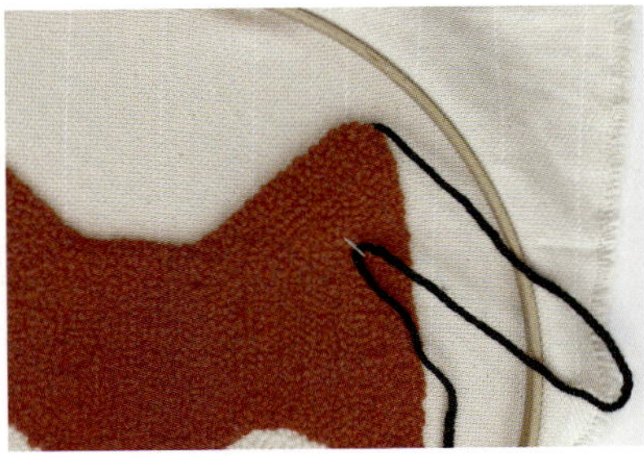

8 돗바늘에 C실을 끼운 뒤 끝부분에 매듭을 짓고 도안에서 위치 확인 후 원단 아래에서 ①에서 ②로 돗바늘을 통과시킨다.

9 다시 ③→①→④→①→⑤→①→⑥→① 순으로 돗바늘을 통과시킨 뒤 매듭을 짓고 자른다. 양쪽 귀 모두 같은 방법으로 수놓는다.

10 돗바늘에 C실을 끼우고 끝부분에 매듭을 짓고 도안에서 위치 확인 후 ①로 바늘을 뺀다.

11 ②로 바늘을 통과시킨 뒤 ①, ② 사이에 실을 8cm 남겨둔다.

12 ③으로 바늘을 뺀다.

13 ③ 살짝 옆으로 바늘을 통과시킨다. ③, ④ 사이에는 실의 여유를 남기지 않는다.

14 ④, ⑤, ⑥ 순서대로 10~13번과 같이 작업을 진행한 뒤 ⑥ 살짝 옆으로 바늘을 통과시켜 수틀 뒷면에 매듭을 짓고 실을 자른다.

• 마무리 작업

1 수틀을 제거한 뒤 마스킹 테이프를 방석 외각선에 맞추어 붙인다.

2 수놓은 작업물과 마스킹 테이프 사이를 1cm 시접을 주고 외곽을 따라 자른다.

3 황마 위에 자른 작업물을 올리고 네임펜으로 외각 실루엣을 그린다.

4 네임펜으로 그린 실루엣 위에 마스킹 테이프를 선 중앙으로 오도록 붙인다.

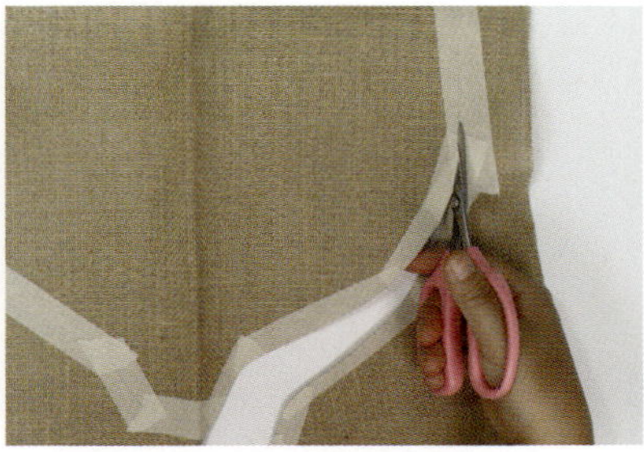

5 네임펜 라인을 따라 황마를 자른다.

6 플랫 스티치 면과 마스킹 테이프를 붙인 황마 면이 서로 맞닿도록 포갠 뒤 그대로 집게로 고정시킨다.

7 마스킹 테이프 부분을 감침질로 마무리 작업을 진행한다. 감침질할 부분의 10배 정도의 털실을 준비한다. 눈 주변부터 감침질을 시작한다. 준비한 실이 길 경우는 여러 번 나누어 감침질을 진행한다.

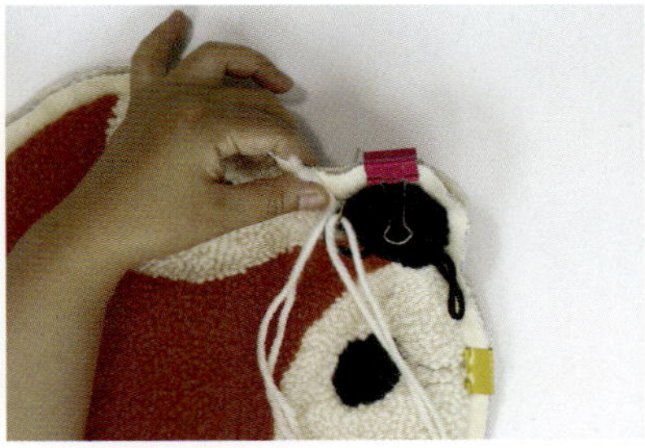

8 B실을 돗바늘에 끼워 두 줄로 준비한다. 실 끝부분 2cm 정도를 한 손으로 잡고 수놓은 작업물과 마스킹 테이프 붙인 사이의 작은 틈으로 돗바늘을 찔러 넣어 감침질을 진행한다.

42p 감침질 방법 참고

9 감침질이 끝나면 돗바늘은 감침질한 중간 부분에 끼워 넣고 실을 끊어 마무리한다. 같은 방법으로 나머지 모두 감침질하여 마무리한다.

Level ★★☆☆☆

무지개 방석

××××××

무지개 방석은 특별한 도안 없이도 자유롭게 면을 나누어 좋아하는 컬러의 실로 면을 채우기만 해도 하나의 멋진 작품이 완성됩니다. 면을 나눌 때 직선뿐만 아니라 곡선, 원형도 섞어서 사용해 보세요. 무늬도 도트, 십자 모양 외에도 스트레이트, 체인, 러닝 스티치 등 다양한 자수 스티치 기법을 활용하여 무늬를 만들어 보세요.

재료

- 몽스 원단……50×50cm
- 황마 원단……40×40cm
- 마스킹 테이프(30mm)……1개
- 실(두께: 잉카 알파카 4mm)

A 잉카 알파카 6825 머스타드
B 잉카 알파카 23109 연코코아
C 잉카 알파카 6344 캐롯
D 잉카 알파카 4987 다크쵸콜릿
E 잉카 알파카 23385 베이지
F 잉카 알파카 23108 진모카브라운
G 잉카 알파카 23114 아이보리

도구

옥스퍼드 펀치 니들 레귤러 10호, 대형 원목 수틀 42cm(외경), 가위, 돗바늘, 네임펜, 집게 3개

Design

Size 32×32cm

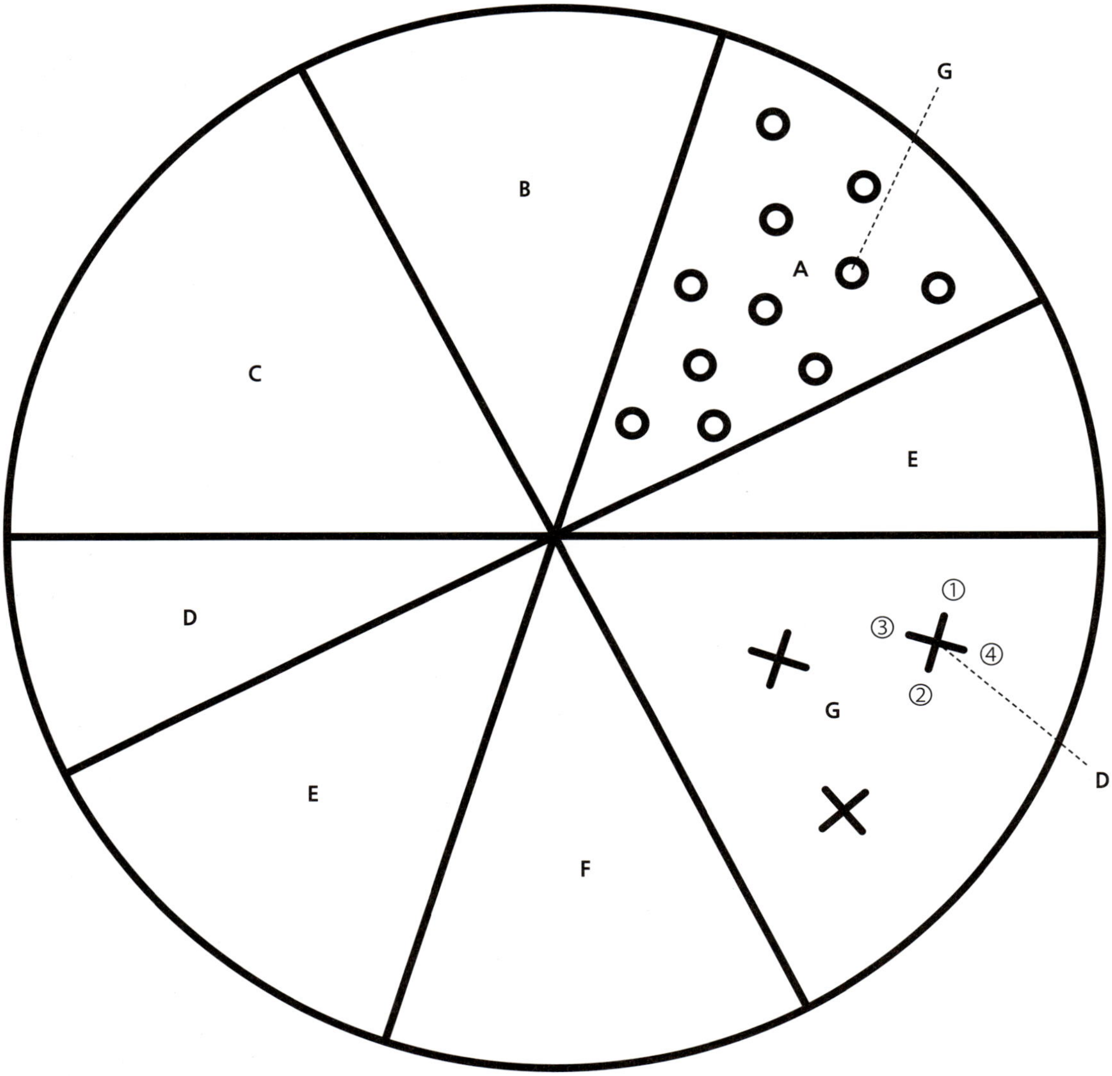

도안은 작업 면 기준입니다.
50% 축소 도안입니다.

How to make

• 재료 준비

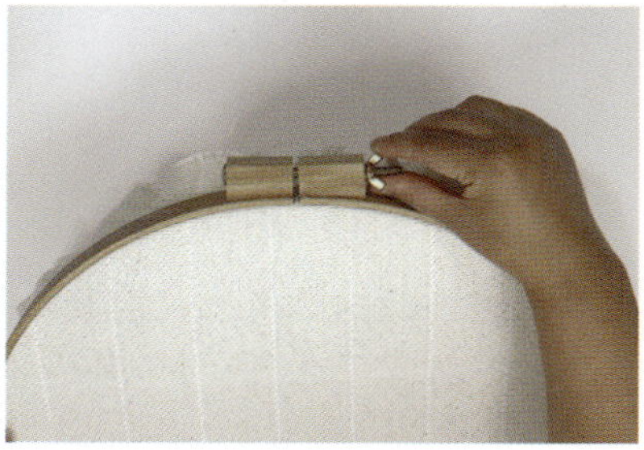

1 원단을 자수틀에 끼워 준비한다. 자수틀을 사용할 때는 수틀의 조임쇠를 단단히 조여 원단을 최대한 팽팽하게 고정시키는 것이 중요하다.

• 도안 그리기

1 원단 위에 도안을 그린다.

26p 도안 옮기기 참고

• 펀칭 작업

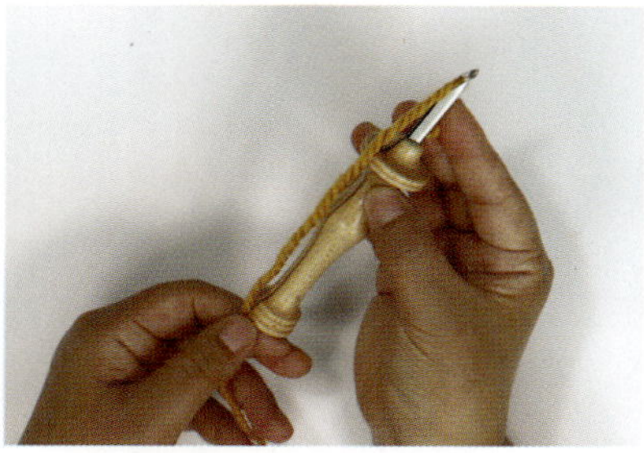

1 바늘의 열린 방향으로 A실을 끼워 준비한다.

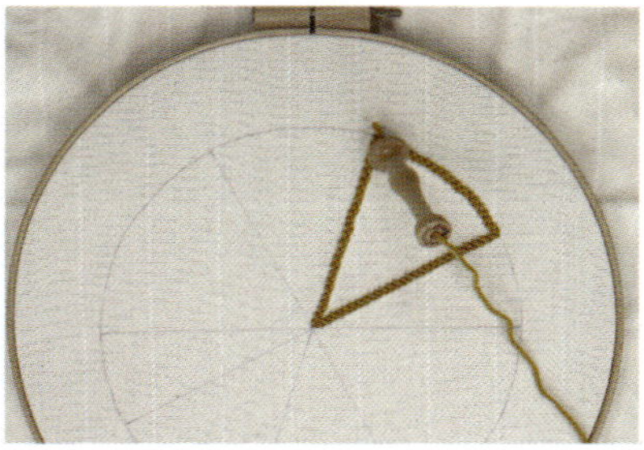

2 A실 면부터 작업을 진행한다. 한 면의 라인 안쪽을 따라 플랫 스티치로 두 줄 외각 형태를 수놓는다.

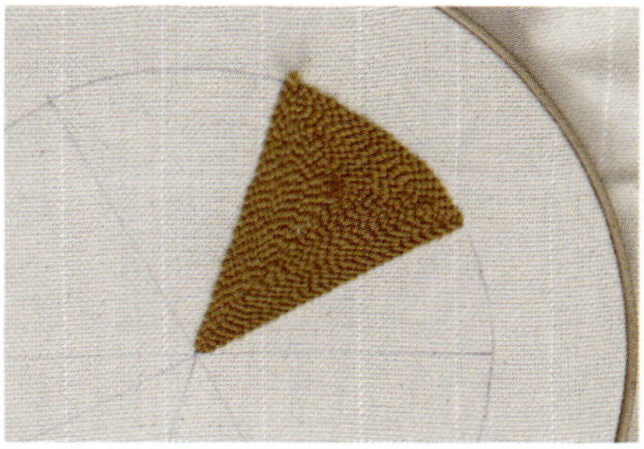

3 수놓은 외각 테두리 안쪽을 플랫 스티치로 모두 채운다.

4 2, 3번 과정을 반복해 방석의 모든 면을 채운다.

5 수틀을 뒤집어 실이 삐죽 빠져나와 있는 부분과 색실 경계 부분의 꼬여 있는 루프의 라인을 정리한다. 돗바늘 귀를 이용해서 정리하면 편리하다.

6 도안에서 도트 무늬 위치 확인 후 돗바늘에 G실을 끼워 끝부분에 매듭을 지어 준비한다.

7 원단 아래에서 바늘을 빼낸 뒤 실을 두 번 감는다.

8 감은 실 사이로 바늘을 통과시켜 매듭을 만든다.

9 다시 바늘을 매듭 위치로 통과시킨다.

10 같은 방법으로 매듭을 지어 도트 무늬를 수놓는다.

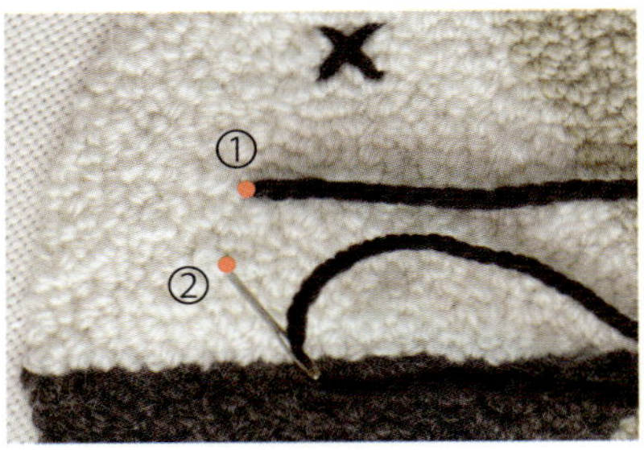

11 도안에서 십자가 무늬 위치를 확인 후 돗바늘에 D실을 끼우고 원단 아래에서 ①로 빼낸 뒤 ②로 통과시킨다.

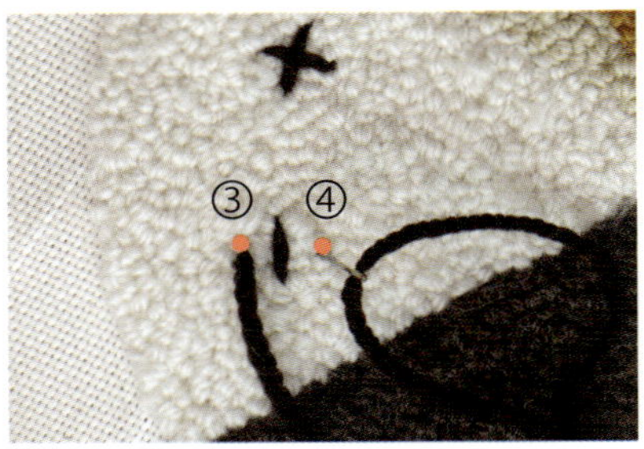

12 ③에서 빼낸 뒤 ④로 통과시켜 십자가 모양을 수놓는다. 11, 12번과 같은 방법으로 세 개의 무늬를 만든다.

• 마무리 작업

1 수틀을 제거한 뒤 마스킹 테이프를 방석 외각선에 맞추어 붙인다.

2 수놓은 작업물과 마스킹 테이프 사이를 1cm 시접을 주고 외곽을 따라 자른다.

3 황마 위에 자른 작업물을 올리고 네임펜으로 외각 실루엣을 그린다.

4 네임펜으로 그린 실루엣 위에 마스킹 테이프를 붙인다. 마스킹 테이프가 선 중앙으로 오도록 붙인다.

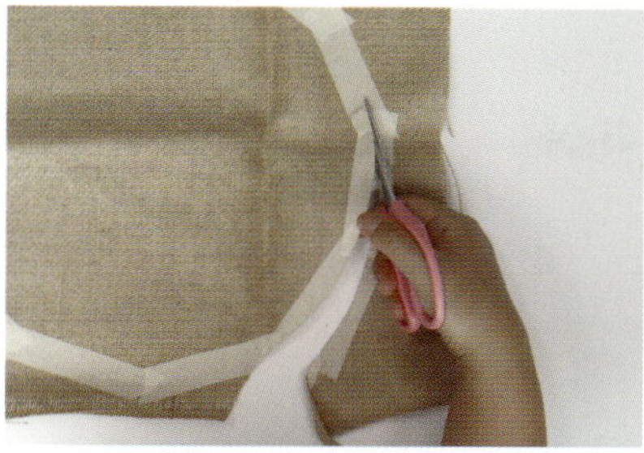

5 네임펜 라인을 따라 황마를 자른다.

6 플랫 스티치 면과 마스킹 테이프를 붙인 황마 면이 서로 맞닿도록 포갠 뒤 그대로 집게로 고정시킨다.

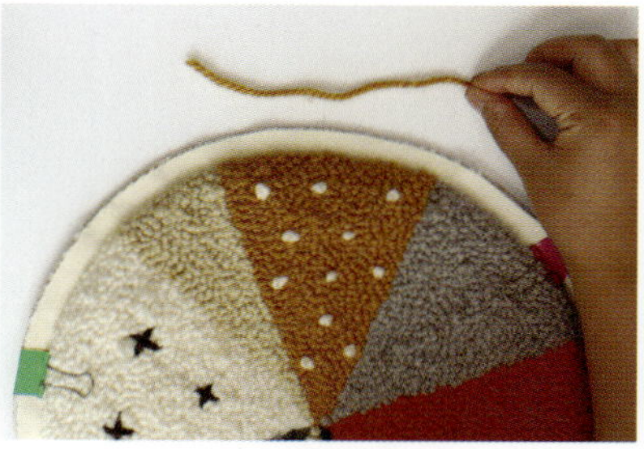

7 마스킹 테이프 부분을 감침질로 마무리 작업을 진행한다. 감침질할 부분의 10배 정도의 털실을 준비한다. A색 면부터 감침질을 시작한다. 준비한 실이 길 경우는 여러 번 나누어 감침질을 진행한다.

8 A실을 돗바늘에 끼워 두 줄로 준비한다. 실 끝부분 2cm 정도를 한 손으로 잡고 수놓은 작업물과 마스킹 테이프 붙인 사이의 작은 틈으로 돗바늘을 찔러 넣어 감침질을 진행한다.

42p 감침질 방법 참고

9 감침질이 끝나면 돗바늘은 감침질한 중간 부분에 끼워 넣고 실을 끊어 마무리한다. 같은 방법으로 나머지 모두 감침질하여 마무리한다.

Urbänlike
B
most
beautiful

Level ★★☆☆☆

검은 고양이 러그

××××××

어디에 두어도 눈에 띄는 검은 고양이. 원단용 본드로 루프가 빠지지 않게 튼튼하게 고정시키는 방법을 소개해요. 큰 사이즈의 도안을 작업할 때는 사이즈에 맞는 캔버스틀을 사용하는 방법과 대형 원목 수틀을 이동하면서 작업하는 방법도 있어요. 수틀을 사용할 때는 옆면이 2cm 이상일 때만 가능해요. 수틀을 이동하여 루프 면을 고정시킬 때 옆면이 얇은 수틀은 루프로 인해 두꺼워진 원단을 잡아주는 힘이 없기 때문에 수틀에서 원단이 이탈할 확률이 높아요.

재료

- 몽스 원단……110×70cm 2장
- 마스킹 테이프(12mm, 30mm)……1개씩
- 원단용 본드……100g
- 실(두께: 코지울 4~5mm)

A 코지울 K940 블랙 4개
B 코지울 K025 아이보리
C 코지울 K150 레드

도구

옥스퍼드 펀치 니들 레귤러 10호, 대형 원목 수틀(외경) 42cm, 가위, 돗바늘, 네임펜, 집게 5개, 두꺼운 종이 8×8cm

Size 85×42cm

도안은 작업 면 기준입니다.
20% 축소 도안입니다.

How to make

• 도안 그리기&재료 준비

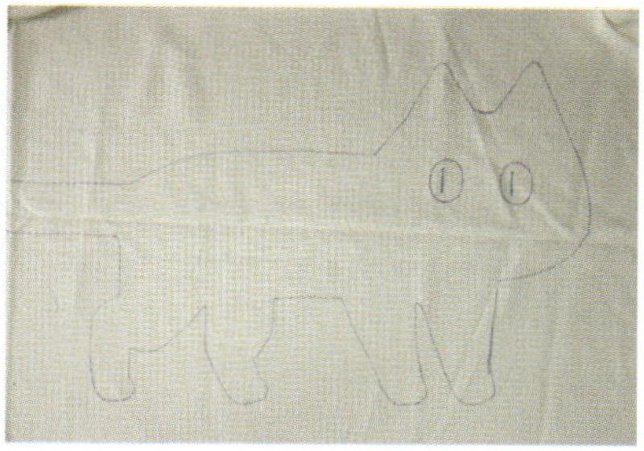

1 원단 위에 도안을 그린다.

26p 도안 옮기기 참고

2 도안의 얼굴 부분을 자수틀에 끼워 준비한다. 자수틀을 사용할 때는 수틀의 조임쇠를 단단히 조여 원단을 최대한 팽팽하게 고정시키는 것이 중요하다.

• 펀칭 작업

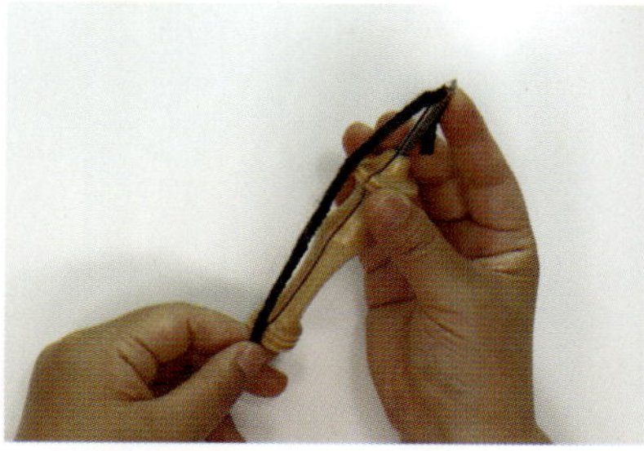

1 바늘의 열린 방향으로 A실을 끼워 준비한다.

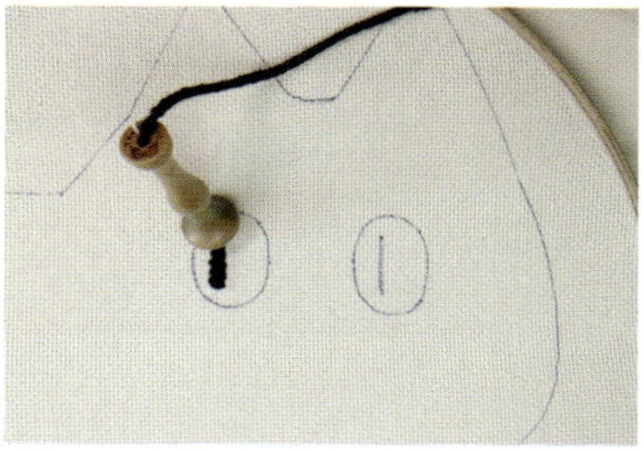

2 검은 동자 라인을 중심으로 플랫 스티치로 두 줄 외각 형태를 수놓는다. 양쪽 모두 수놓는다.

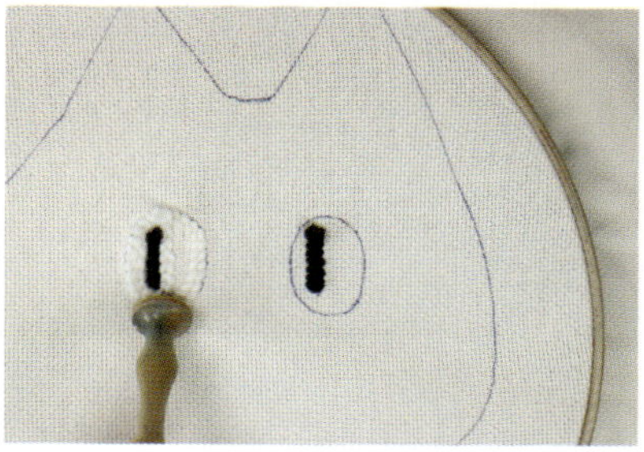

3 흰 동자 외각 라인 안쪽을 플랫 스티치로 두 줄 외각 형태를 수놓는다.

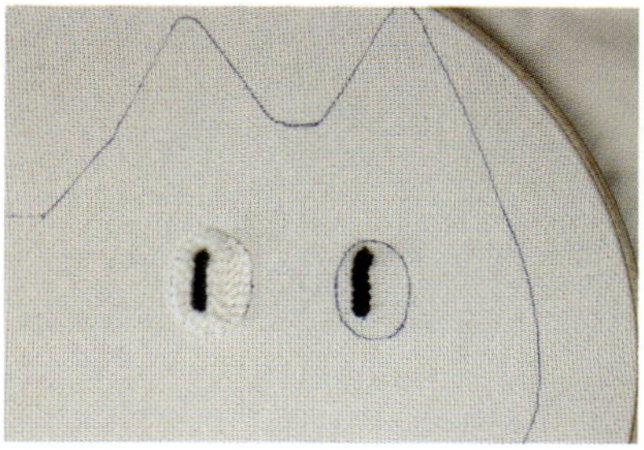

4 플랫 스티치로 모든 면을 채운다. 양쪽 모두 수놓는다.

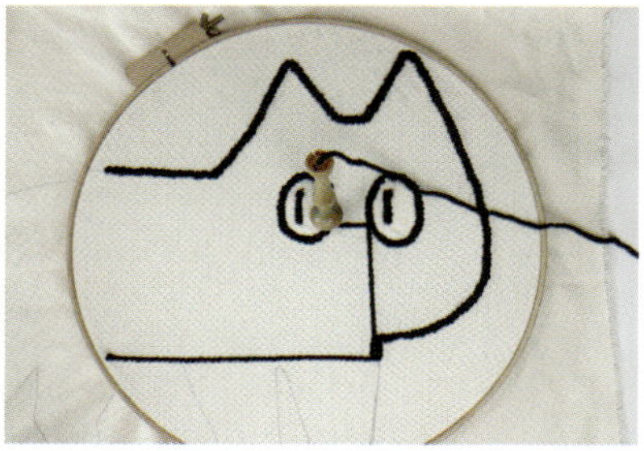

5 수틀 안에 있는 고양이 외각 라인 안쪽과 눈의 외각 라인을 플랫 스티치로 두 줄 외각 형태를 수놓는다.

6 플랫 스티치로 모든 면을 채운다.

7 수틀을 다리 부분으로 이동하여 원단을 최대한 팽팽하게 고정시킨 뒤 다리 외각 라인 안쪽을 플랫 스티치로 두 줄 외각 형태를 수놓은 뒤 모든 면을 채운다.

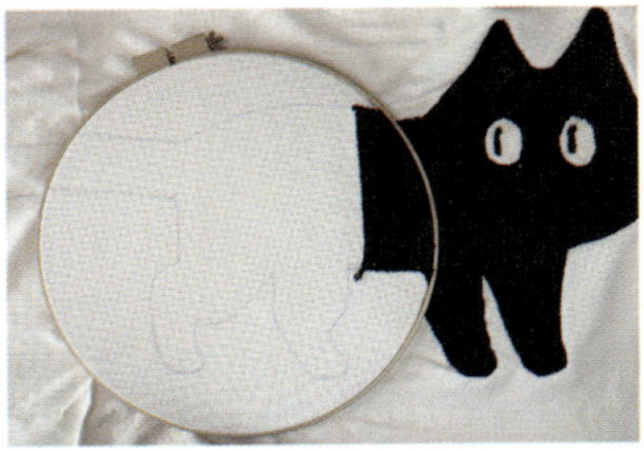

8 수틀을 몸통으로 이동하여 원단을 최대한 팽팽하게 고정시킨다.

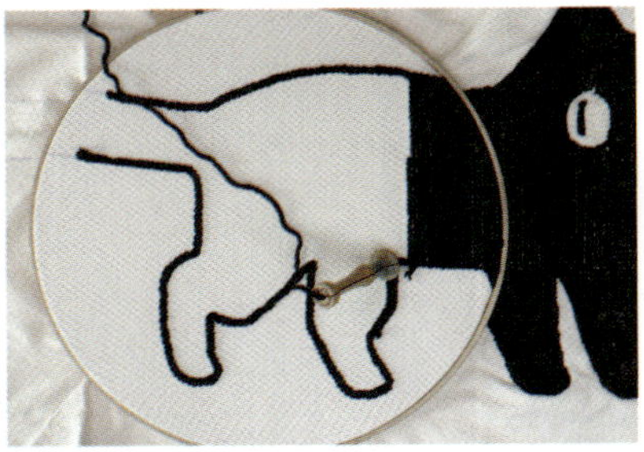

9 수틀 안에 있는 몸통 라인 안쪽을 플랫 스티치로 두 줄 외각 형태를 수놓은 뒤 모든 면을 채운다.

10 다시 꼬리 부분으로 이동하여 외각 형태를 수놓고 모든 면을 채운 뒤 수틀을 제거한다.

11 C실 실 60cm를 돗바늘에 끼워 한 줄로 매듭을 짓고 도안에서 위치 확인 후 작업물 아래에서 ①로 통과시킨다.

12 ②로 돗바늘을 통과시킨다.

13 ③으로 돗바늘을 통과시킨다.

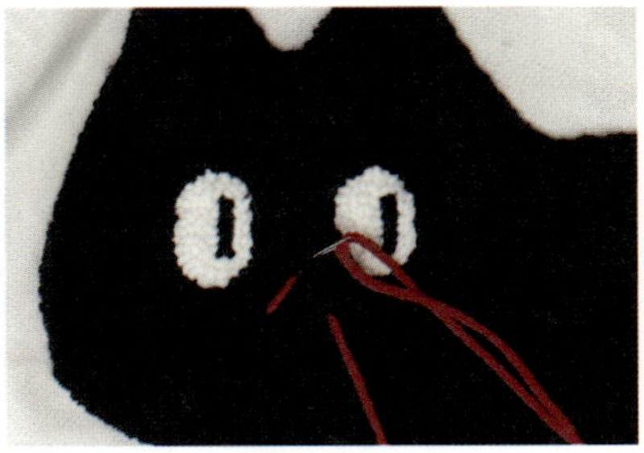

14 다시 ②로 돗바늘을 통과시킨다.

15 다시 ①로 통과시킨 뒤 12~14번을 한 번 더 반복하여 입 라인을 수놓는다.

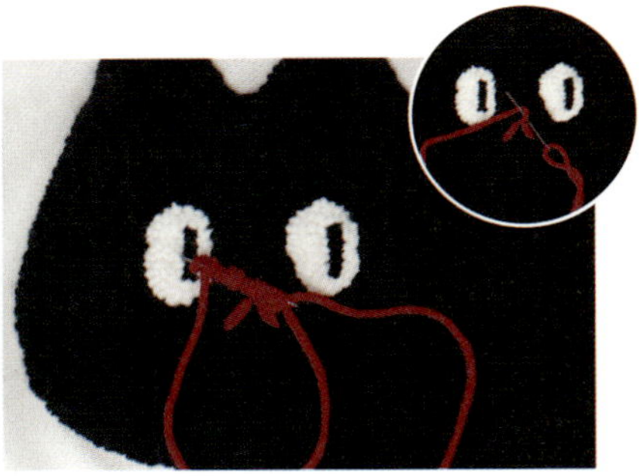

16 ②로 다시 빼내어 돗바늘에 실을 15번 감는다.

17 실이 감겨있는 돗바늘을 ②로 통과시킨다.

18 실을 끝까지 잡아당기어 매듭을 짓고 실을 자른다.

19 B실 80cm를 돗바늘에 끼워 한 줄로 매듭을 짓고 작업물 아래에서 ④로 통과시킨다.

20 ⑤~⑨까지 순서대로 돗바늘을 통과시킨 뒤 실을 매듭 짓고 실을 자른다.

21 플랫 스티치 면 위로 실이 삐죽 빠져나와 있는 부분을 짧게 자른다.

• 마무리 작업

1 원단용 본드를 플랫 스티치 면 위에 뿌린다.

2 박스를 작게 잘라 본드를 플랫 스티치 면 위에 꼼꼼히 얇게 펴 바른다.

3 작업물 주변에 무거운 책을 올려 원단을 평평하게 펴두어 본드가 마르면서 원단이 둥글게 말리는 것을 방지한다. 4시간 이상 충분이 건조시킨다.

4 루프 면으로 뒤집은 뒤 12mm 마스킹 테이프를 고양이 외각선에 맞추어 붙인다.

5 수놓은 작업물과 마스킹 테이프 사이에 1cm 시접을 주고 외곽을 따라 자른다.

6 원단 위에 자른 작업물을 올리고 네임펜으로 외각 실루엣을 그린다.

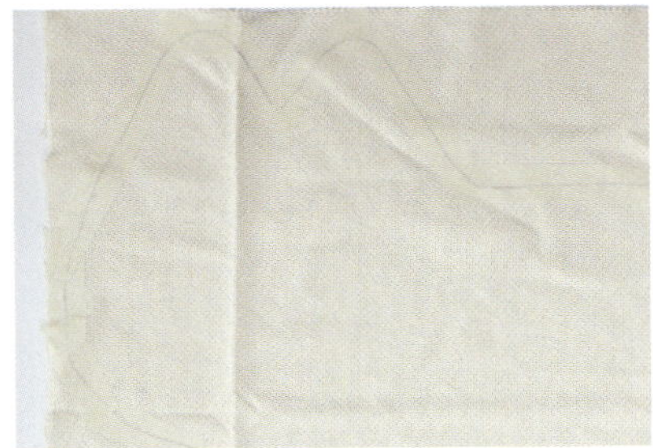

7 네임펜으로 그린 실루엣 위에 30mm 마스킹 테이프를 선 중앙으로 오도록 붙인다.

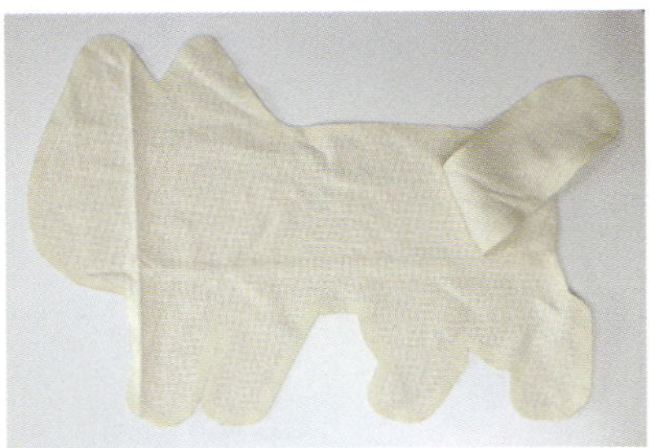

8 네임펜 라인을 따라 원단을 자른다.

9 플랫 스티치면과 마스킹 테이프를 붙인 면이 서로 맞닿도록 포갠 뒤 집게로 고정시킨다.

10 고양이 외각 시접을 감침질할 A실을 반 롤 정도 준비한다.

11 감침질할 실은 돗바늘에 끼워 두 줄로 준비한다. 실 끝부분 2cm 정도를 한 손으로 잡고 수놓은 작업물과 마스킹 테이프 붙인 사이의 작은 틈으로 돗바늘을 찔러 넣어 감침질을 진행한다.

42p 감침질 방법 참고

12 움푹 들어간 홈 부분은 한 땀의 길이와 방향(흰색 선 부분 참고)을 달리하여 감침질을 진행한다.

13 감침질이 끝나면 돗바늘은 감침질한 중간 부분에 끼워 넣고 실을 끊어 마무리한다.

Black cat rug

Level ★★★★☆

쥐 러그

××××××

검은 고양이의 친구 쥐 러그도 함께 만들어 보아요. 만드는 방법은 고양이와 같지만 커다란 귀를 달아서 좀 더 입체감 있는 러그로 완성할 수 있어요. 꼭 회색이 아니어도 핑크색, 베이지 등 좋아하는 컬러로 만들어 보세요.

재료

- 몽스 원단……110×70cm 2장, 36×36cm 1장
- 마스킹 테이프(12mm, 30mm)……1개씩
- 원단용 본드……100g
- 실(두께: 코지울 4~5mm)

A 코지울 K940 블랙
B 코지울 K1001 그레이 4개

도구

옥스퍼드 펀치 니들 레귤러 10호, 대형 원목 수틀 42cm(외경), 그리퍼 수틀 30×30cm(외경), 가위, 돗바늘, 네임펜, 집게 5개, 두꺼운 종이 8×8cm

Design

Size 94×50cm

도안은 작업 면 기준입니다.
22% 축소 도안입니다.

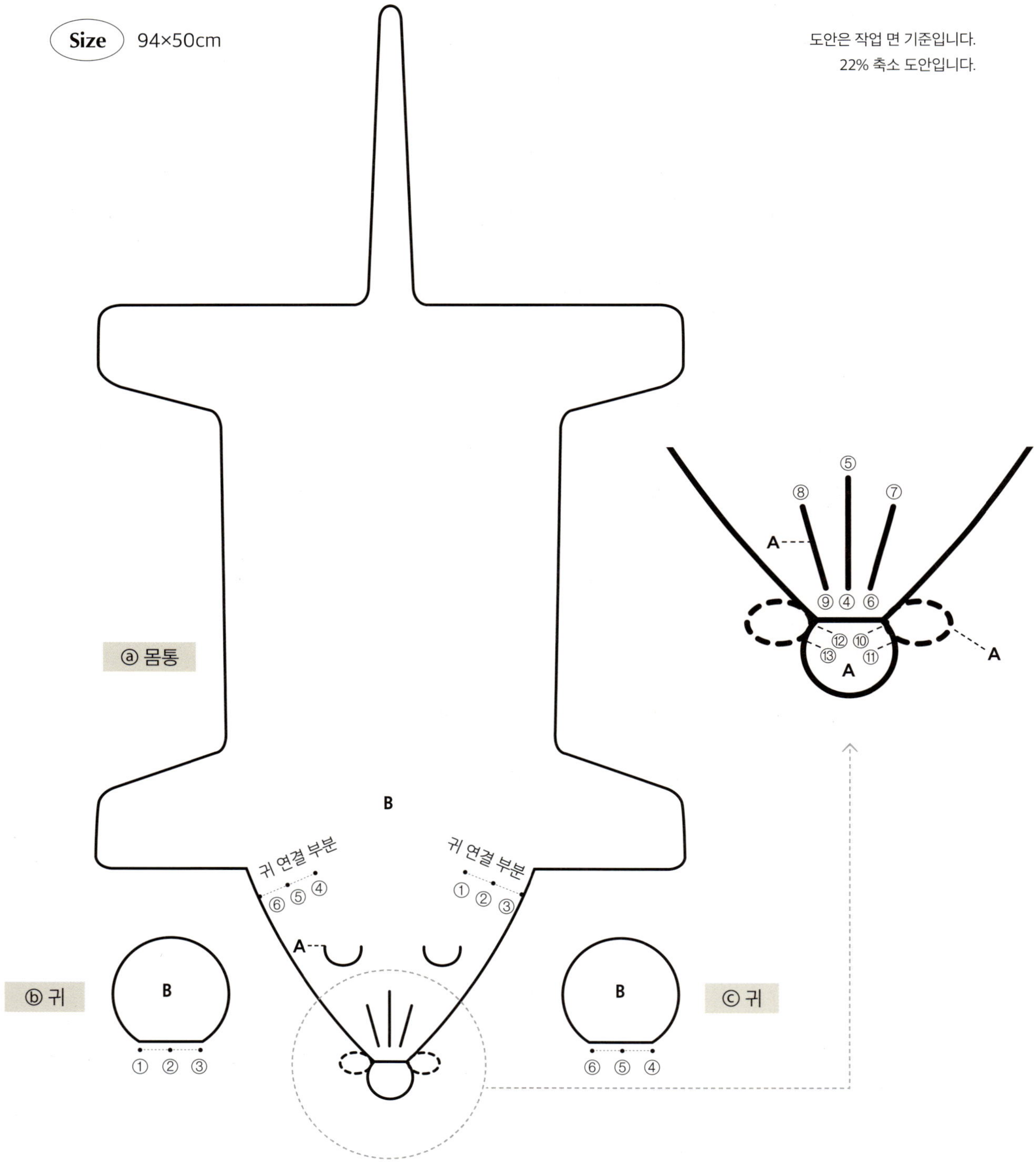

How to make

• 도안 그리기&재료 준비

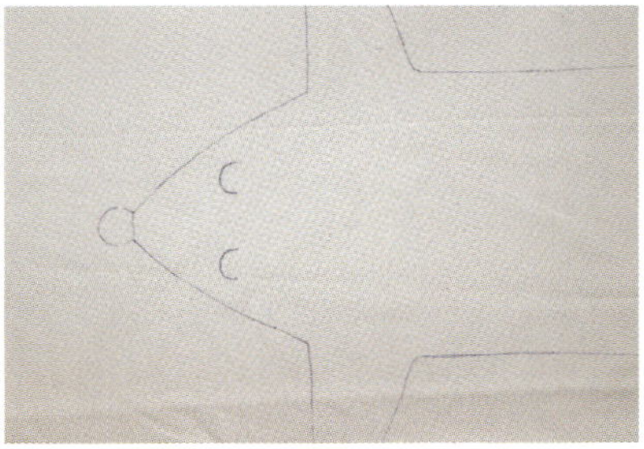

1 110×70cm 원단 위에 ⓐ 도안을 그린다.
26p 도안 옮기기 참고

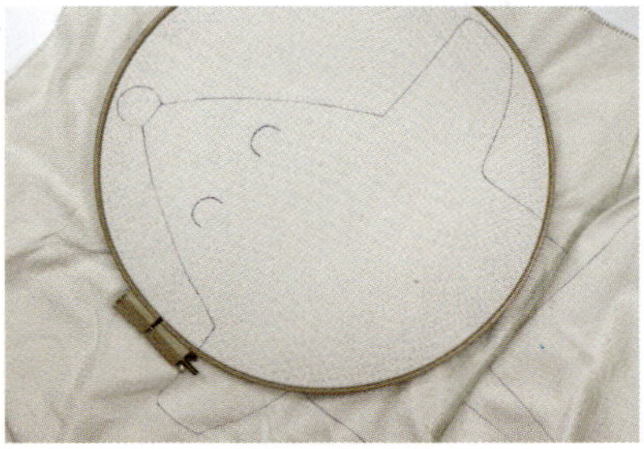

2 도안의 얼굴 부분을 자수틀에 끼워 준비한다. 자수틀을 사용할 때는 수틀의 조임쇠를 단단히 조여 원단을 최대한 팽팽하게 고정시키는 것이 중요하다.

3 36×36cm 원단을 그리퍼 수틀에 최대한 팽팽하게 당기어 고정시킨다.

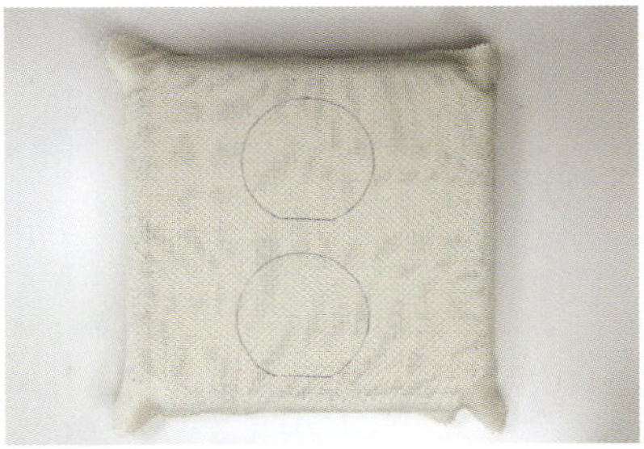

4 ⓑ, ⓒ 도안을 그린다.

• 펀칭 작업

1 바늘의 열린 방향으로 A실을 끼워 준비한다.

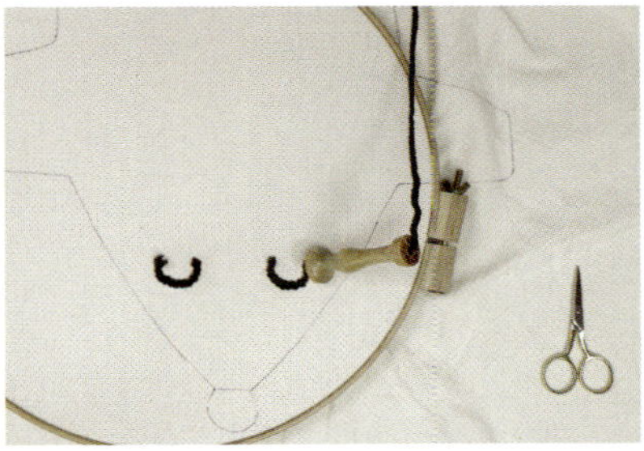

2 눈 라인을 중심으로 플랫 스티치로 두 줄 외각 형태를 수놓는다. 양쪽 모두 수놓는다.

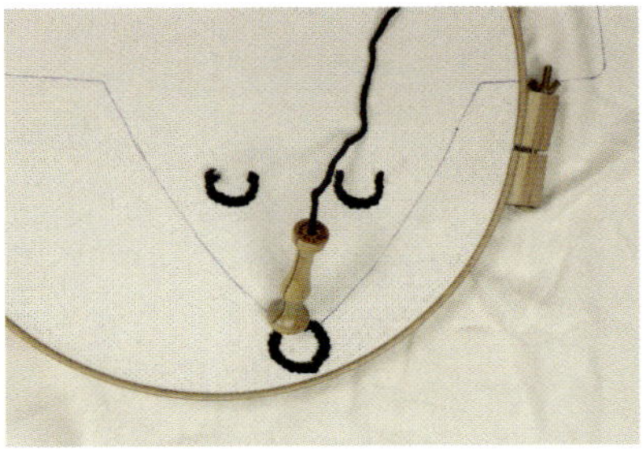

3 코의 외각 라인 안쪽을 플랫 스티치로 두 줄 외각 형태를 수놓은 뒤 면을 채운다.

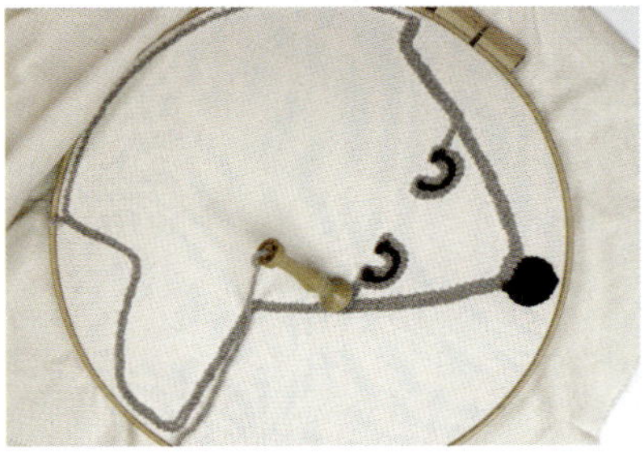

4 수틀 안에 있는 쥐의 외각 라인 안쪽과 눈 외각 라인을 플랫 스티치로 두 줄 외각 형태를 수놓는다.

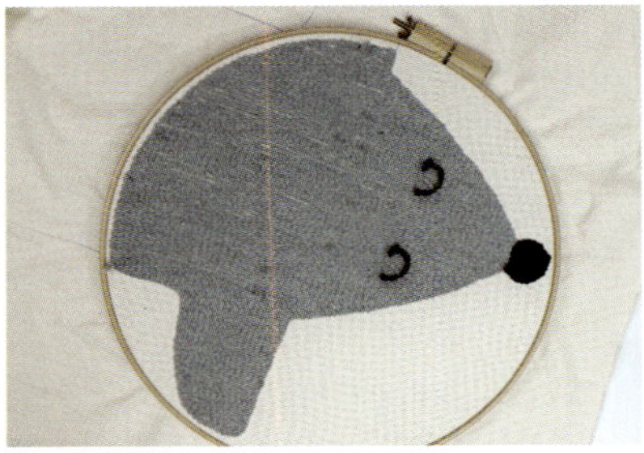

5 수놓은 안쪽을 플랫 스티치로 모두 채운다.

6 수틀을 팔과 몸통으로 이동하여 원단을 최대한 팽팽하게 고정시킨다.

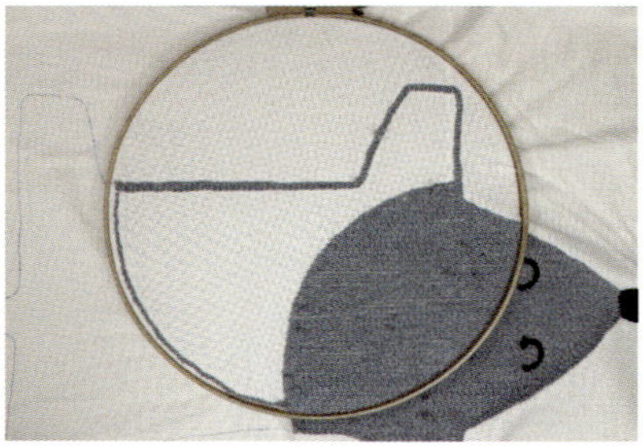

7 팔과 몸통 안쪽을 플랫 스티치로 두 줄 외각 형태를 수놓은 뒤 모든 면을 채운다.

8 몸통, 꼬리 순서로 이동하여 외각 형태를 수놓고 모든 면을 채운 뒤 수틀을 제거한다.

9 루프 면으로 뒤집은 뒤 A실 60cm를 돗바늘에 끼워 한 줄로 매듭을 짓고 도안을 확인 후 작업물 아래에서 ④로 통과시킨다.

10 ⑤~⑨까지 순서대로 돗바늘을 통과시킨 뒤 실을 매듭 짓고 자른다.

11 플랫 스티치 면으로 뒤집은 뒤 실이 삐죽 빠져나와 있는 부분을 짧게 자른다.

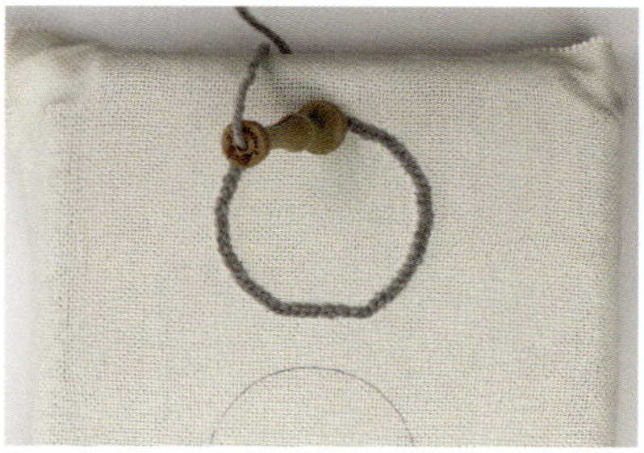

12 ⓑ 도안부터 작업을 진행한다. 귀 라인 안쪽을 플랫 스티치로 두 줄 외각 형태를 수놓는다.

13 수놓은 안쪽을 플랫 스티치로 모두 채운다. ⓒ 도안도 같은 방법으로 수놓는다.

14 작업물을 수틀에서 제거하고 실이 삐죽 빠져나와 있는 부분을 짧게 자른다.

• 마무리 작업

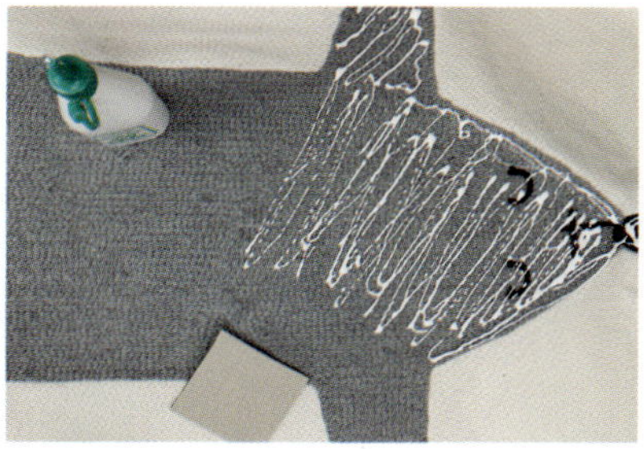

1 원단용 본드를 ⓐ, ⓑ, ⓒ 의 플랫 스티치 면 위에 뿌린다.

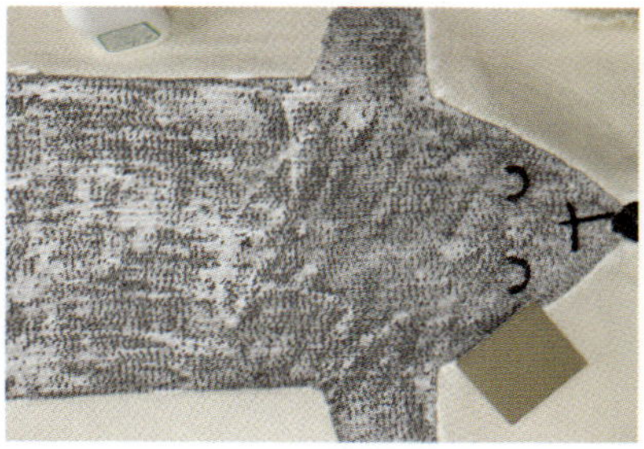

2 박스를 작게 잘라 본드를 플랫 스티치 면 위에 꼼꼼히 얇게 펴 바른다.

3 작업물 주변에 무거운 책을 올려 원단을 평평하게 펴두어 본드가 마르면서 원단이 둥글게 말리는 것을 방지한다. 4시간 이상 충분이 건조시킨다.

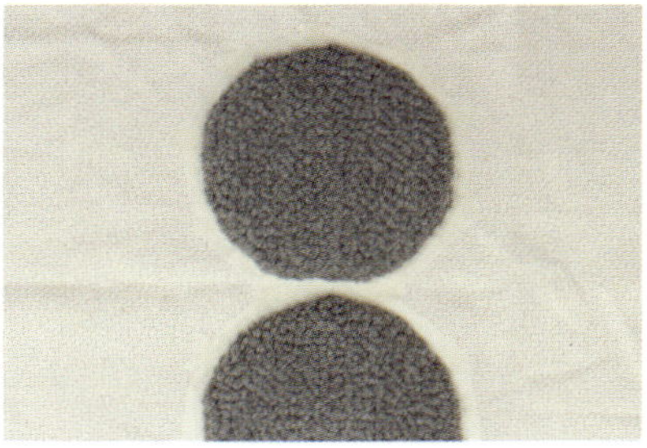

4 루프 면으로 뒤집은 뒤 마스킹 테이프를 ⓑ, ⓒ 작업물 외각선에 맞추어 붙인다.

5 수놓은 작업물과 마스킹 테이프 사이를 1cm 시접을 주고 외곽을 따라 자른다.

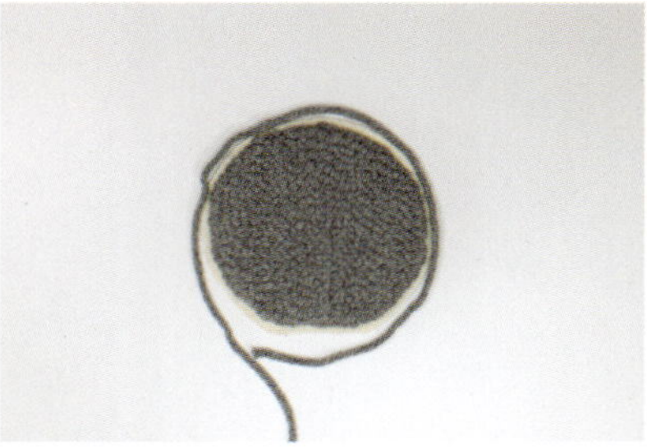

6 ⓑ 작업물의 마스킹 테이프 부분을 감침질로 마무리 작업을 진행한다. 감침질할 부분의 10배 정도의 털실을 준비한다.

7 감침질할 실은 돗바늘에 끼워 두 줄로 준비한다. 실 끝부분 2cm 정도를 한 손으로 잡고 수놓은 작업물과 마스킹 테이프 붙인 사이의 작은 틈으로 돗바늘을 찔러 넣어 감침질을 진행한다.

42p 감침질 방법 참고

8 감침질이 끝나면 바늘을 감침질한 중간 부분에 끼워 넣고 실을 자른다. ⓒ도 6~8번 과정과 같은 방법으로 진행한다.

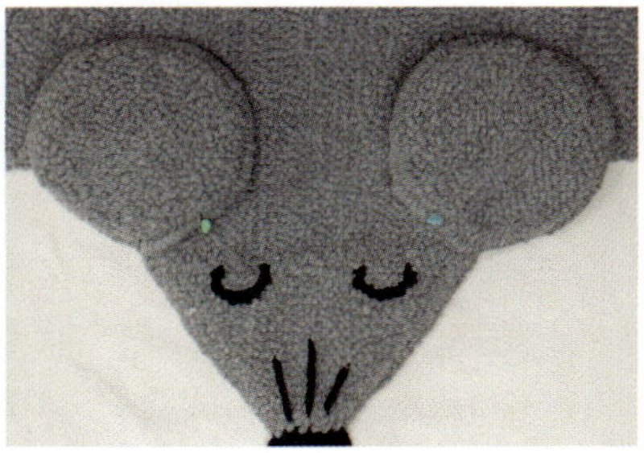

9 도안에서 ⓑ, ⓒ의 위치를 확인 후 시침핀으로 고정시킨다. 이때 작업 면과 완성 면의 위치가 반대이므로 도안을 확인할 때 주의하자.

10 B실 60cm를 돗바늘에 끼워 두 줄로 준비한다. ⓐ의 플랫 스티치 면에서 루프 면 ①로 돗바늘을 통과시킨다.

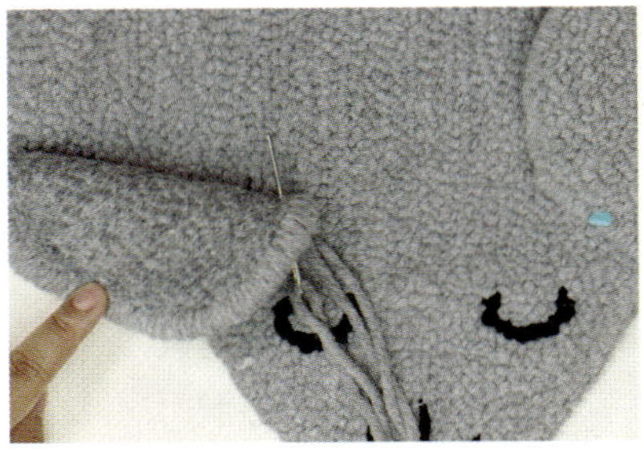

11 ⓑ의 ①로 앞에서 뒤로 돗바늘을 통과시킨다.

12 ⓐ의 ①로 앞에서 뒤로 돗바늘을 통과시킨다.

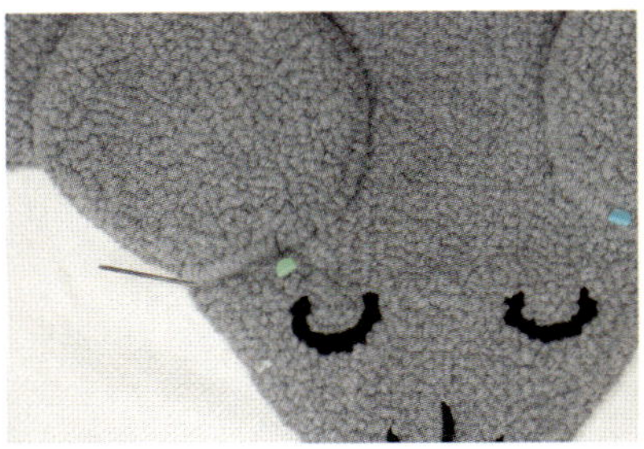

13 ⓐ의 ③으로 뒤에서 앞으로 돗바늘을 통과시킨다.

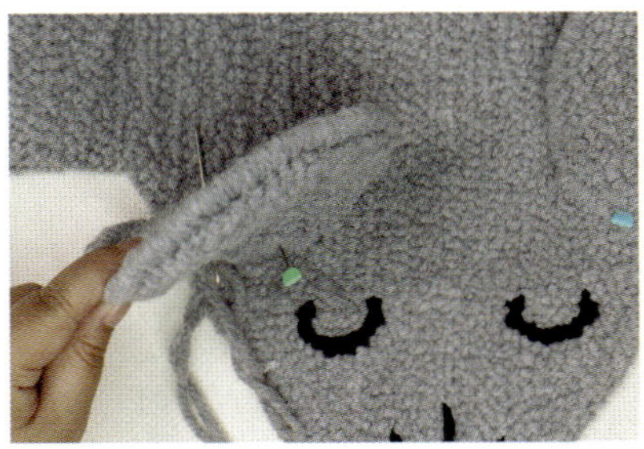

14 ⓑ의 ③으로 앞에서 뒤로 돗바늘을 통과시킨다.

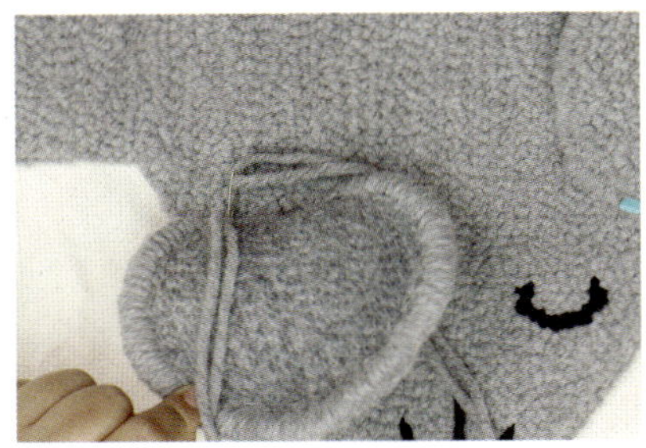

15 ⓐ의 ①로 앞에서 뒤로 돗바늘을 통과시킨다.

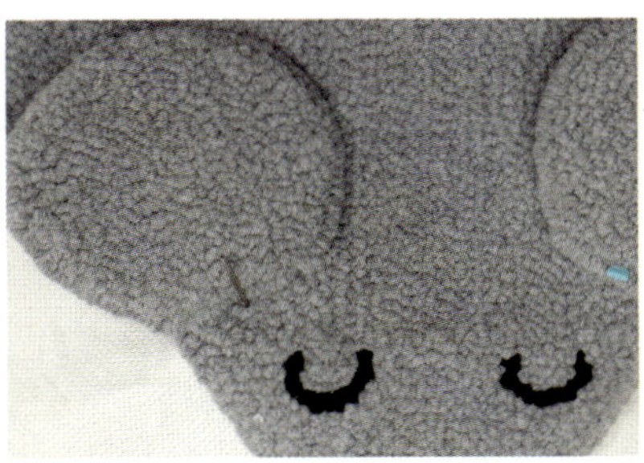

16 ⓐ의 ②로 앞에서 뒤로 돗바늘을 통과시킨다.

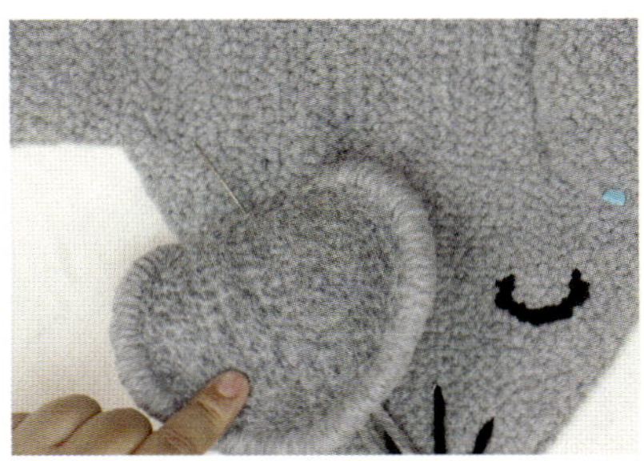

17 ⓑ의 ②로 앞에서 뒤로 돗바늘을 통과시킨다.

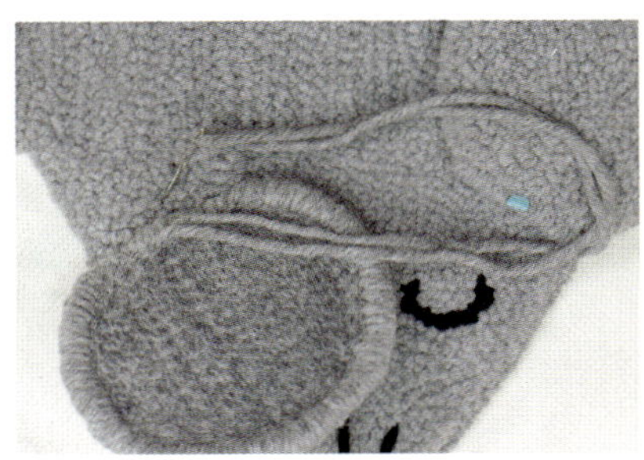

18 ⓐ의 ②로 앞에서 뒤로 돗바늘을 통과시킨 뒤 매듭을 짓고 실을 자른다.

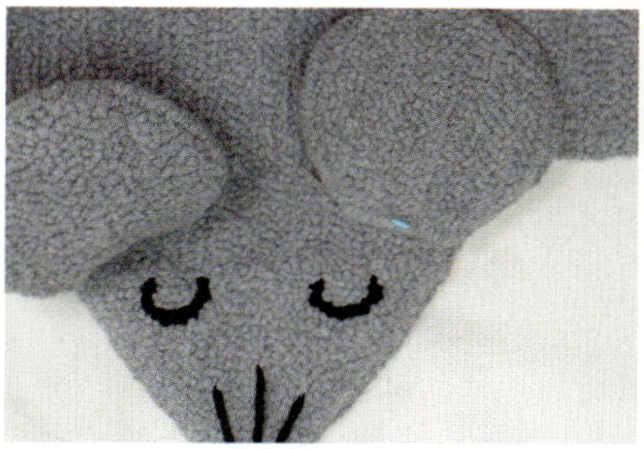

19 B실 60cm를 돗바늘에 끼워 두 줄로 준비한 뒤 ⓐ의 ④→ⓒ의 ④→ⓐ의 ⑥→ⓒ의 ⑥→ⓐ의 ⑤→ⓒ의 ⑤ 순서대로 바늘을 통과시켜 얼굴과 귀를 연결한다. 실은 매듭을 짓고 자른다.

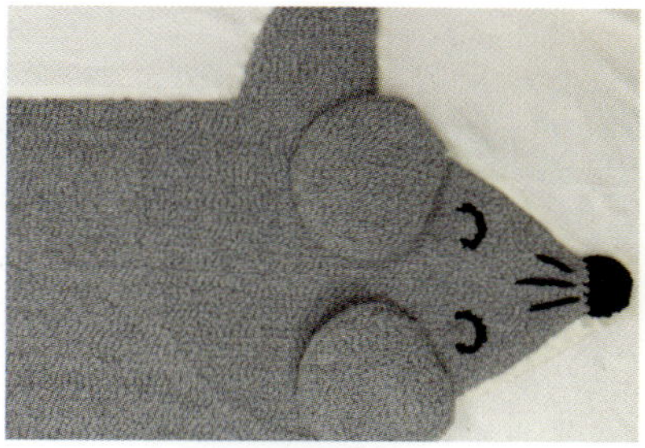

20 루프 면으로 뒤집은 뒤 12mm 마스킹 테이프를 고양이 외각선에 맞추어 붙인다.

21 수놓은 작업물과 마스킹 테이프 사이를 1cm 시접을 주고 외곽을 따라 자른다.

22 원단 위에 자른 작업물을 올리고 네임펜으로 외각 실루엣을 그린다.

23 네임펜으로 그린 실루엣 위에 30mm 마스킹 테이프를 선 중앙으로 오도록 붙인다.

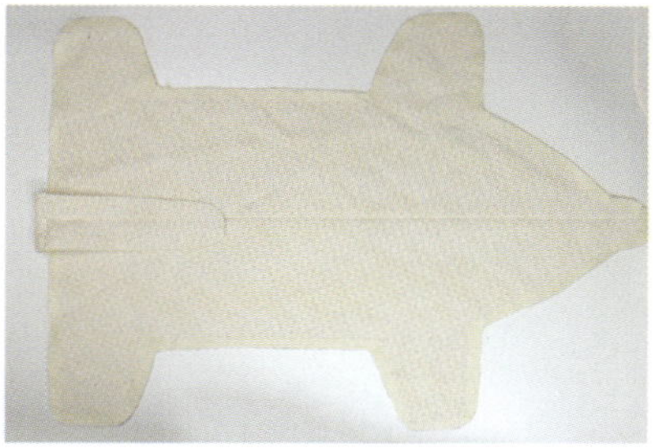

24 네임펜 라인을 따라 원단을 자른다.

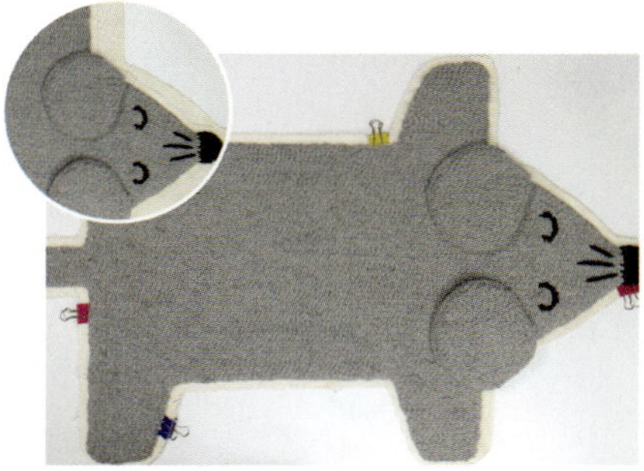

25 플랫 스티치 면과 마스킹 테이프를 붙인 면이 서로 맞닿도록 포갠 뒤 집게로 고정시킨다.

26 고양이 외각 시접을 감침질 할 B실을 반 롤 정도 준비한다.

27 감침질할 실은 돗바늘에 끼워 두 줄로 준비한다. 실 끝부분 2cm 정도를 한 손으로 잡고 수놓은 작업물과 마스킹 테이프 붙인 사이의 작은 틈으로 돗바늘을 찔러 넣어 감침질을 진행한다.

42p 감침질 방법 참고

28 움푹 들어간 홈 부분은 한 땀의 길이와 방향(흰색 선 부분 참고)을 달리하여 감침질을 진행한다.

29 감침질이 끝나면 돗바늘은 감침질한 중간 부분에 끼워 넣고 실을 끊어 마무리한다.

30 A실 40cm를 돗바늘에 끼워 한 줄을 만든 뒤 코의 감침질한 중간 부분으로 통과시킨다.

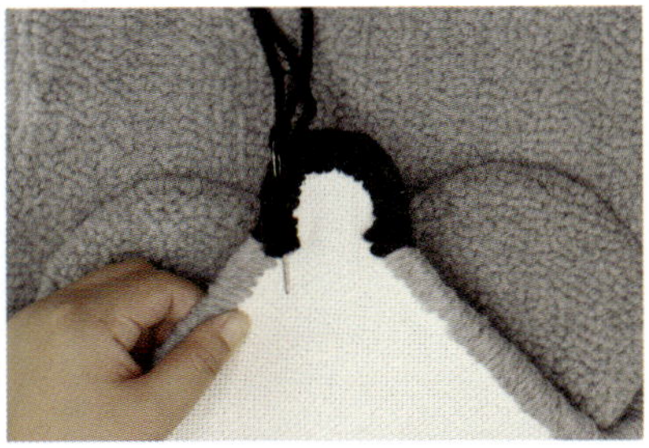

31 다시 감침질한 중간 부분으로 돗바늘을 통과시키어 처음 돗바늘을 넣은 부분으로 뺀다.

32 ⑩으로 돗바늘을 뒤에서 앞면인 루프 면으로 통과시킨다.

33 6cm 정도의 실 여유분을 남기고 매듭을 짓는다.

34 ⑪에서 ⑫로 돗바늘을 빼내어 다시 6cm 정도의 실 여유분을 남기고 매듭을 짓는다.

35 ⑬으로 돗바늘을 통과시킨다.

36 매듭을 짓고 다시 감침질한 중간 부분으로 통과시킨 뒤 실을 자른다.

Rat Rug

Level ★★★★★

대왕고래 인형

××××××

배 부분에 회색 줄무늬가 있는 대왕고래를 만들어 보아요. 꼬리는 옆으로 틀어서 옆면에서 꼬리 실루엣이 보이도록 달았어요. 원하는 방향으로 달아보세요.

재료

- 몽스 원단……60×60cm 2장
- 솜……400g
- 마스킹 테이프(12mm)……1개
- 실(두께: 코지울 4~5mm)

A 코지울 K940 블랙
B 코지울 K025 아이보리
C 코지울 K1001 그레이
D 코지울 K1533 빈티지블루 3개

도구

옥스퍼드 펀치 니들 레귤러 10호, 그리퍼 수틀 50×50cm(외경), 가위, 돗바늘, 네임펜, 집게 5개

Design

Size 50×30cm

도안은 작업 면 기준입니다.
30% 축소 도안입니다.

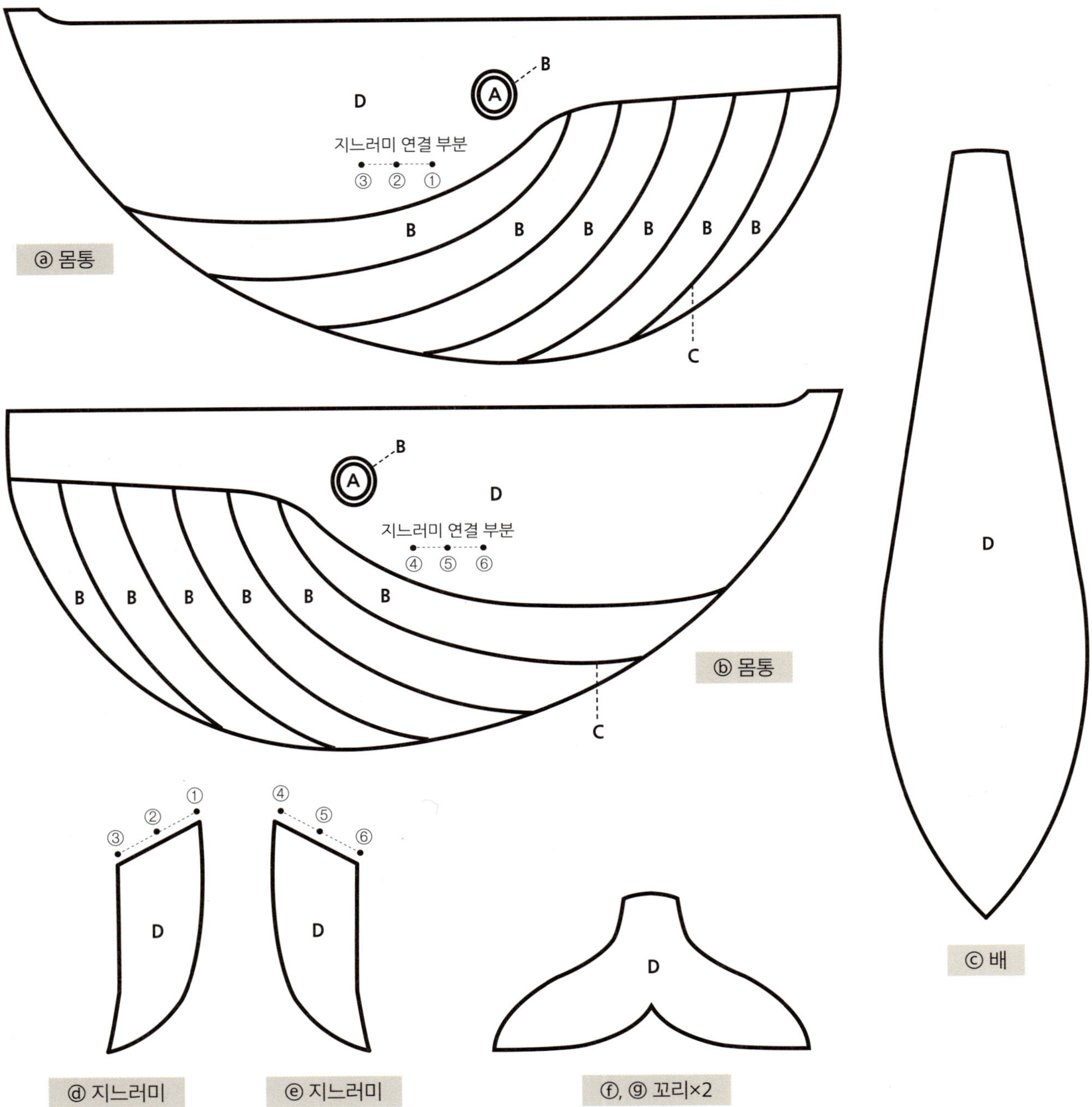

How to make

• 재료 준비

1 원단을 그리퍼 수틀(50×50cm)에 최대한 팽팽하게 당기어 고정시킨다.

• 도안 그리기

1 원단 위에 도안 ⓐ, ⓑ, ⓕ를 그린다. 도안 간 사이에 3~4cm의 여유를 두고 그려야 시접을 만들 수 있다.

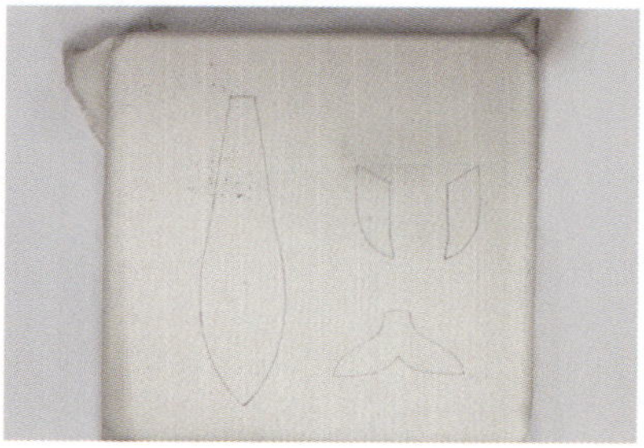

2 원단 위에 도안 ⓒ, ⓓ, ⓔ, ⓖ를 그린다. 1번 펼침 작업이 끝난 뒤 진행해도 된다.

26p 도안 옮기기 참고

• 펀칭 작업

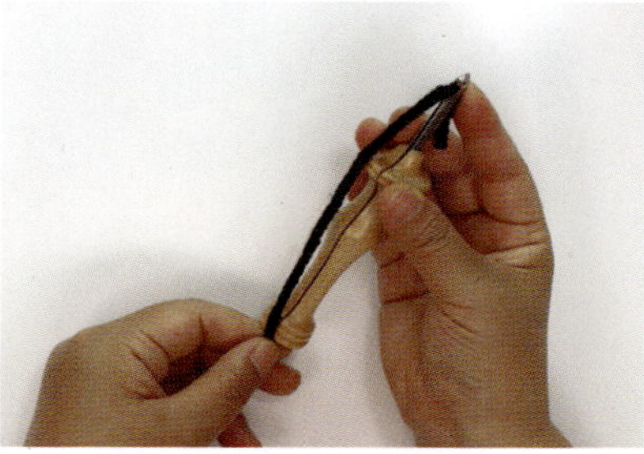

1 바늘의 열린 방향으로 A실을 끼워 준비한다.

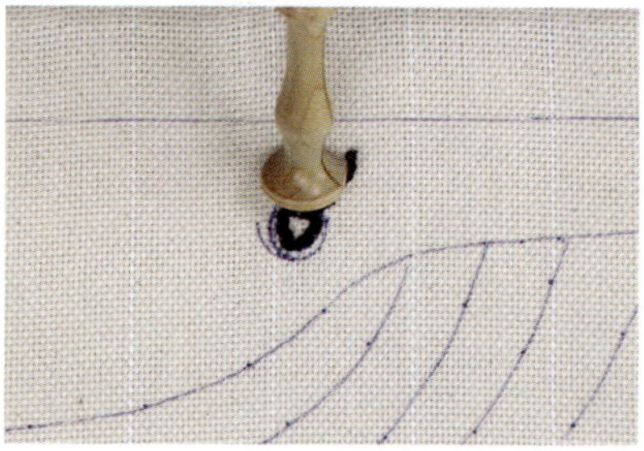

2 ⓐ 도안부터 작업을 진행한다. 눈 라인 안쪽을 따라 플랫 스티치로 한 줄 외각 형태를 수놓는다.

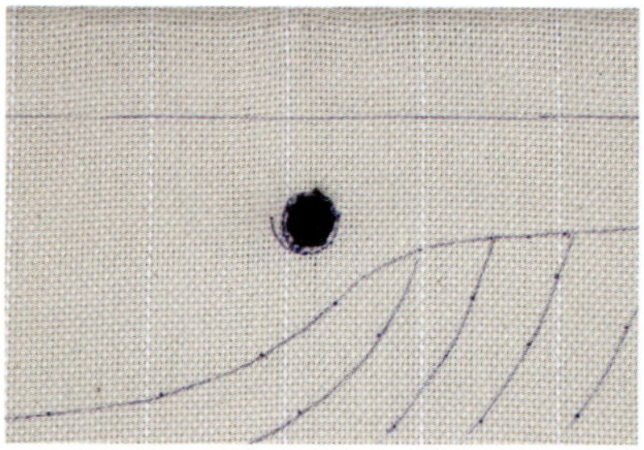

3 수놓은 외각 테두리 안쪽을 플랫 스티치로 모두 채운 뒤 흰 눈 라인도 한 줄로 수놓는다.

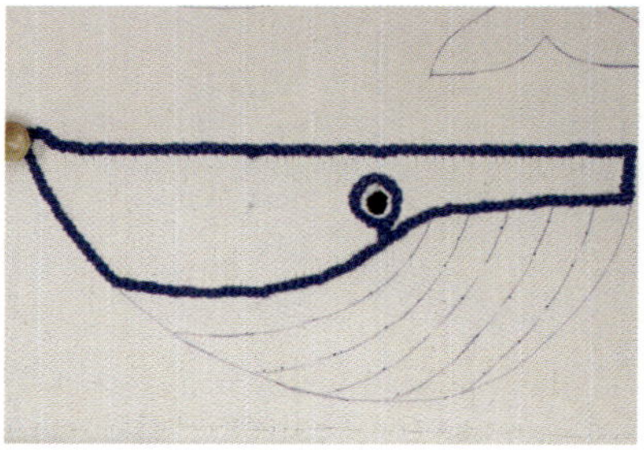

4 고래 얼굴 라인 안쪽과 눈 외각 라인을 플랫 스티치로 두 줄 수놓은 뒤 면을 모두 채운다.

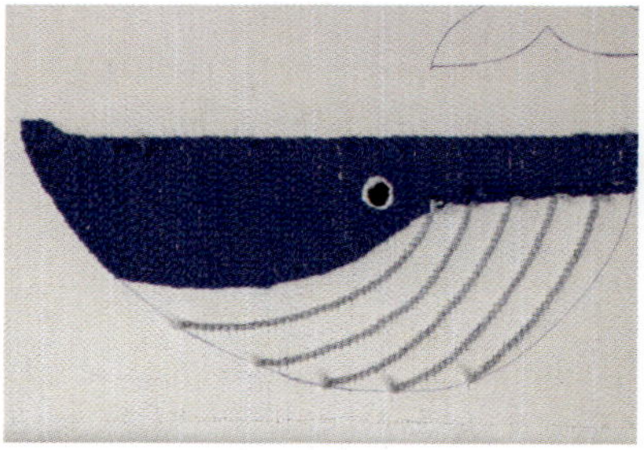

5 배의 줄무늬를 플랫 스티치로 한 줄 수놓는다.

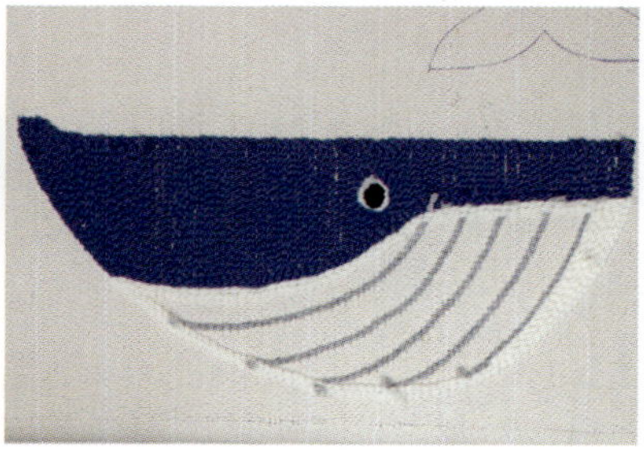

6 아랫배 외각 라인을 플랫 스티치로 두 줄 수놓은 뒤 면을 채운다.

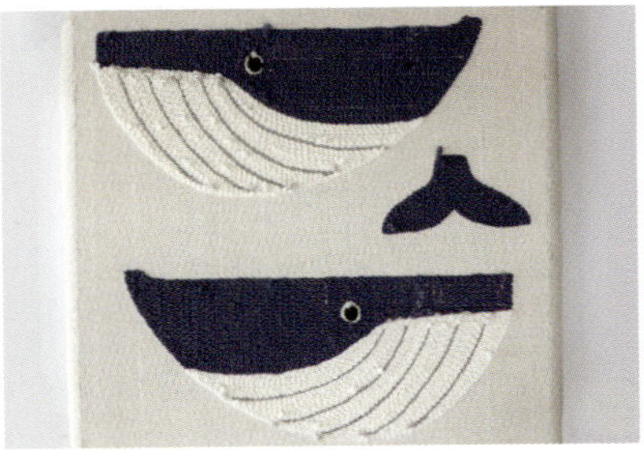

7 ⓑ, ⓕ도 라인 안쪽을 따라 플랫 스티치로 두 줄 외각 형태를 수놓은 뒤 면을 채운다.

8 ⓒ, ⓓ, ⓔ, ⓖ도 라인 안쪽을 따라 플랫 스티치로 두 줄 외각 형태를 수놓고 면을 채운다.

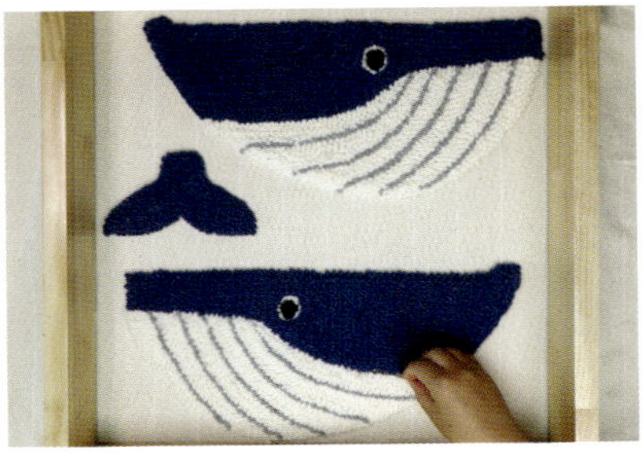

9 수틀을 뒤집어 실이 삐죽 빠져나와 있는 부분과 색실 경계 부분의 꼬여 있는 루프의 라인을 정리한다. 돗바늘 귀를 이용해서 정리하면 편리하다.

• 마무리 작업

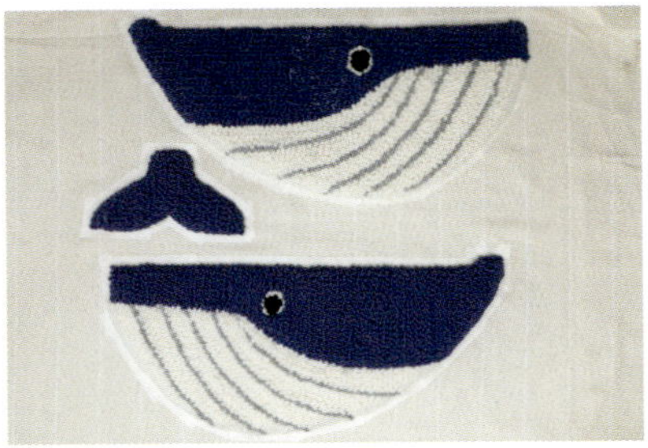

1 작업물을 수틀에서 제거한 뒤 마스킹 테이프를 수놓은 외각선에 맞추어 붙인다.

2 수놓은 작업물과 마스킹 테이프 사이를 1cm 시접을 주고 외곽을 따라 자른다.

3 ⓐ, ⓒ 작업물의 루프 면이 맞닿도록 하여 고래 등 부분을 집게로 고정한다.

4 B실 80cm를 돗바늘에 끼워 한 줄로 매듭을 짓고 박음질한다.

45p 박음질 방법 참고

5 ⓑ, ⓒ 작업물의 루프 면이 맞닿도록 하여 고래 등 부분을 집게로 고정한다.

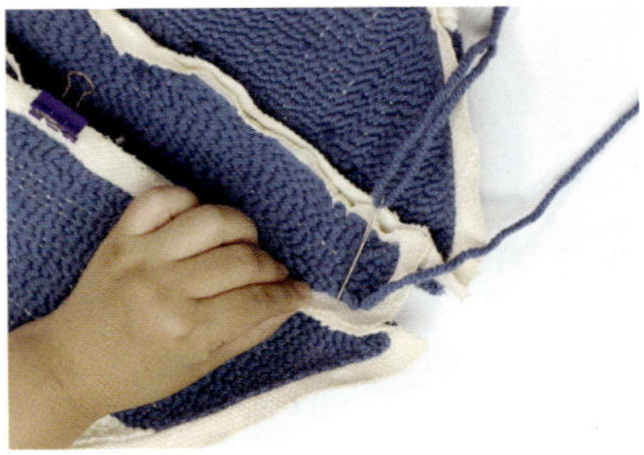

6 4번과 동일한 방법으로 고정한 부분을 박음질한다.

7 ⓐ, ⓑ 작업물을 배 부분이 맞닿도록 하여 집게로 고정한다.

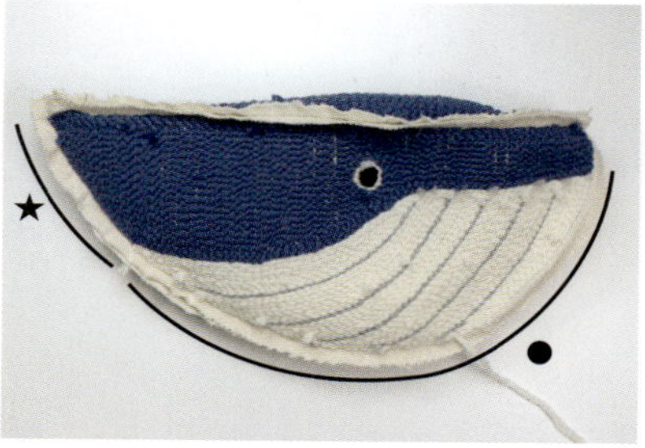

8 ● 부분의 창구멍 20cm를 남겨두고 ★ 부분은 D실로, ● 부분은 B실로 박음질한다.

9 창구멍을 통해 전체를 뒤집는다.

10 창구멍으로 솜을 채워 넣는다.

11 안쪽에 있는 바늘을 시접을 통해 밖으로 뺀다.

12 ⓐ의 시접 부분을 홈질로 한 땀 뜬다.

13 ⓑ의 시접 부분을 홈질로 한 땀 뜬다.

14 12, 13번을 반복하여 창구멍을 홈질한다.

15 실을 잡아당기어 홈질 부분을 조인다.

16 배의 흰 부분까지 모두 홈질을 한 뒤 매듭을 짓고 바늘을 멀리 빼내어 실을 자른다.

17 D실 20cm를 돗바늘에 끼워 홈질을 끝까지 한 뒤 매듭을 짓고 돗바늘을 멀리 빼내어 실을 자른다. ㉮로 설정한다.

18 ⓕ, ⓖ 작업물을 플랫 스티치 면이 마주 보도록 포갠다. D실 60cm를 돗바늘에 끼워 한 줄로 매듭을 짓는다. ⓖ의 시접 아래에서 위로 바늘을 뺀다.

45p 홈질 방법 참고

19 ⓕ의 시접 부분을 홈질로 한 땀 뜬다.

20 ⓖ의 시접 부분을 홈질로 한 땀 뜬다.

21 19, 20번을 반복하여 홈질한다. 실을 잡아당기어 홈질 부분을 조여가며 작업한다.

22 홈질을 끝까지 한 뒤 실을 자르지 않는다. ㉯로 설정한다.

23 각 ㉮, ㉯의 시접 부분을 안으로 접어 넣는다.

24 꼬리를 원하는 방향으로 설정한 후 ㉯에 연결된 돗바늘을 ㉮의 수놓은 작업물과 마스킹 테이프를 붙인 사이의 틈으로 홈질로 한 땀 뜬다.

25 ⓛ의 시접 부분을 홈질로 한 땀 뜬다.

26 25, 26번을 반복하여 홈질한다. 실을 잡아당기어 홈질 부분을 조여가며 작업한다.

27 홈질을 끝까지 한 뒤 매듭을 짓고 바늘을 멀리 빼내어 실을 자른다.

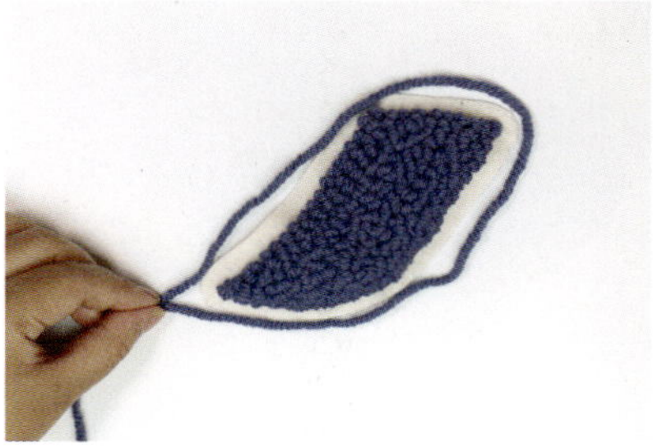

28 ⓔ 작업물의 마스킹 테이프 부분을 감침질로 마무리 작업을 진행한다. 감침질할 부분의 10배 정도의 털실을 준비한다.

29 D실을 돗바늘에 끼워 두 줄로 준비한다. 실 끝부분 2cm 정도를 한 손으로 잡고 수놓은 작업물과 마스킹 테이프 붙인 사이의 작은 틈으로 돗바늘을 찔러 넣어 감침질을 진행한다.

42p 감침질 방법 참고

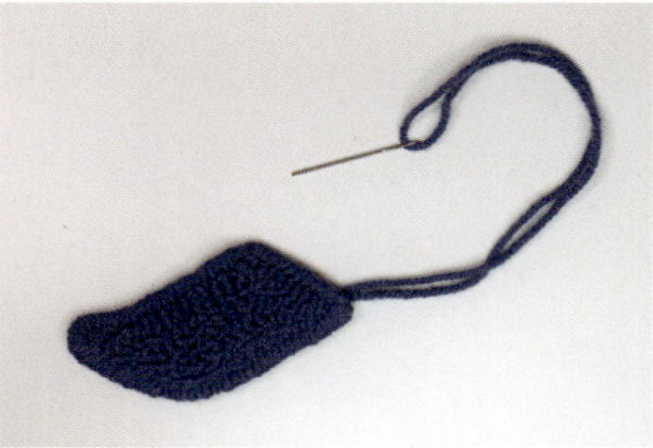

30 감침질이 끝나면 실을 끊지 않고 돗바늘을 연결한 채 둔다. ⓓ 작업물도 28~30번과 같은 방법으로 감침질을 진행한다.

31 ⓔ 작업물을 도안에서 지느러미 위치 확인 후 연결되어 있는 바늘로 ⓑ의 ④로 넣어 한 땀 뜬다. 이때 작업 면과 완성 면의 위치가 반대이므로 도안을 확인할 때 주의하자.

32 ⓔ의 ④으로 앞에서 뒤로 돗바늘을 통과시킨다.

33 다시 ⓑ의 ④로 넣어 한 땀 뜬다.

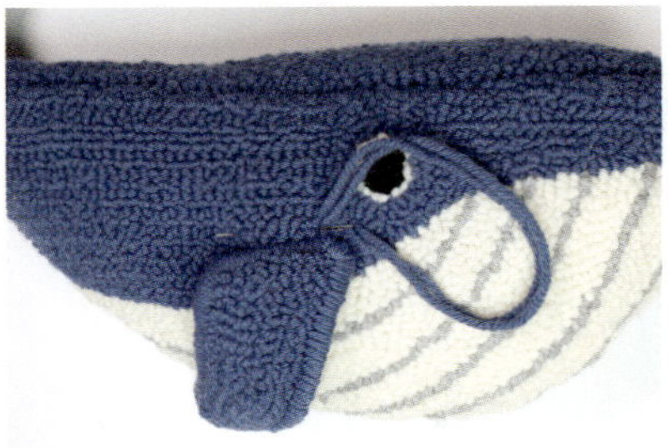

34 ⓑ의 ④에서 ⑥으로 돗바늘을 통과시킨다.

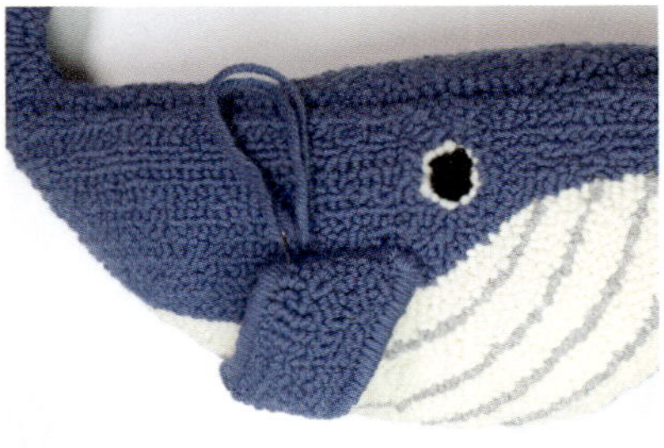

35 ⓔ의 ⑥으로 앞에서 뒤로 돗바늘을 통과시킨다.

36 ⓑ의 ⑥으로 넣어 한 땀 뜬다.

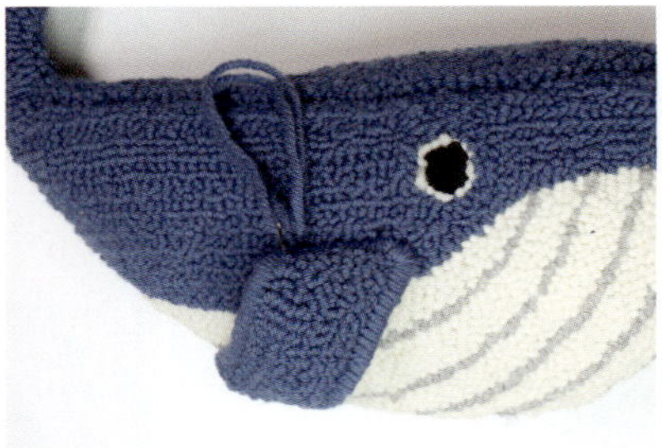

37 ⓔ의 ⑥으로 앞에서 뒤로 돗바늘을 통과시킨다.

38 ⓑ의 ⑥에서 ⑤로 돗바늘을 통과시킨다.

39 ⓔ의 ⑤로 뒤에서 앞으로 돗바늘을 통과시킨다.

40 ⓑ의 ⑤로 돗바늘을 통과시킨다.

41 매듭을 짓고 바늘을 멀리 빼내어 실을 자른다.

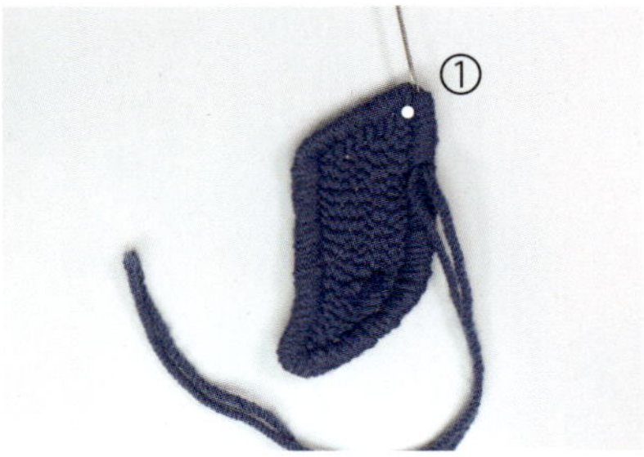

42 ⓓ 작업물은 D실 20cm를 실을 돗바늘에 끼워 두 줄을 만든 뒤 감침질한 중간 부분으로 바늘을 넣어 ① 부분(사진 참고)으로 뺀다.

43 돗바늘을 ①로 앞에서 뒤로 통과시켜 실을 고정시킨다.

44 ⓓ 작업물도 ⓐ의 ①→ⓓ의 ①→ⓐ의 ③→ⓓ의 ③→ⓐ의 ②→ⓓ의 ② 순서대로 바늘을 통과시켜 몸통과 지느러미를 연결한다. ⓐ로 멀리 바늘을 통과시킨 뒤 실을 자른다.

Level ★★★★☆

식빵 티슈 케이스

××××××

식빵에서 티슈가 쏘~옥 나오는 귀여운 식빵 티슈 케이스를 만들어 보아요! 펀치 니들로 입체물을 만드는 세 가지 방법으로 두 면 사이에 솜 넣기, 패턴에 다트 선 넣기, 여러 면을 연결하기가 있어요. 그중 마지막 여러 면을 연결해서 입체를 만드는 아이템을 소개합니다.

재료

- 몽스 원단……60×60cm
- 아사 접착 심지……50×50cm
- 마스킹 테이프(12mm, 30mm)……1개씩
- 실(두께: 코지울 4~5mm, 울티마 4mm, 히트울 5mm, 나코 봉주르 5mm)

A 울티마 4987 커피브라운
B 코지울 K025 아이보리
C 코지울 K150 레드
D 울티마 10126 카멜 2개
E 나코 봉주르 23688 진아이보리
F 히트울 715 연베이지

도구

옥스퍼드 펀치 니들 레귤러 10호, 그리퍼 수틀 50×50cm(외경), 가위, 돗바늘, 네임펜, 집게 5개, 다리미

Size 27×16×16cm(폭, 높이, 깊이)
각티슈 23×11.2×11.2cm 기준 사용 가능

ⓐ 앞

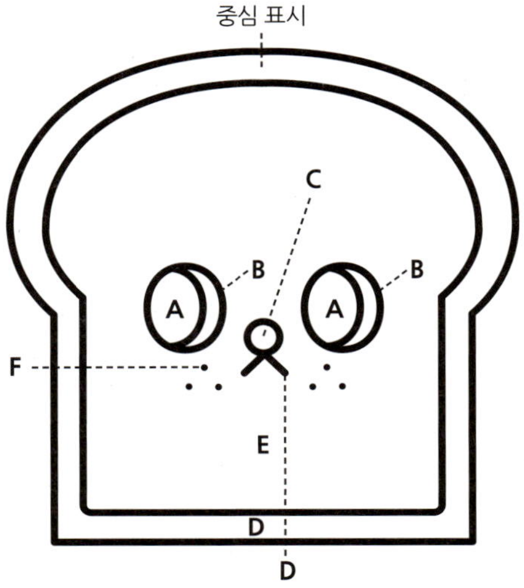

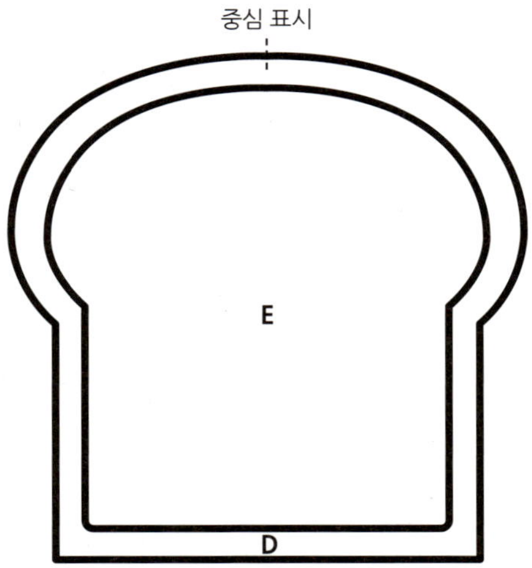

ⓑ 뒤

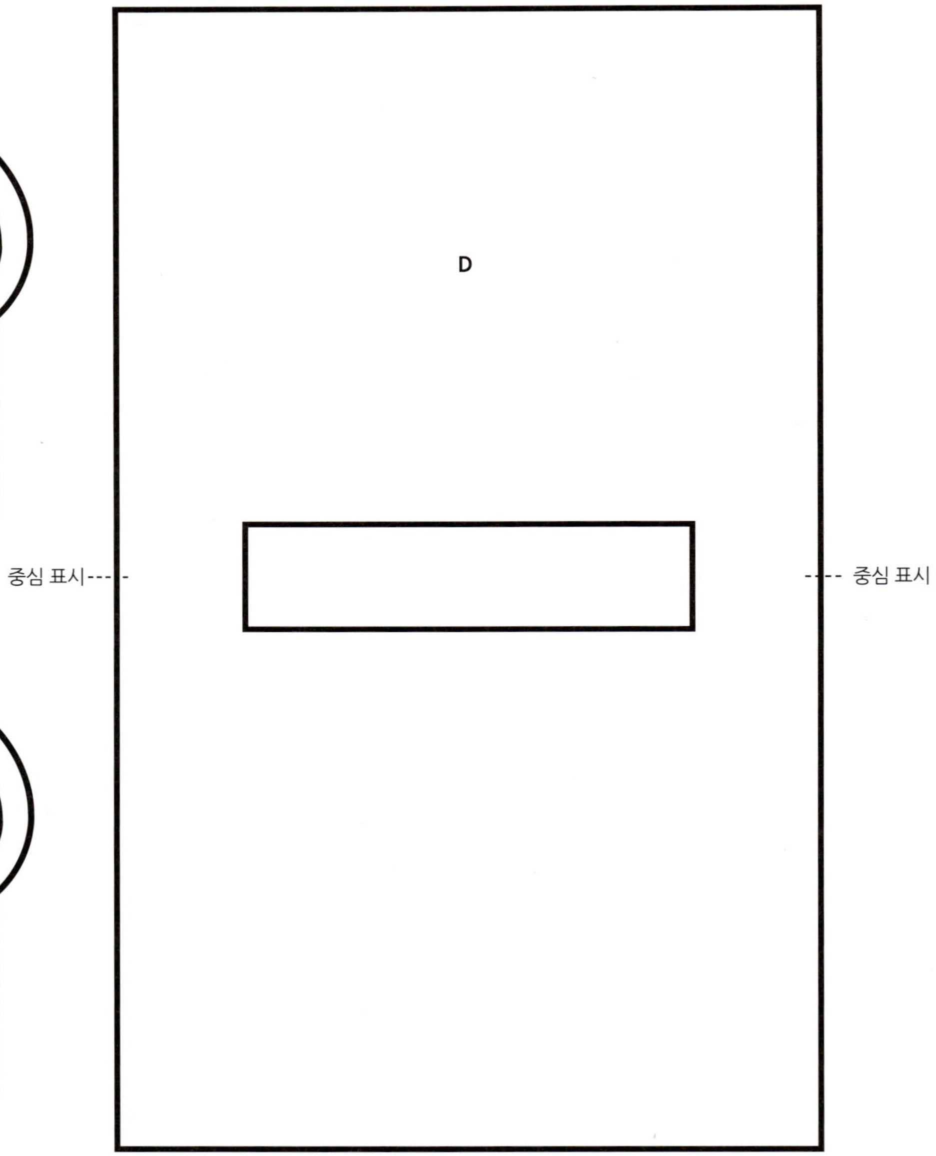

ⓒ 옆

도안은 작업 면 기준입니다.
40% 축소 도안입니다.

How to make

• 재료 준비

1 원단을 그리퍼 수틀에 최대한 팽팽하게 당기어 고정시킨다.

• 도안 그리기

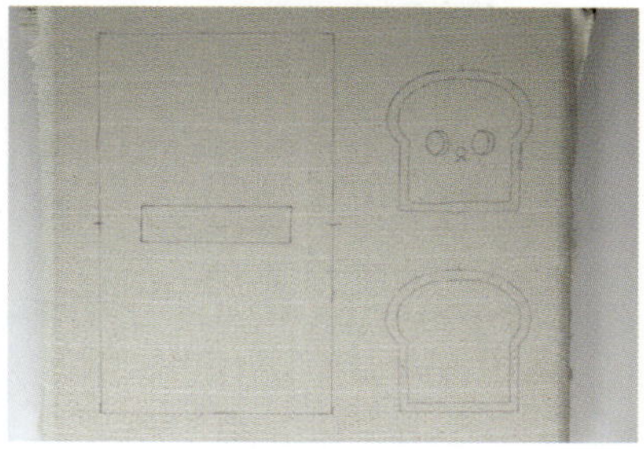

1 원단 위에 ⓐ, ⓑ, ⓒ 도안을 그린다. 중심 표시도 한다.

26p 도안 옮기기 참고

• 펀칭 작업

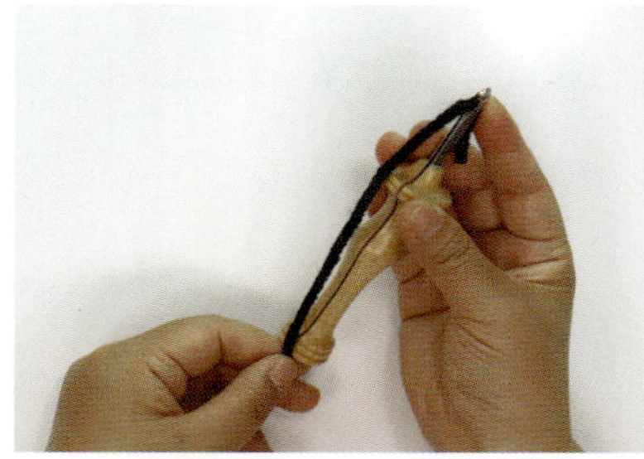

1 바늘의 열린 방향으로 A실을 끼워 준비한다.

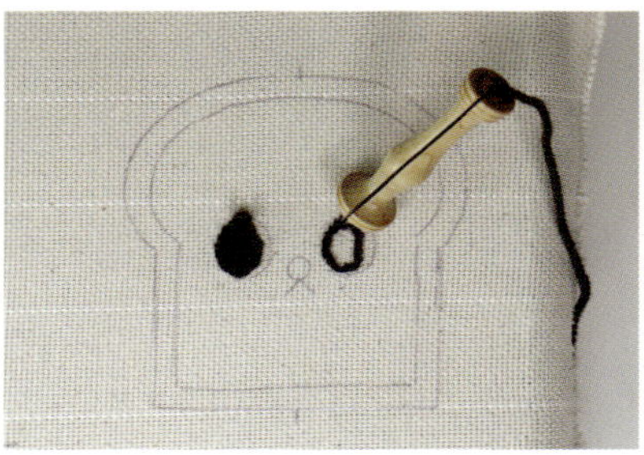

2 ⓐ 도안부터 작업을 진행한다. 눈, 코, 입의 라인 안쪽을 따라 플랫 스티치로 한 줄 외각 형태를 수놓은 뒤 면을 채운다.

3 식빵의 테두리 라인 안쪽을 따라 플랫 스티치로 한 줄 외각 형태를 수놓은 뒤 면을 채운다.

4 식빵 라인 안쪽과 눈 코, 입 외각 부분을 플랫 스티치로 한 줄 외각 형태를 수놓은 뒤 면을 채운다.

5 도안에서 주근깨 위치 확인 후 F실로 플랫 스티치로 수놓아 주근깨를 완성한다.

6 수틀을 뒤집어 주근깨 루프가 잘 안 보일 경우 돗바늘로 루프를 살짝 위로 빼준다.

7 다시 수틀을 뒤집어 ⓑ 도안도 3, 4번과 같은 방법으로 작업한다.

8 ⓒ 도안도 라인을 따라 플랫 스티치로 두 줄 외각 형태를 수놓은 뒤 면을 채운다.

9 수틀을 뒤집어 실이 삐죽 빠져나와 있는 부분과 색실 경계 부분의 꼬여 있는 루프의 라인을 정리한다. 돗바늘 귀를 이용해서 정리하면 편리하다.

• 마무리 작업

1 수틀을 제거한 뒤 플랫 스티치 면 위로 삐죽 빠져나와 있는 실을 0.5cm 남기고 자른다.

2 플랫 스티치 면과 접착 심지의 접착면이 서로 맞닿도록 포갠 뒤 중간 정도 온도의 다리미로 접착 심지를 붙인다. 수놓은 작업물 2cm 밖으로도 원단과 접착 심지를 붙인다.

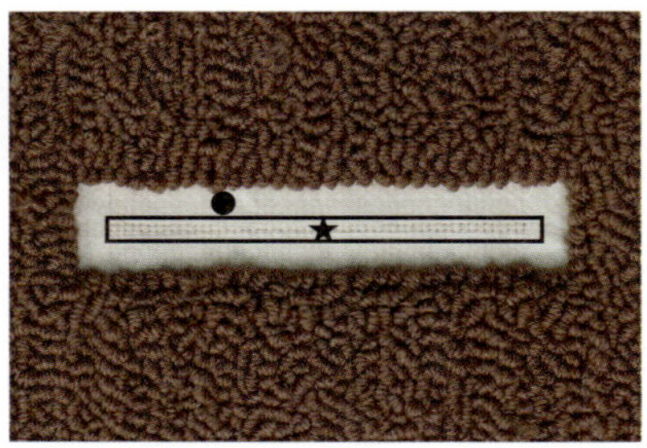

3 원단을 뒤집어 수놓은 루프 면에서 12mm 마스킹 테이프를 ⓐ, ⓑ, ⓒ의 수놓은 외각 선에 맞추어 붙인다. ⓒ의 ● 부분(사진 참고)도 마스킹 테이프를 붙인다.

4 수놓은 작업물 ⓐ, ⓑ, ⓒ는 마스킹 테이프 사이를 1cm 시접을 주고 외곽을 따라 자른다.

5 ⓒ의 ★ 부분(4번 과정 참고)은 반으로 접어 자른다.

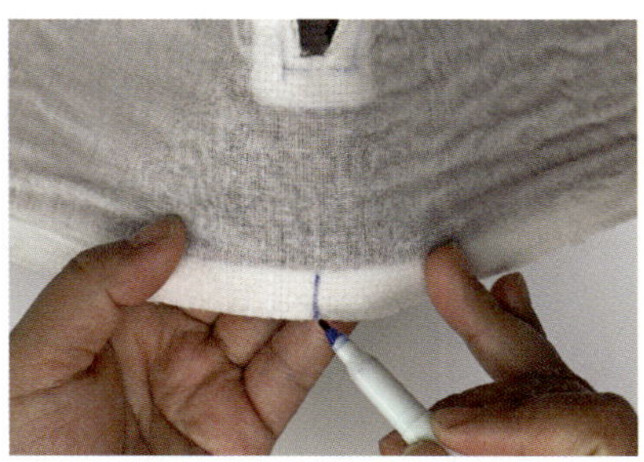

6 도안의 중심 표시를 ⓐ, ⓑ, ⓒ 모든 접착 심지 위에 다시 한 번 표시한다.

7 ⓐ, ⓒ 중심 ■에서 끝 부분인 ▲(사진 참고)까지 수놓은 루프가 보이는 면이 맞닿도록 포갠 뒤 1번부터 순서대로 집게로 고정시킨다.

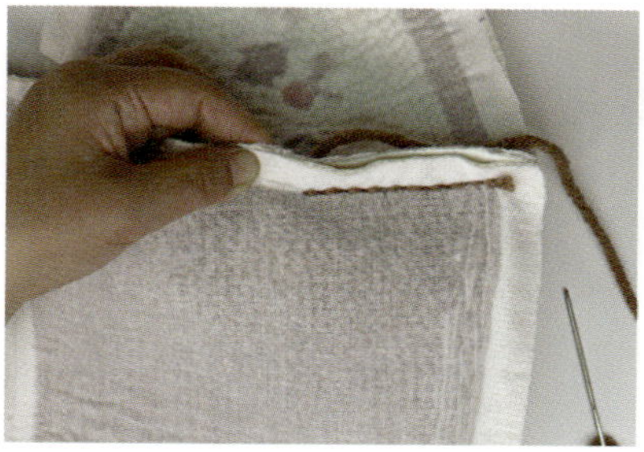

8 D실을 돗바늘에 끼운 뒤 매듭을 짓고 수놓은 작업물과 마스킹 테이프 붙인 사이 틈으로 박음질을 진행한다.

44p 박음질 방법 참고

9 ⓐ~ⓒ 중심 ■에서 ▼(7번 과정 사진 참고) 부분도 7번과 같은 방법으로 집게로 고정시킨 뒤 박음질한다.

10 ⓑ, ⓒ도 6~9번과 같은 방법으로 박음질한다.

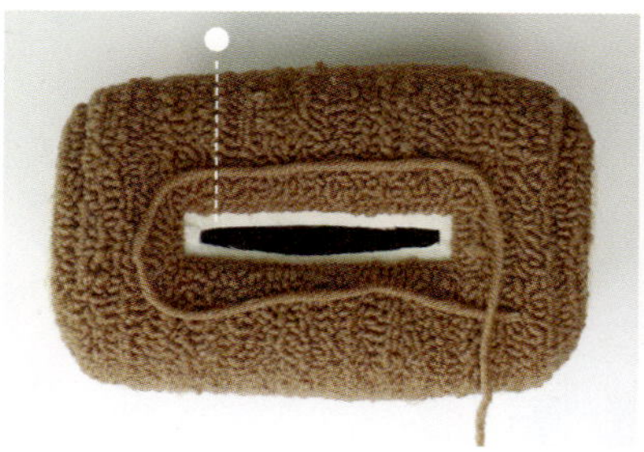

11 전체를 뒤집은 뒤 ⓒ의 ● 부분을 감침질한다. 감침질할 부분의 10배 정도의 털실을 준비한다. 준비한 실이 길 경우는 여러 번 나누어 감침질을 진행한다.

12 D실을 돗바늘에 끼워 두 줄로 준비한다. 실 끝부분 2cm 정도를 한 손으로 잡고 수놓은 작업물과 마스킹 테이프 붙인 사이 틈으로 감침질한다.

42p 감침질 방법 참고

13 감침질이 끝나면 바늘은 감침질한 중간 부분에 바늘을 끼워 넣고 실을 끊어 마무리한다.

14 ⓐ, ⓑ, ⓒ의 마스킹 테이프가 보이는 부분을 30mm 마스킹 테이프로 다시 한 번 붙인다. 네 군데의 가름솔 틈도 마스킹 테이프를 붙인다.

15 ⓐ, ⓑ, ⓒ의 마스킹 테이프가 보이는 부분을 12, 13번과 같은 방법으로 감침질하여 마무리한다.

Level ★★★★☆

고슴도치 티팟 커버

××××××

차생활에서 귀여운 포인트가 되는 두더지 모양의 티팟 커버를 만들어요. 안감을 따로 쓰지 않고 접착 심지로 안쪽 부분을 깔끔하게 마무리하는 방법과 플랫 스티치 면과 루프 스티치 면을 함께 사용하여 다양한 질감을 표현하는 방법을소개해요.

재료

- 몽스 원단……60×60cm
- 접착 심지……50×50cm
- 마스킹 테이프(12mm, 30mm)……1개씩
- 실(실 두께: 나코 메가울 5mm, 나코 잉카 알파카 4mm, 코지울 4~5mm)

A 나코 메가울 3497 연코코아메란지 2개
B 나코 잉카 알파카 23109 연코코아
C 나코 잉카 알파카 217 블랙
D 나코 잉카 알파카 23114 아이보리
E 코지울 K150 레드

도구

옥스퍼드 펀치 니들 레귤러 10호, 그리퍼 수틀 50×50cm(외경), 가위, 돗바늘, 네임펜, 집게 6개, 다리미

Size 35×21.5cm

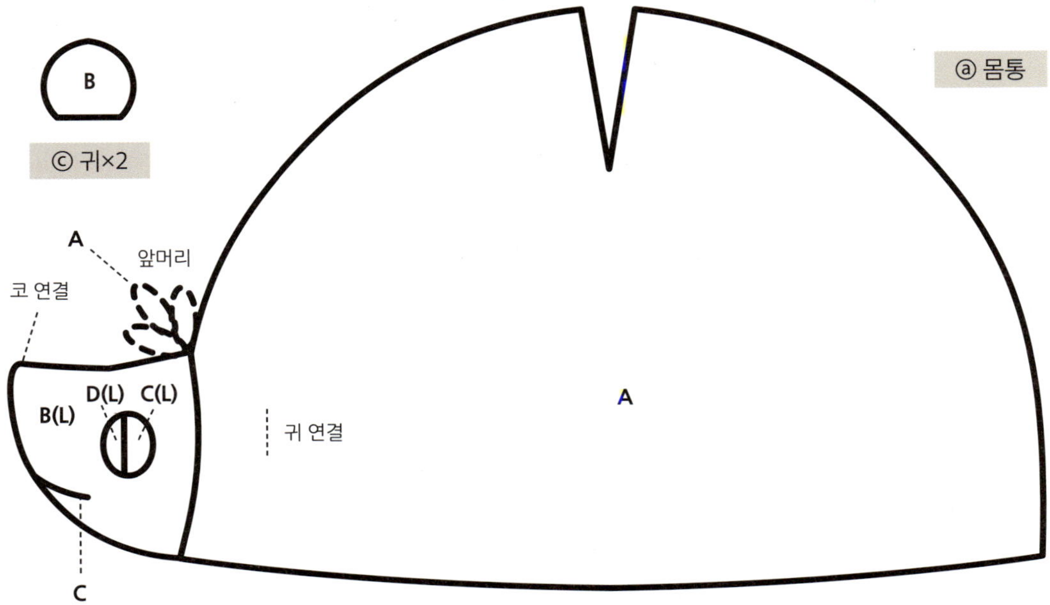

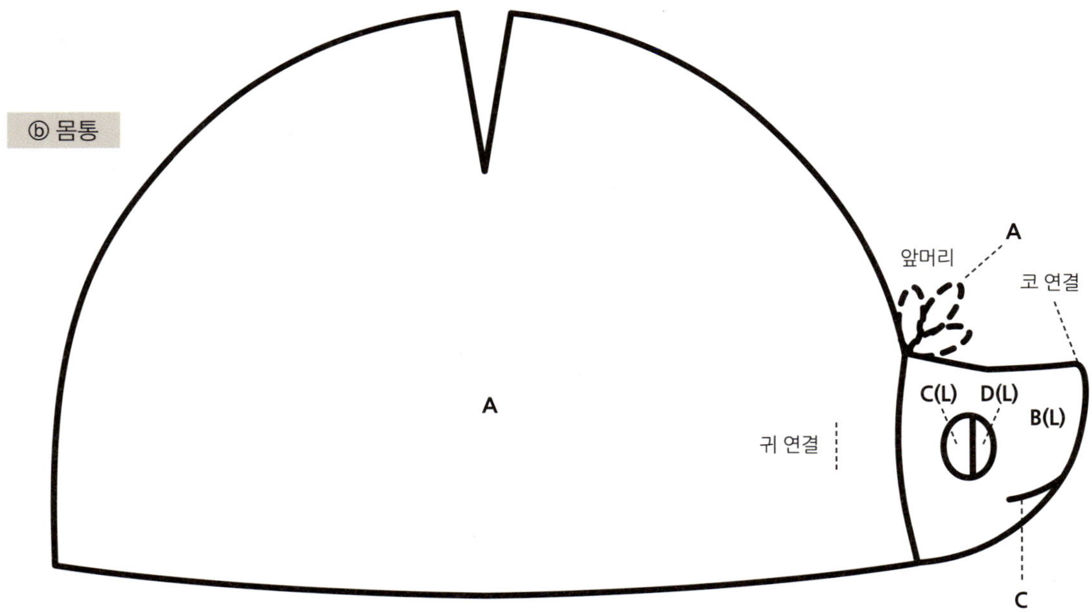

도안은 작업 면 기준입니다.
40% 축소 도안입니다.

How to make

• 재료 준비

1 원단을 그리퍼 수틀에 최대한 팽팽하게 당기어 고정시킨다.

• 도안 그리기

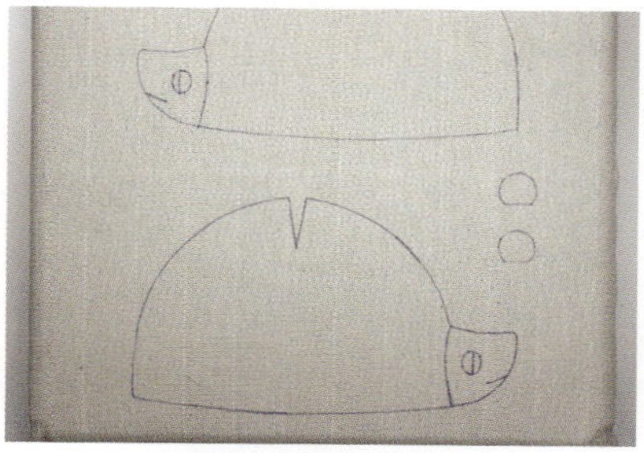

1 원단 위에 ⓐ, ⓑ, ⓒ×2 도안을 그린다.
26p 도안 옮기기 참고

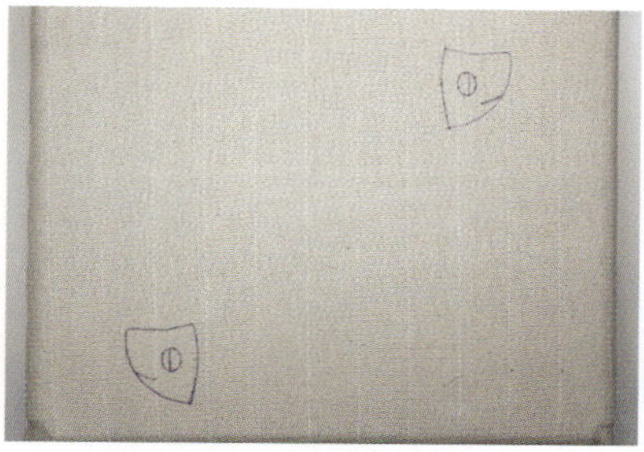

2 원단을 뒤집어 그리퍼 수틀에 다시 끼운 뒤 얼굴 부분만 똑같은 위치에 다시 그린다(도안과 좌우 반전 상태).

• 펀칭 작업

1 바늘의 열린 방향으로 C실을 끼워 준비한다.

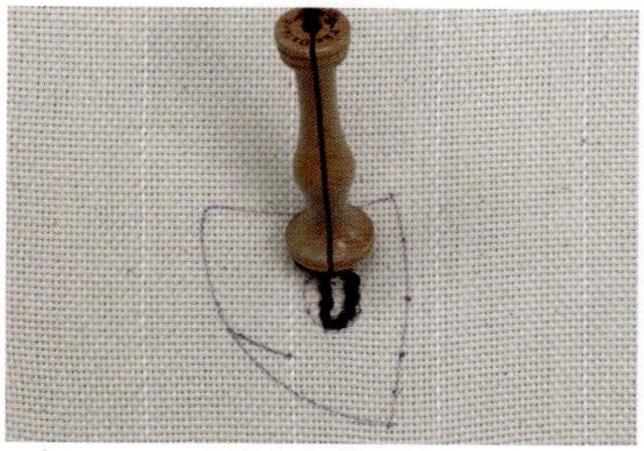

2 ⓐ 도안부터 작업을 진행한다. 검은 동자 라인 안쪽을 따라 플랫 스티치로 한 줄 외각 형태를 수놓은 뒤 면을 채운다. 흰 동자도 동일한 방법으로 수놓는다.

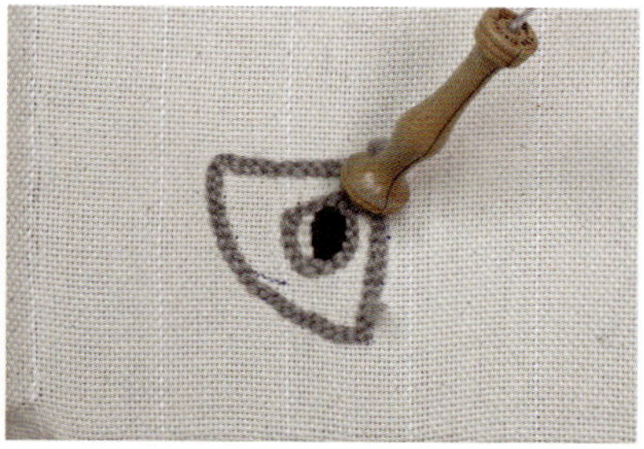

3 얼굴 라인 안쪽과 눈 외각 라인을 플랫 스티치로 두 줄 외각 형태를 수놓는다.

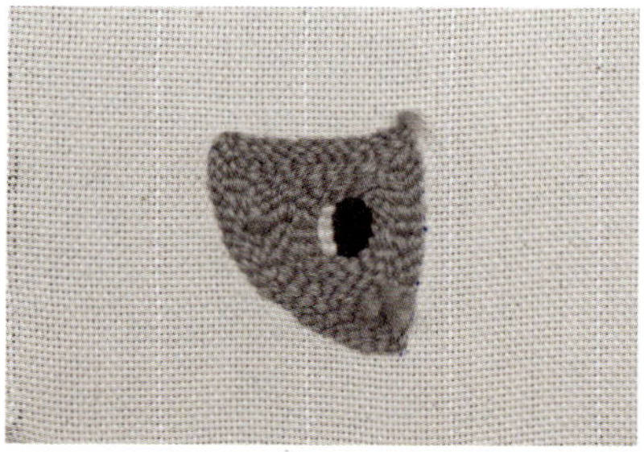

4 수놓은 외각 테두리 안쪽을 플랫 스티치로 모두 채운다.

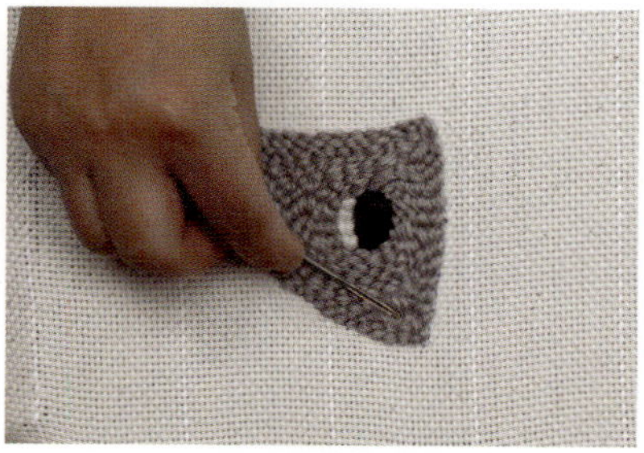

5 플랫 스티치가 보이는 면을 앞면으로 사용하므로 실이 삐죽 빠져나와 있는 부분은 돗바늘 귀로 눌러 뒤로 보낸다.

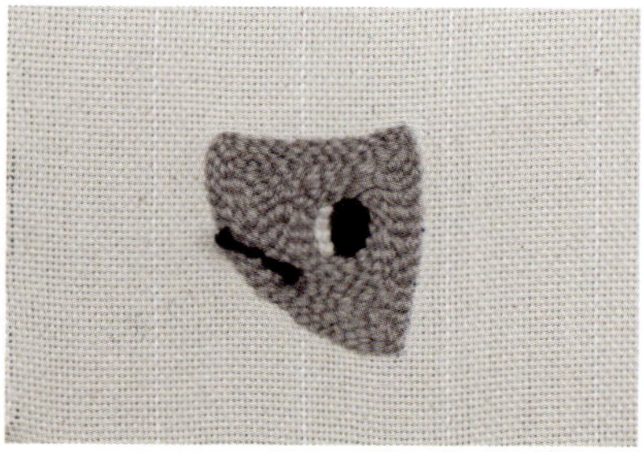

6 도안에서 입의 위치 확인 후 C실로 플랫 스티치로 한 줄 수놓는다. 5번과 같은 방법으로 실을 정리한다.

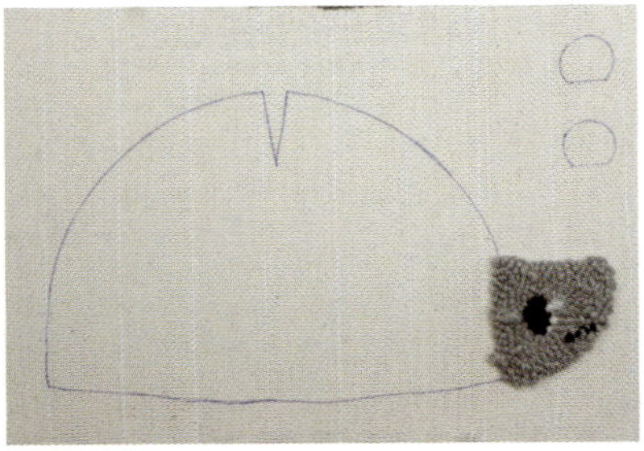

7 수틀에서 원단을 빼낸 뒤 원단을 뒤집어 다시 수틀에 고정시킨다.

8 두더지 몸통 라인 안쪽을 따라 플랫 스티치로 두 줄 외각 형태를 수놓는다. 현재가 완성된 작품의 뒷면이기 때문에 얼굴 부분의 루프 스티치 부분은 따로 정리하지 않아도 된다.

9 수놓은 외각 테두리 안쪽을 플랫 스티치로 모두 채운다.

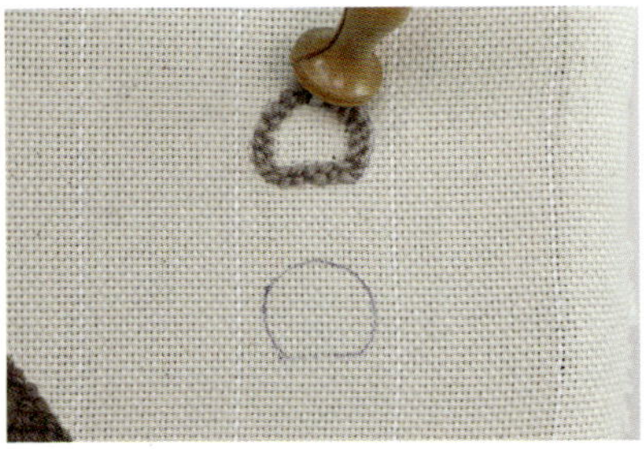

10 © 도안의 귀 라인 안쪽을 따라 플랫 스티치로 두 줄 외각 형태를 수놓는다.

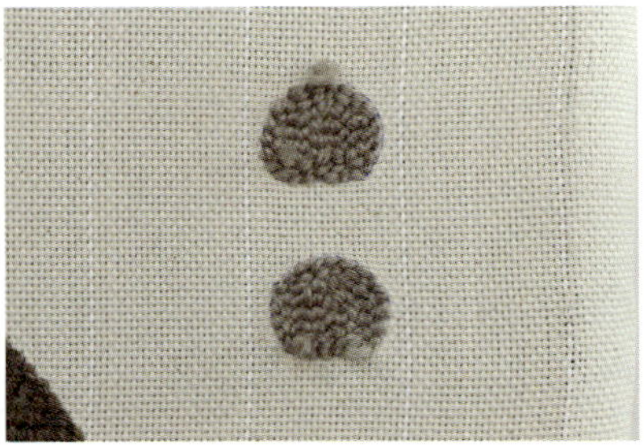

11 수놓은 외각 테두리 안쪽을 플랫 스티치로 모두 채운다. 나머지 귀도 같은 방법으로 작업한다.

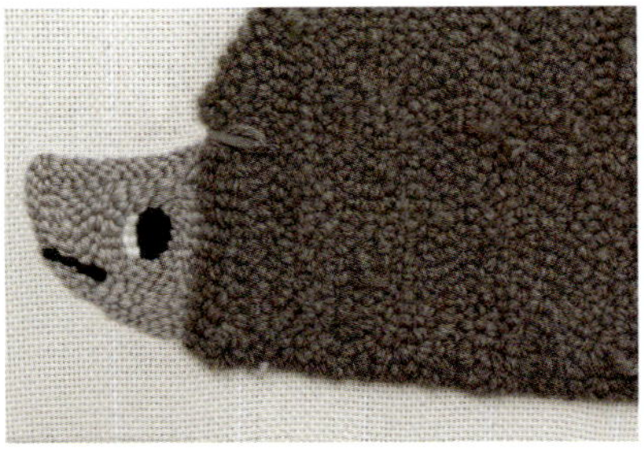

12 다시 수틀에서 원단을 뒤집어 끼운 뒤 도안에서 앞머리 위치 확인 후 A실로 뒤에서 앞으로 바늘을 깊게 찔러 넣는다.

13 바늘 끝 실을 4cm 정도 당기어 루프를 만든다.

14 같은 위치에 12, 13번을 네 번 반복하여 긴 루프를 네 개 만든 뒤 실을 끊어 마무리한다.

15 실이 삐죽 빠져나와 있는 부분과 색실 경계 부분의 꼬여 있는 루프의 라인을 정리한다. 돗바늘 귀를 이용해서 정리하면 편리하다.

• 마무리 작업

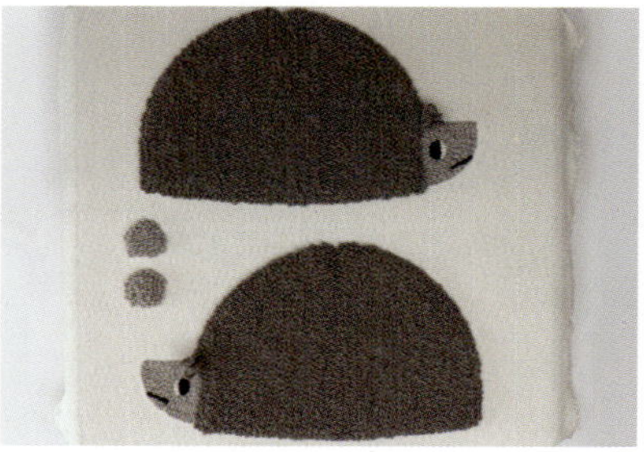

16 ⓑ 도안도 ⓐ 도안과 동일한 방법으로 작업한다.

1 수틀을 제거한 뒤 ⓑ 몸통의 플랫 스티치 면 위로 삐죽 빠져나와 있는 실을 0.5cm 남기고 자른다.

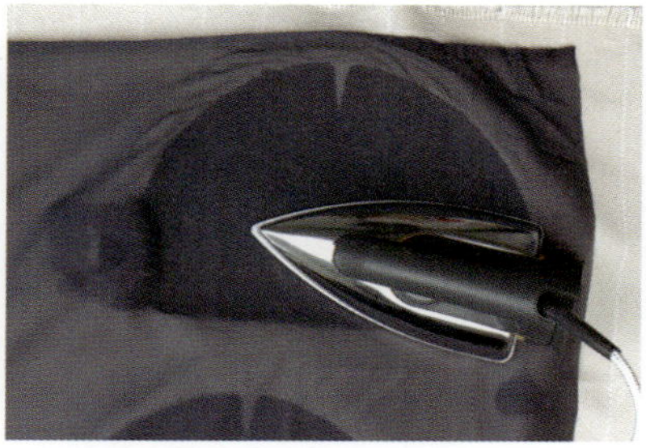

2 ⓑ 몸통의 플랫 스티치 면에 접착 심지의 접착면이 서로 맞닿도록 포갠 뒤 다리미로 붙인다. 다리미의 온도는 중간 정도가 좋다.

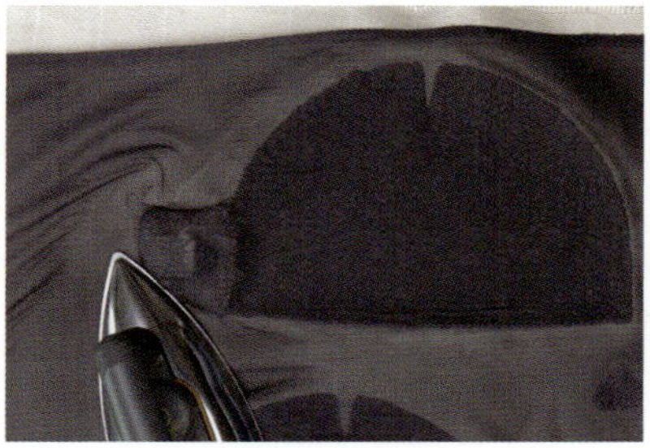

3 루프 스티치 면은 루프 주변의 원단과 접착 심지도 꼼꼼히 붙인다. ⓐ도 같은 방법으로 접착 심지를 붙이고, ⓒ는 붙이지 않는다.

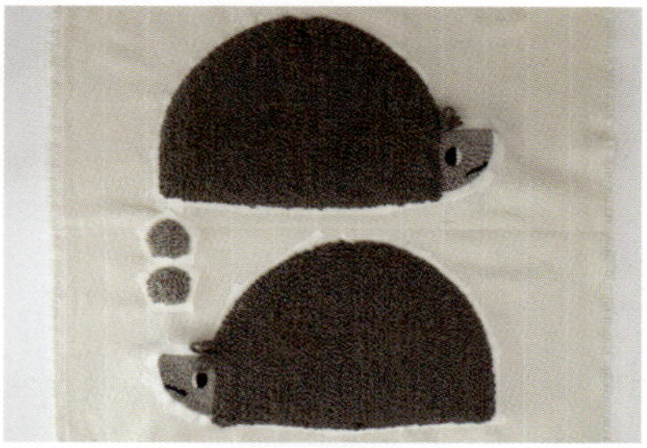

4 몸통의 루프 면을 앞으로 하고 마스킹 테이프를 ⓐ, ⓑ, ⓒ의 수놓은 외각선에 맞추어 붙인다. 다트 선인 V자 부분은 테이프를 붙이지 않아도 된다.

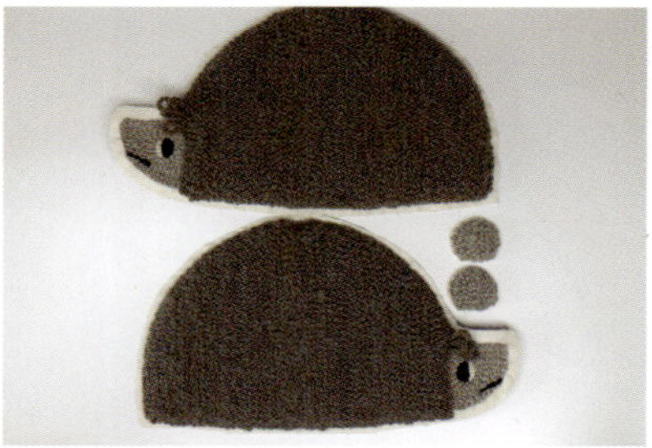

5 ⓐ, ⓑ, ⓒ 수놓은 작업물과 마스킹 테이프 사이를 1cm 시접을 주고 외곽에 따라 자른다.

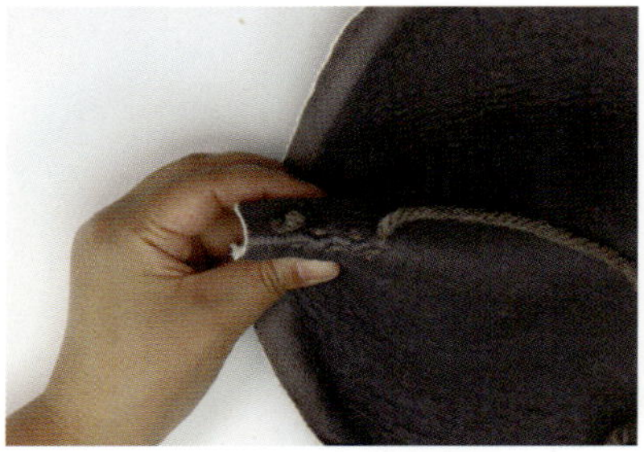

6 ⓐ의 접착 심지를 붙인 면에서 다트 선인 V자의 양쪽이 서로 맞닿도록 잡는다. 돗바늘에 A실을 끼워 매듭을 짓고 다트 끝까지 홈질한다.

45p 홈질 방법 참고

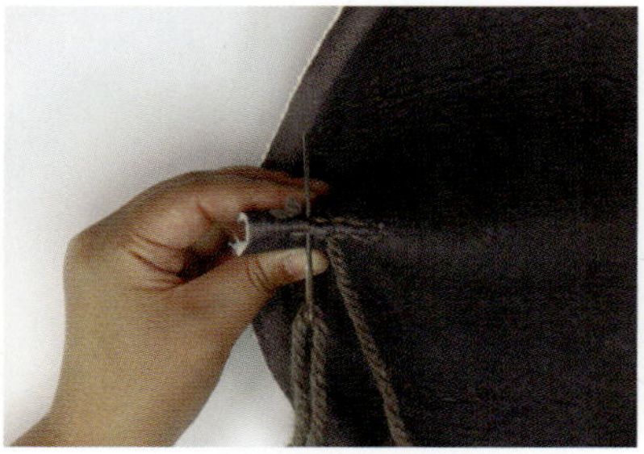

7 다시 반대로 홈질하여 마무리한다. ⓑ도 6, 7번과 같은 방법으로 다트 선을 홈질 또는 박음질로 마무리한다.

8 ⓐ, ⓑ의 작업물 루프 면이 서로 맞닿도록 포갠 뒤 등과 얼굴 부분을 집게로 고정한다.

9 A실을 등과 얼굴 부분의 두 세배 정도 준비한 뒤 돗바늘에 끼워 한 줄로 매듭 짓고 점선 부분(사진 참고)을 박음질한다.

44p 박음질 방법 참고

10 뚫려 있는 아랫부분으로 전체를 뒤집은 뒤 마스킹 테이프 부분을 다시 30mm 마스킹 테이프로 붙여 도톰하게 만든다.

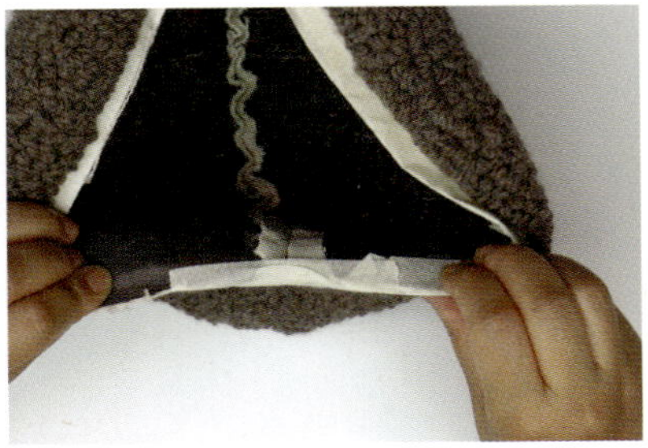

11 ⓐ, ⓑ의 시접을 양쪽으로 벌리고 가름솔 틈도 마스킹 테이프를 붙여 연결한다.

12 마스킹 테이프 부분을 감침질로 마무리 작업을 진행한다. 감침질할 부분의 10배 정도의 털실을 준비한다. 준비한 실이 길 경우는 여러 번 나누어 감침질을 진행한다.

13 A실을 돗바늘에 끼워 두 줄로 준비한다. 실 끝부분 2cm 정도를 한 손으로 잡고 수놓은 작업물과 마스킹 테이프 붙인 사이의 작은 틈으로 돗바늘을 찔러 넣어 감침질을 진행한다.

42p 감침질 방법 참고

14 감침질이 끝나면 바늘은 감침질한 중간 부분에 바늘을 끼워 넣고 실을 끊어 마무리한다.

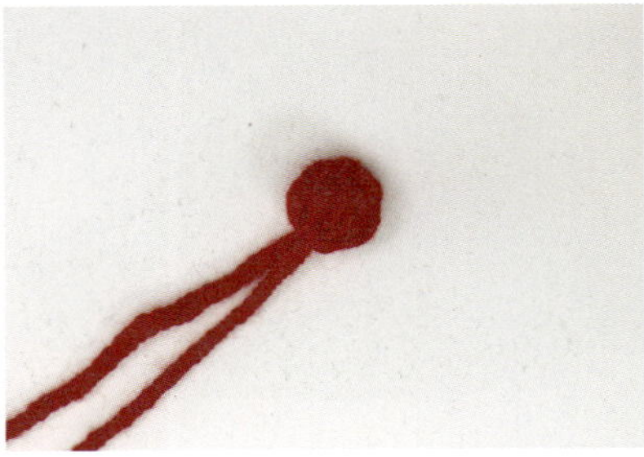

15 실을 감아 지름 2.5cm의 코를 만든다.

49p 코 만들기 참고

16 도안에서 코 연결 위치 확인 후 코에 연결된 두 줄의 실에 돗바늘을 끼워 얼굴 밖에서 안으로 통과시킨다.

17 다시 돗바늘을 코 살짝 옆을 통과시켜 코 연결 위치 밖으로 뺀 뒤 코를 통과시킨다. 16, 17번을 두 번 반복하여 코를 얼굴에 연결한다.

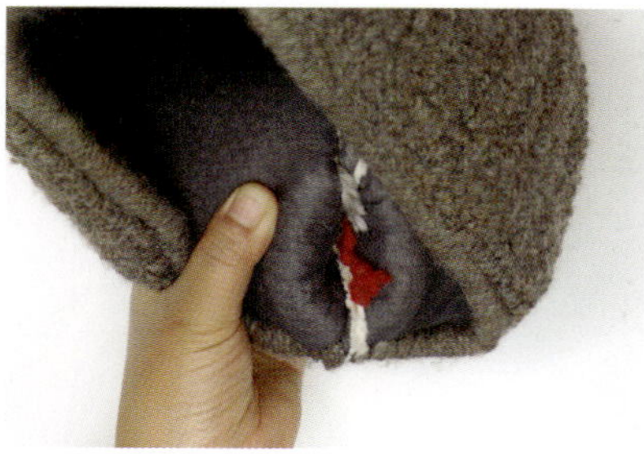

18 얼굴 안쪽으로 돗바늘을 뺀 뒤 매듭을 짓고 실을 잘라 마무리한다.

19 플랫 스티치 면을 박음질로 연결한 부분에 원단이 보이는데 이때는 돗바늘을 이용해서 감침질로 원단을 감춘다.

20 ⓒ의 마스킹 테이프 부분을 감침질로 마무리 작업을 진행한다. 감침질할 부분의 13배 정도의 털실을 준비한다.

21 B실을 돗바늘에 끼워 두 줄로 준비한다. 실 끝부분 2cm 정도를 한 손으로 잡고 수놓은 작업물과 마스킹 테이프 붙인 사이의 작은 틈으로 돗바늘을 찔러 넣어 감침질을 진행한다.

42p 감침질 방법 참고

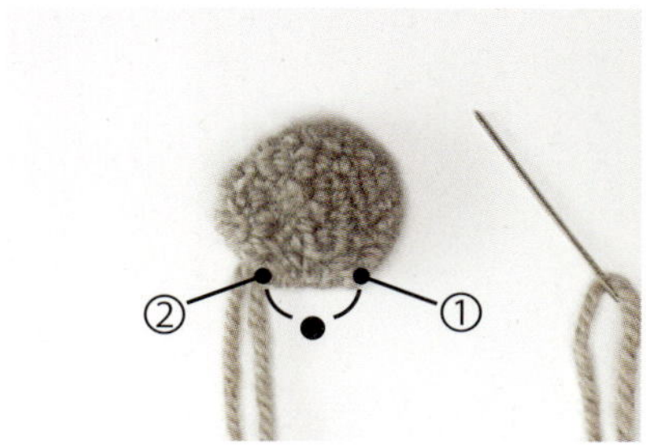

22 ⓒ의 감침질을 끝낸 뒤 실을 끊지 않고 바늘을 연결한 채 둔다. ⓒ의 밑면을 ●으로 설정한다.

23 ●를 반으로 접은 뒤 돗바늘을 ①에서 ②로 통과시킨다.

24 실을 세게 당기어 ● 부분을 반으로 접어준다. 23, 24번을 한 번 더 반복한 뒤 실을 끊지 않고 바늘을 연결한 채 둔다. 나머지 귀도 20~24번과 동일하게 작업한다.

25 도안에서 귀의 위치 확인 후 ⓒ에 연결된 돗바늘을 몸통 안쪽으로 넣는다.

26 몸통 안에서 밖으로 바늘을 뺀다. 25, 26번을 한 번 더 반복한다.

27 25, 26번 작업 사이에 생긴 가로 줄 사이로 돗바늘을 넣어준다.

28 다시 몸통 안쪽으로 바늘을 넣는다.

29 몸통 안쪽에서 매듭을 지어 실을 정리한다.

30 반대편 귀도 25~29번과 같은 방법으로 연결한다.

Hedgehog tea pot cover

Level ★★★☆☆

너구리 크로스백

××××××

심플한 디자인의 가방도 좋지만 가끔 포인트가 되는 귀여운 동물 얼굴의 크로스백을 만들어 보세요. 루프 면을 맞대어 박음질로 양면을 연결하면 시접이 보이지 않는 깔끔한 실루엣의 작업물을 만들 수 있어요. 가방 안쪽은 리넨으로 안감을 만들어 펀칭 작업 면과 연결하는 방법도 소개해요.

재료

- 몽스 원단……36×36cm 2장
- 20수 리넨 원단……20×17cm 2장
- 가방 끈……120cm
- 마스킹 테이프(12mm)……조금
- 실(두께: 코지울 4~5mm, 나코 봉주르 5mm)

A 코지울 K1001 그레이
B 나코 봉주르 23684 중그레이
C 코지울 K940 블랙
D 코지울 K025 아이보리

도구

옥스퍼드 펀치 니들 레귤러 10호, 그리퍼 수틀 30×30cm(외경), 가위, 돗바늘, 네임펜, 집게 5개, 실과 바늘, 시침핀 4개

Design

Size 17.5×19cm

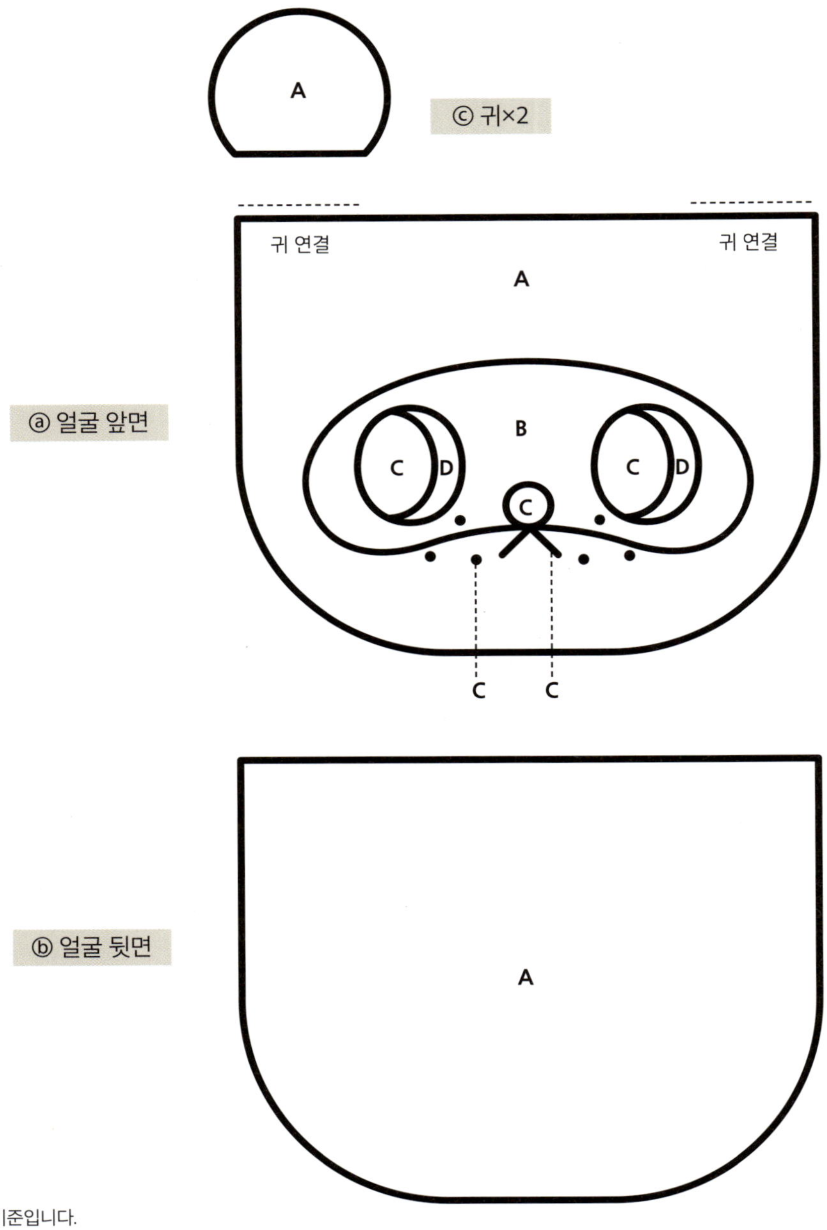

도안은 작업 면 기준입니다.
45% 축소 도안입니다.

How to make

• 재료 준비

1 원단을 그리퍼 수틀에 최대한 팽팽하게 당기어 고정시킨다.

• 도안 그리기

1 원단 위에 ⓐ, ⓒ×2 도안을 그린다.

26p 도안 옮기기 참고

2 원단 위에 ⓑ 도안을 그린다. 수틀을 두 개 사용하지 않고 1번 펀칭 작업이 끝난 뒤 진행해도 무방하다.

• 펀칭 작업

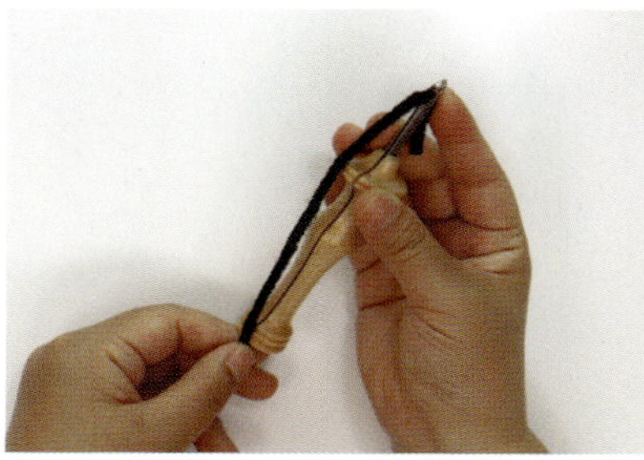

1 바늘의 열린 방향으로 C실을 끼워 준비한다.

2 눈, 코, 입의 라인 안쪽을 따라 플랫 스티치로 한 줄 외각 형태를 수놓은 뒤 면을 채운다. 입의 라인은 플랫 스티치로 한 줄 수놓는다.

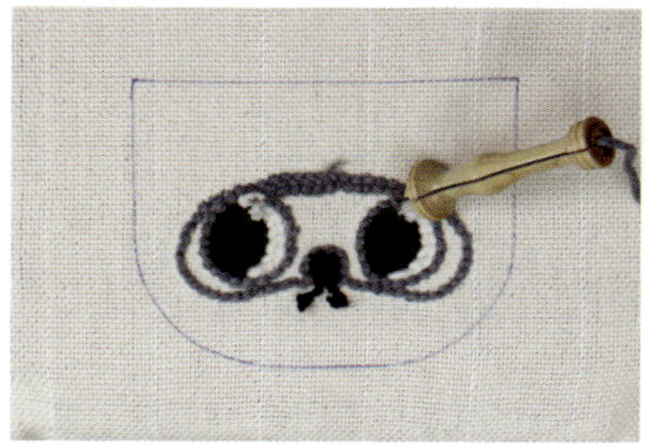

3 눈 주변 라인 안쪽을 따라 플랫 스티치로 한 줄 외각 형태를 수놓은 뒤 면을 채운다.

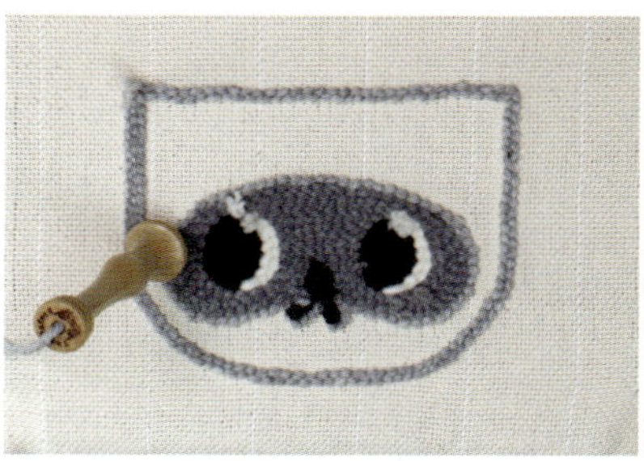

4 얼굴 라인 안쪽과 눈 주변 외각 라인을 플랫 스티치로 두 줄 외각 형태를 수놓는다.

5 수놓은 외각 테두리 안쪽을 플랫 스티치로 모두 채운다.

6 ⓒ 도안도 4, 5번과 같은 방법으로 수놓는다.

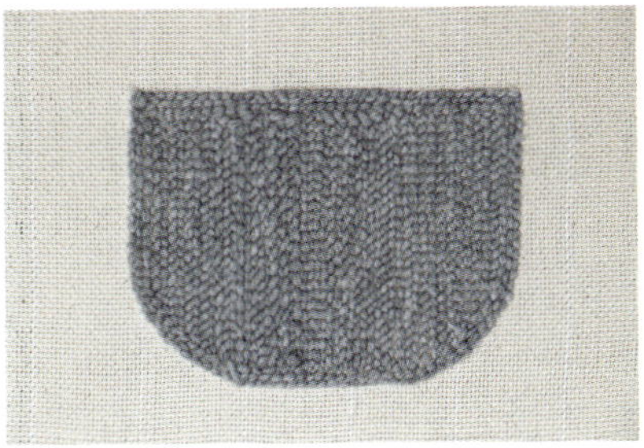

7 ⓑ도 4, 5번과 같은 방법으로 수놓는다.

8 도안에서 주근깨 위치 확인 후 C실로 플랫 스티치로 수놓아 주근깨를 완성한다.

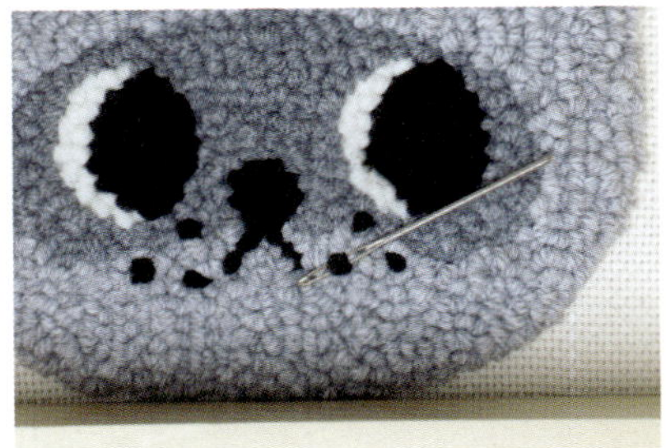

9 수틀을 뒤집어 주근깨 루프가 잘 안 보일 경우 돗바늘로 루프를 살짝 위로 빼준다.

10 실이 삐죽 빠져나와 있는 부분과 색실 경계 부분의 꼬여 있는 루프의 라인을 정리한다. 돗바늘 귀를 이용해서 정리하면 편리하다.

• 마무리 작업

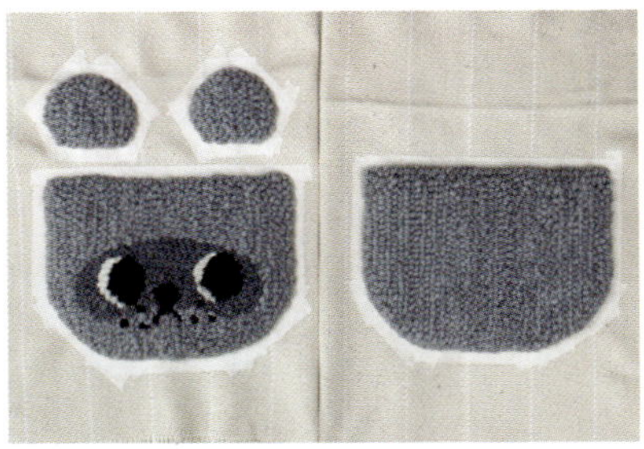

1 수틀을 제거한 뒤 마스킹 테이프를 ⓐ, ⓑ, ⓒ의 수놓은 외각선에 맞추어 붙인다.

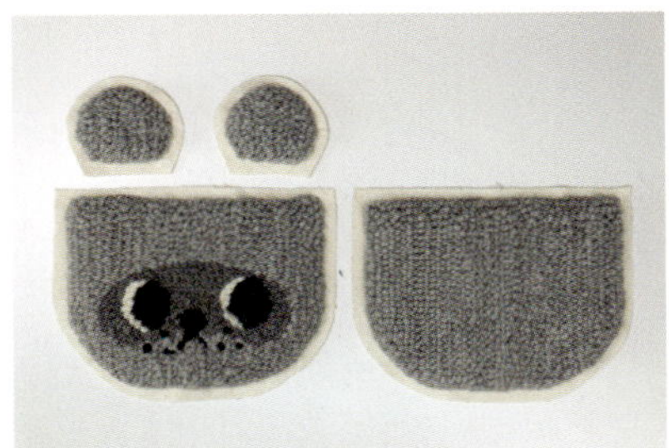

2 ⓐ, ⓑ, ⓒ의 수놓은 작업물과 마스킹 테이프 사이를 1cm 시접을 주고 외곽을 따라 자른다. 모서리는 둥글게 자르지 않는다.

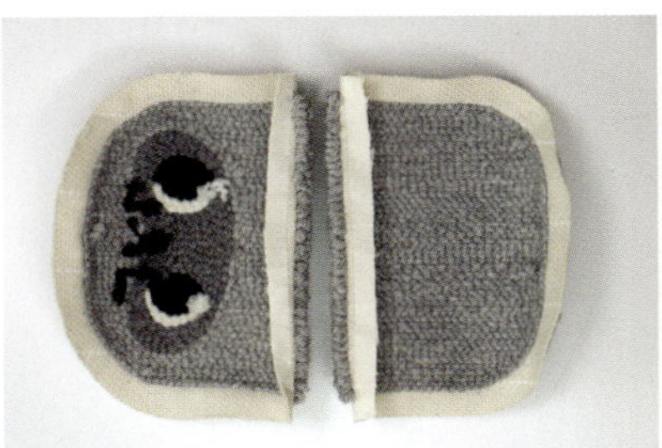

3 ⓐ, ⓑ의 윗부분 시접은 플랫 스티치 면으로 접어준다.

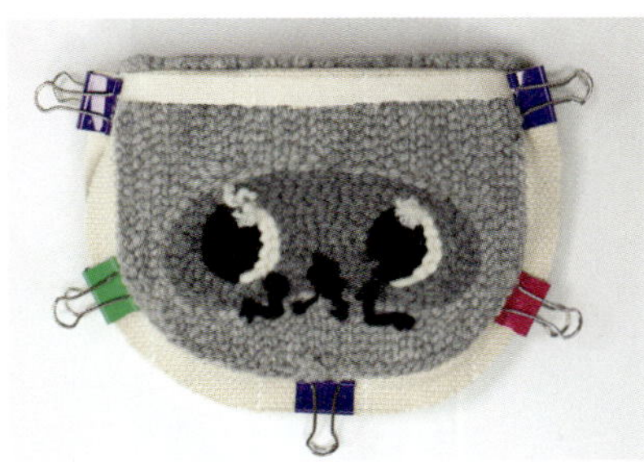

4 ⓐ, ⓑ의 윗부분 시접을 접은 상태에서 ⓐ, ⓑ의 루프 면이 맞닿도록 포갠 뒤 집게로 고정시킨다.

5 A실 2~3배 정도를 준비하여 돗바늘에 끼운 뒤 한 줄로 매듭 짓고 윗부분을 제외한 부분을 박음질한다. ㉮로 설정한다.

44p 박음질 방법 참고

6 박음질하지 않은 윗부분을 통해 전체를 뒤집는다. ©의 시접 부분을 0.7cm 남겨두고 외각을 자른 뒤 모서리 부분도 둥글게 다듬는다.

7 ©의 마스킹 테이프 부분을 감침질로 마무리 작업을 진행한다. 감침질할 부분의 13배 정도의 털실을 준비한다. 준비한 실이 길 경우는 여러 번 나누어 감침질을 진행한다.

8 감침질할 실은 돗바늘에 끼워 두 줄로 준비한다. 실 끝부분 2cm 정도를 한 손으로 잡고 수놓은 작업물과 마스킹 테이프 붙인 사이의 작은 틈으로 돗바늘을 찔러 넣어 감침질을 진행한다. 나머지 귀도 동일한 방법으로 진행한다.

42p 감침질 방법 참고

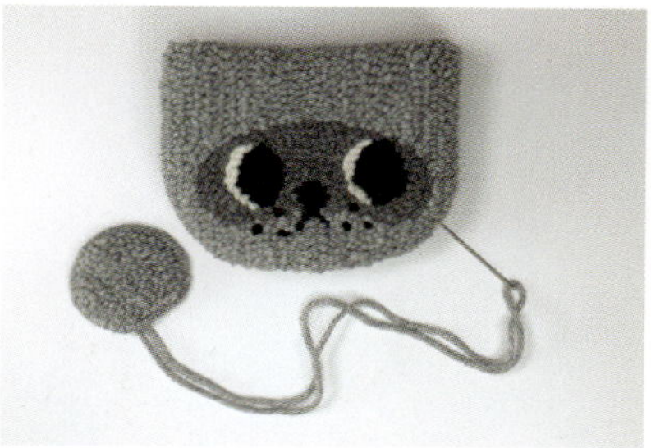

9 ©의 감침질이 끝나면 실을 끊지 않고 바늘을 연결한 채 둔다.

10 도안에서 귀의 위치 확인 후 ㉮와 ©의 수놓은 루프 면이 맞닿도록 포갠다.

11 ©에 연결되어 있는 돗바늘로 ㉮의 마스킹 테이프 틈 사이로 바늘을 넣어 다시 ©를 통과시켜 연결한다.

12 통과시킨 바늘을 힘있게 당기어 ㉮와 ©를 단단히 연결한다.

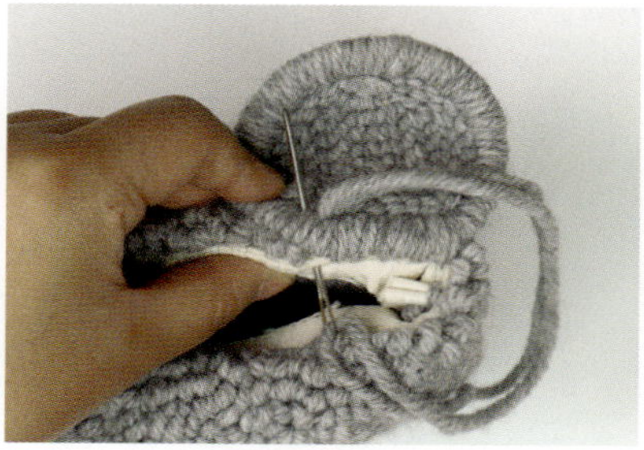

13 11, 12번과 같은 방법으로 ©를 끝까지 연결한다.

14 시접 안쪽 부분에 매듭을 짓고 실을 자른다.

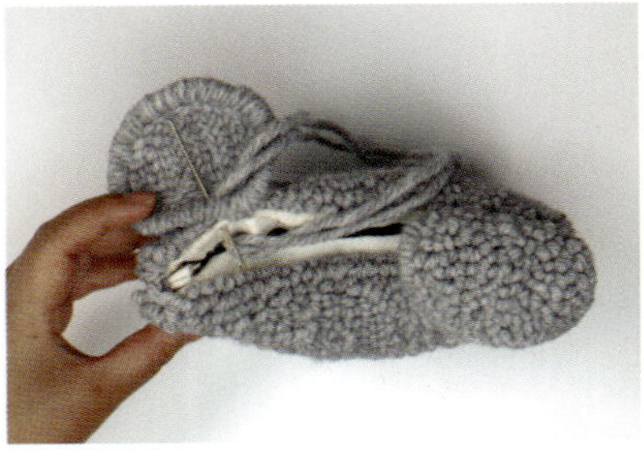

15 나머지 귀도 10~14번과 같은 방법으로 감침질한 뒤 연결한다.

16 리넨 원단에 ⓑ 도안을 두 장 그리고 네 면에 1cm씩 시접을 주고 자른다.

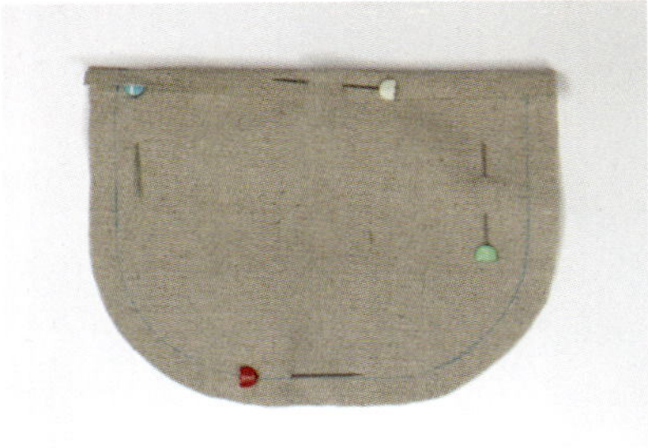

17 리넨 원단 두 장의 겉감이 서로 맞닿도록 포갠 뒤 윗부분 시접을 안감으로 접어 시침핀으로 고정시킨다. 원단 끝 펀치(구멍이 뚫려 있는 곳)가 돌출된 쪽이 겉감이다.

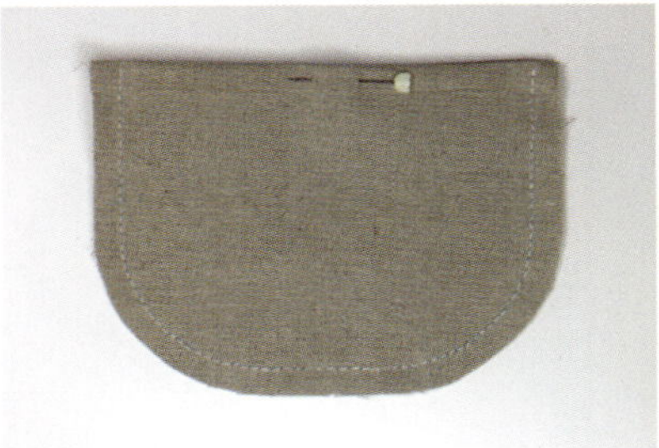

18 안감으로 접은 시접을 제외한 세 면을 일반 바늘과 실로 박음질한다. ㉯로 설정한다.

19 ㉯를 ㉮ 안으로 넣고 시침핀으로 고정한다. ㉯, ㉮의 시접은 뒷면으로 향하게 한다.

20 일반 바늘과 실로 감침질을 시작한다. 매듭을 지어 앞면 안감의 안쪽부터 시작한다.

21 가방 끈은 여러 번 박음질하며 단단히 연결한다.

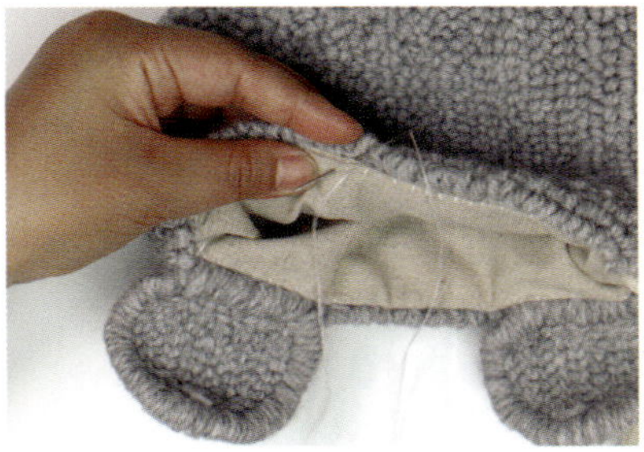

22 뒷면도 감침질을 진행한다.

23 감침질이 끝나는 부분에 가방 끈을 연결하고 바늘을 옆으로 뺀 뒤 매듭을 지어 마무리한다.

Raccoon Cross Bag

Level ★★★☆☆

숲속 여우 모빌

××××××

작은 나무와 여우를 마 끈으로 연결하고 우드링에 매달아 모빌을 만들 었어요. 양면을 펀칭 작업한 뒤 솜을 넣어 입체를 만들기 때문에 시간이 오래 걸려요.

재료

- 몽스 원단……50×50cm 2장
- 우드링……24cm 1개
- 마 끈……250cm
- 솜……200g
- 마스킹 테이프(12mm)……1개
- 실(두께: 코지울 4~5mm, 매직로망 3mm)

A 코지울 K940 블랙
B 코지울 K025 아이보리
C 코지울 K1210 인디오렌지
D 코지울 프린트 H1874 그린믹스_그린
E 코지울 프린트 H1874 그린믹스_다크 그린
F 코지울 K410 카키
G 매직로망 122 카멜

※ 코지울 프린트는 다섯 가지 컬러가 섞여 있는 실로 책에서는 구간을 나누어서 사용한다.

도구

옥스퍼드 펀치 니들 레귤러 14호, 대형 원목 수틀(외경) 42cm, 가위, 돗바늘, 네임펜, 집게 4개, 순간접착제, 겸자

※ 옥스퍼드 펀치 니들 14호 바늘 사용 시 털실 두께 3~5mm를 사용할 경우 손잡이 뒷부분에 있는 고리는 사용하지 않아도 된다.
※ 옥스퍼드 펀치 니들 레귤러 10호로도 작업이 가능하다.

Size 30×50cm

ⓐ 여우

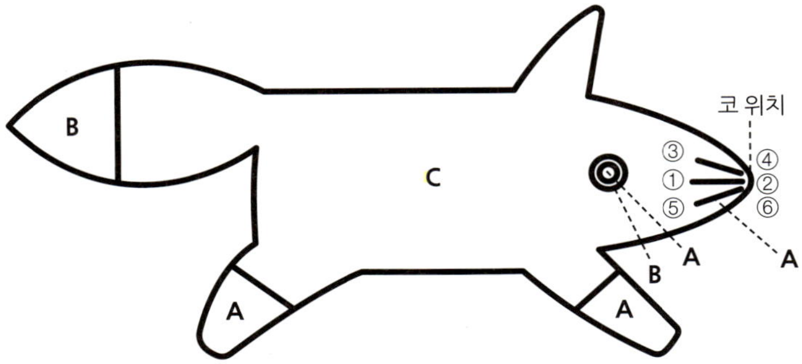

ⓑ 여우

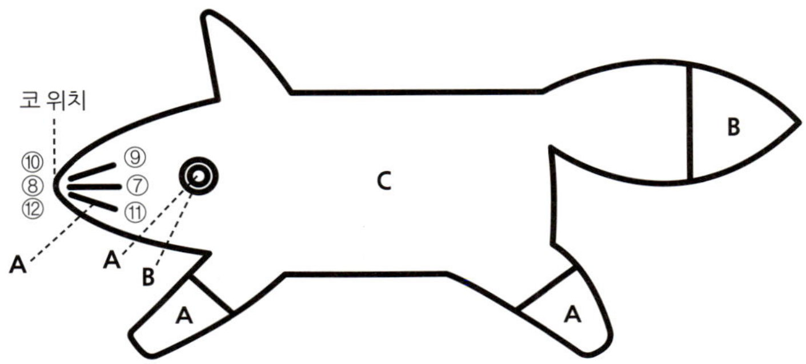

ⓒ 나무들×2

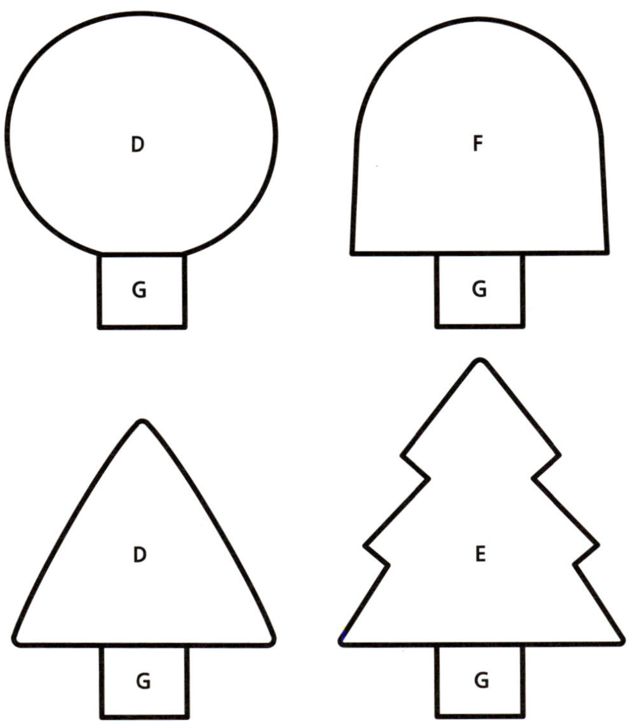

도안은 작업 면 기준입니다.
34% 축소 도안입니다.

How to make

• 재료 준비

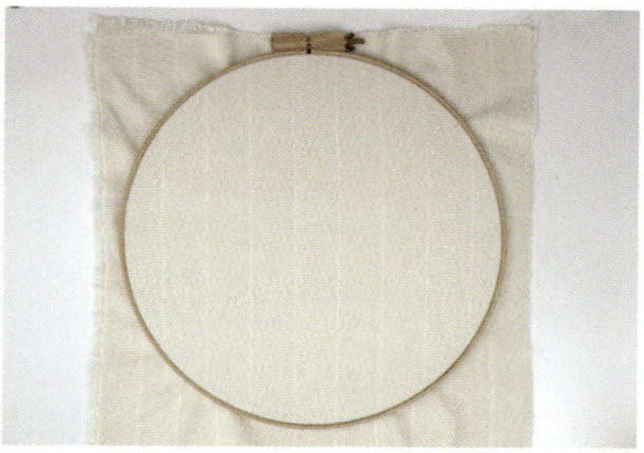

1 원단을 대형 수틀에 최대한 팽팽하게 당기어 고정시킨다.

• 도안 그리기

1 원단 위에 ⓐ, ⓒ 도안을 그린다.

2 원단 위에 ⓑ, ⓒ 도안을 그린다. 1번 펀칭 작업이 끝난 뒤 진행해도 된다.

26p 도안 옮기기 참고

• 펀칭 작업

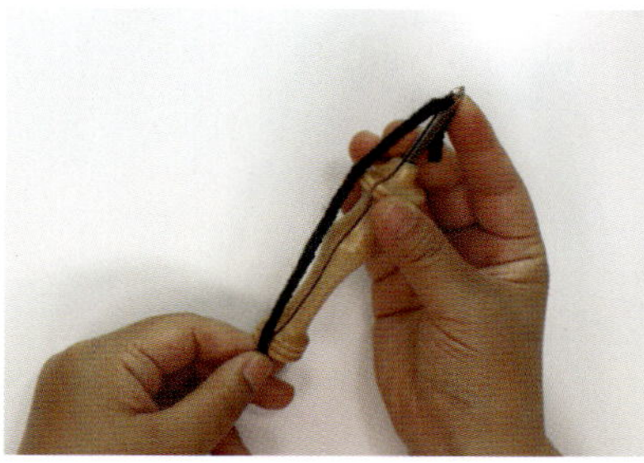

1 바늘의 열린 방향으로 A실을 끼워 준비한다.

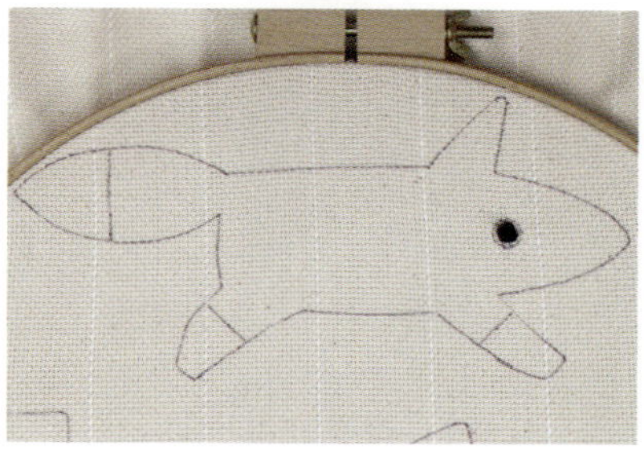

2 ⓐ 도안부터 작업을 진행한다. 눈 라인 안쪽을 따라 플랫 스티치로 한 줄 외각 형태를 수놓고 면을 채운다.

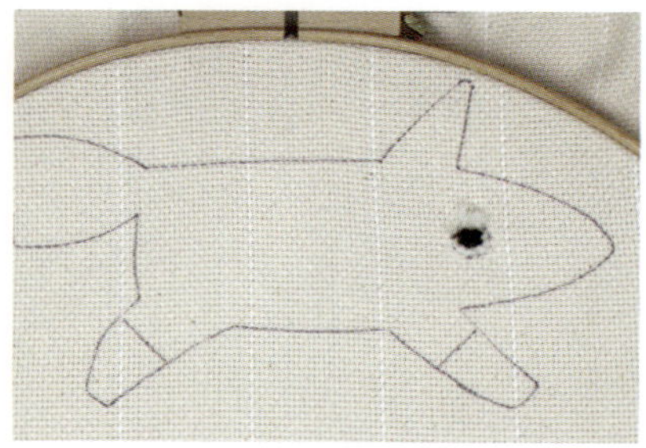

3 눈 외각을 B실로 한 줄 수놓는다.

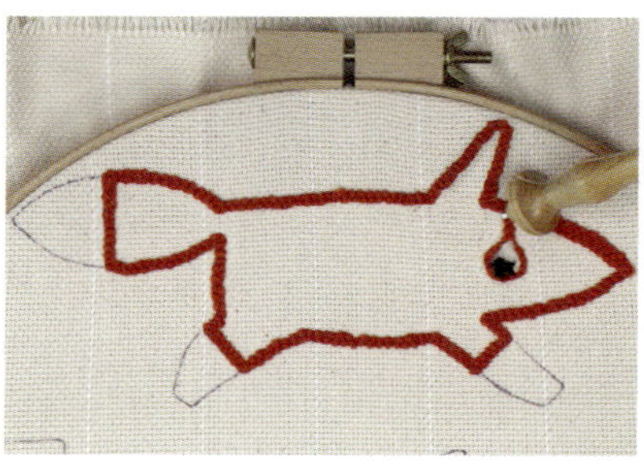

4 여우 실루엣의 라인 안쪽과 눈 외각 라인을 따라 플랫 스티치로 두 줄 수놓는다.

5 수놓은 테두리 안쪽을 플랫 스티치로 모든 면을 채운다. 꼬리와 발 부분도 4, 5번과 같은 방법으로 수놓는다.

6 D실로 세모난 나무 라인 안쪽을 두 줄로 플랫 스티치로 외각 형태를 수놓는다.

7 수놓은 외각 테두리 안쪽을 플랫 스티치로 모두 채운다. 기둥도 6, 7번과 같은 방법으로 수놓는다.

8 모든 도안을 플랫 스티치로 수놓는다.

9 수틀을 뒤집어 실이 삐죽 빠져나와 있는 부분과 색실 경계 부분의 꼬여 있는 루프의 라인을 정리한다. 돗바늘 귀를 이용해서 정리하면 편리하다.

10 돗바늘에 60cm 정도의 A실을 한 줄로 끼워 매듭을 지어준다.

11 ⓑ 도안의 콧 수염 위치 확인 후 돗바늘을 플랫 스티치 면에서 루프 스티치 면 ⑦로 뺀다.

12 ⑧~⑫ 순으로 바늘을 통과시킨다.

13 다시 수틀을 뒤집어 플랫 스티치가 보이는 면에서 매듭을 짓고 실을 자른다.

14 나머지 여우도 10~13번과 같은 방법으로 콧수염을 수놓는다.

• 마무리 작업

1 수틀을 제거한 뒤 마스킹 테이프를 수놓은 작업물 외각선에 맞추어 붙인다.

2 수놓은 작업물과 마스킹 테이프 사이를 1cm 시접을 주고 외곽을 따라 자른다.

3 플랫 스티치 면이 서로 맞닿도록 포갠다.

4 둥근 나무부터 시작한다. 집게로 고정시킨 뒤 마스킹 테이프 부분을 감침질로 마무리 작업을 진행한다. 감침질할 부분의 10배 정도의 털실을 준비한다.

5 D실을 돗바늘에 끼워 두 줄로 준비한다. 실 끝부분 2cm 정도를 한 손으로 잡고 수놓은 작업물과 마스킹 테이프 붙인 사이의 작은 틈으로 돗바늘을 찔러 넣어 감침질을 진행한다.

42p 감침질 방법 참고

6 감침질이 끝나면 바늘은 감침질한 중간 부분에 끼워 넣고 실을 끊어 마무리한다.

7 나무 기둥 부분도 감침질을 진행한다. 6cm 정도 창구멍을 남기고 겸자로 솜을 넣어 채운다.

8 창구멍을 감침질로 막아준다.

9 나머지 나무들도 4~8번과 같은 방법으로 작업한다.

10 여우는 부분별 감침질할 털실을 10배 정도 준비한다.

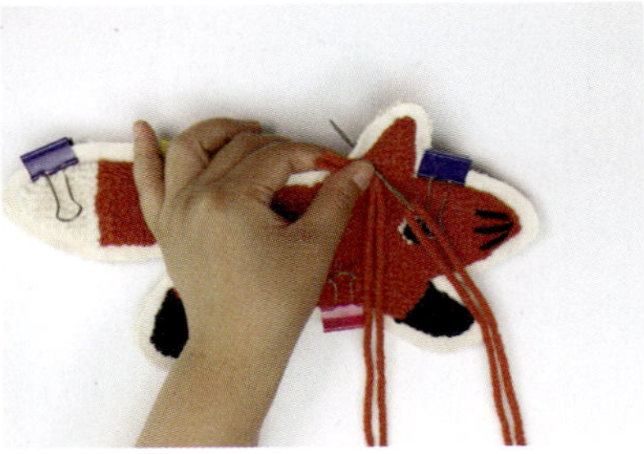

11 C실을 돗바늘에 끼워 두 줄로 준비한다. 실 끝부분 2cm 정도를 한 손으로 잡고 수놓은 작업물과 마스킹 테이프 붙인 사이의 작은 틈으로 돗바늘을 찔러 넣어 감침질을 진행한다.

12 감침질이 끝나면 바늘은 감침질한 중간 부분에 끼워 넣고 실을 끊어 마무리한다.

13 각 부분별 실을 바꾸어 감침질한다. 움푹 들어간 홈 부분은 한 땀의 길이와 방향(흰색 선 부분 참고)을 달리하여 감침질을 진행한다.

14 10cm 정도 창구멍을 남기고 겸자로 솜을 넣어 채운다.

15 창구멍을 감침질로 막는다. 감침질이 끝나면 돗바늘은 감침질한 중간 부분에 끼워 넣어 실을 잘라 마무리한다.

16 실을 감아 1.5cm 크기의 코를 만든다.
49p 코 만들기 참고

17 도안에서 코의 위치 확인 후 코에 돗바늘을 끼워 통과시킨다.

18 돗바늘을 코와 연결되어 있는 실 중간으로 뒤에서 앞으로 통과시킨다.

19 다시 돗바늘을 코의 위치 앞에서 뒤로 돗바늘을 통과시킨다.

20 실을 감침질한 부분에 돗바늘을 끼워 넣고 잘라 마무리한다.

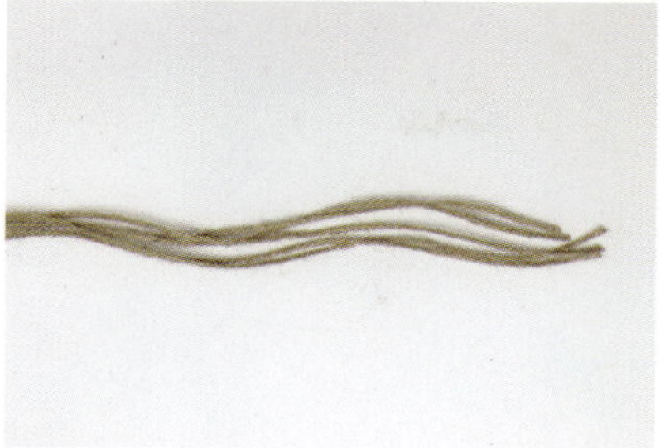

21 마 끈을 50cm씩 5줄 준비한다.

22 마 끈 끝부분에 돗바늘을 끼워 나무 ★ 부분으로 통과시킨다.

23 돗바늘을 뺀 뒤 끈을 묶는다.

24 나머지 나무와 여우도 22, 23번과 같은 방법으로 마 끈을 연결한다.

25 여우를 제외한 나무와 연결된 마 끈은 10~20cm 정도 길이로 각기 다르게 좌우 위아래 대칭으로 균형을 맞추어 우드링에 묶는다.

26 길게 남겨져 있는 마 끈을 한 손으로 잡는다.

27 여우는 우드링 중간 부분으로 통과시켜 나무들 밑으로 보이게 대략 48cm 길이로 설정하고 다섯 줄 모두 한 손으로 잡는다.

28 마 끈 다섯줄을 가지런히 잡는다. ㉮로 설정한다.

29 손으로 잡은 마 끝으로 링을 만들고 그 안으로 마 끈을 넣는다. 넘긴 긴 줄을 ㉯로 설정한다.

30 ㉮와 ㉯를 함께 잡는다.

31 ㉯의 네 줄 중 한 줄로 ㉮와 ㉯를 함께 2cm 정도 감은 뒤 묶는다.

32 매듭 부분을 강력 본드를 바른 뒤 길게 남아 있는 실들을 자른다.

Forest Fox Mobile

MILL
02

Level ★★★★★

곰 헌팅 트로피

××××××

아이 방 꾸미기에도 좋고 포인트 소품으로 좋은 애니멀 헌팅 트로피를 곰 얼굴로 만들어 보아요! 얼굴의 여러 조각을 나누어 펀칭 작업을 진행한 뒤 박음질로 조각을 잇고 솜을 채워 넣어 입체물을 만드는 방법을 소개합니다.

재료

- 몽스 원단……50×50cm
- 샤무드 끈……20cm
- 마스킹 테이프(12mm) ……1개
- 실(두께: 코지울 4~5mm)

A 코지울 K940 블랙
B 코지울 K025 아이보리
C 코지울 K1892 브라운 2개

도구

옥스퍼드 펀치 니들 레귤러 10호, 대형 원목 수틀 42cm(외경), 가위, 돗바늘, 네임펜, 집게 3개, 시침핀 4개

Size 22×18cm

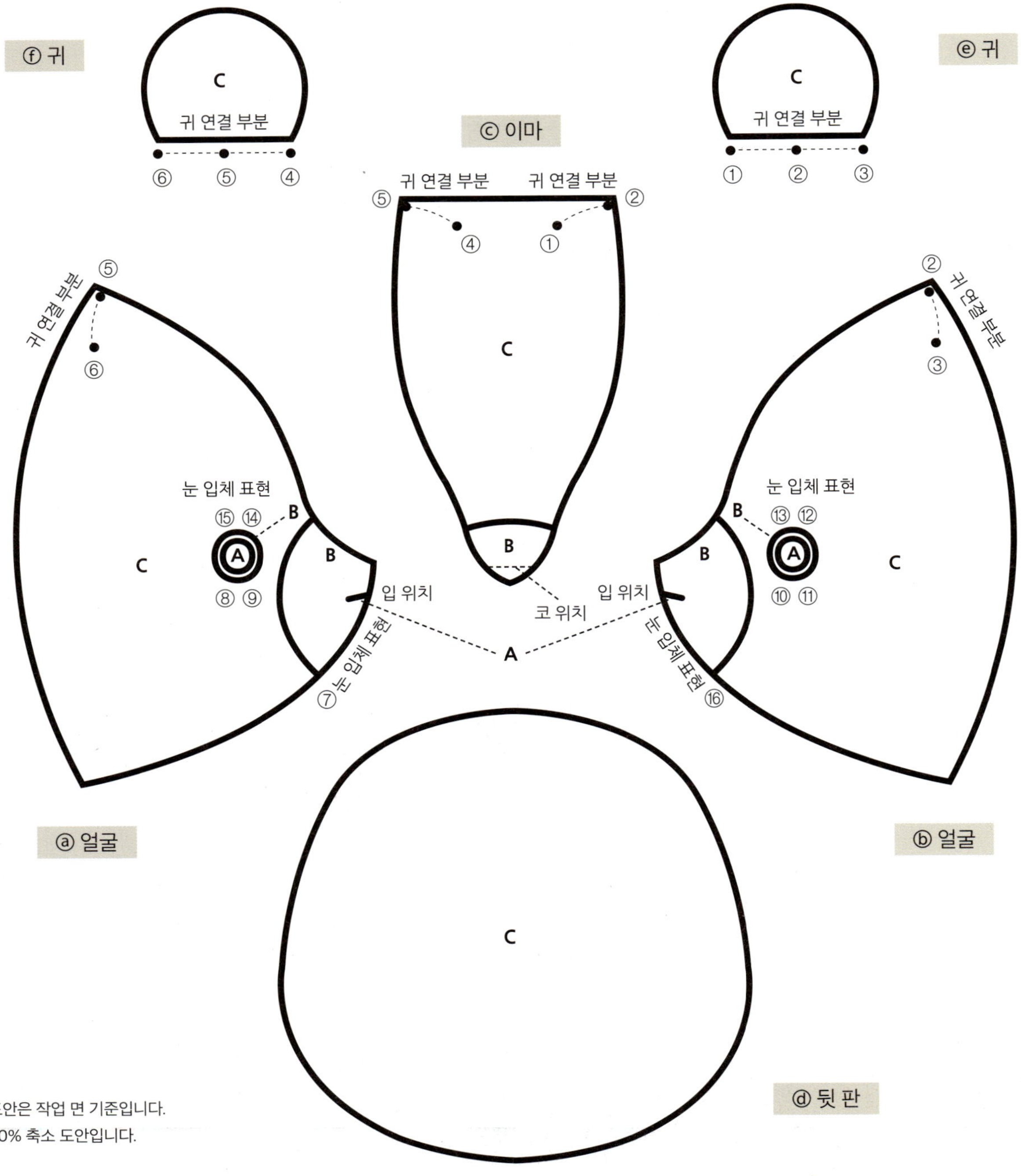

도안은 작업 면 기준입니다.
40% 축소 도안입니다.

How to make

• 재료 준비

1 원단을 자수틀에 끼워 준비한다. 자수틀을 사용할 때는 수틀의 조임쇠를 단단히 조여 원단을 최대한 팽팽하게 고정시키는 것이 중요하다.

• 도안 그리기

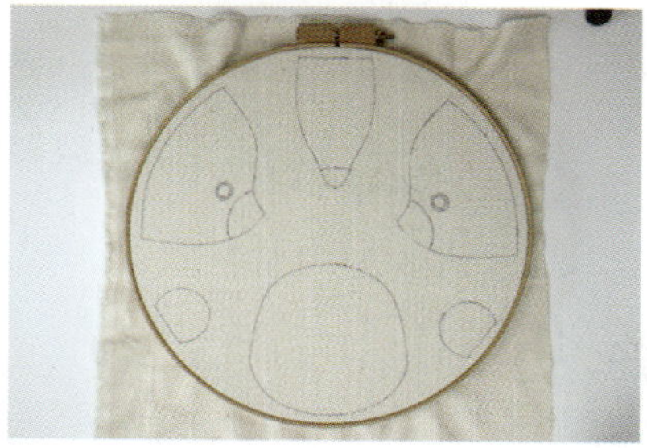

1 원단 위에 ⓐ, ⓑ, ⓒ, ⓓ, ⓔ, ⓕ 도안을 그린다. 패턴 간 사이에 3~4cm의 여유를 두고 그려야 시접을 만들 수 있다.

26p 도안 옮기기 참고

• 펀치 니들 작업

1 바늘의 열린 방향으로 A실을 끼워 준비한다.

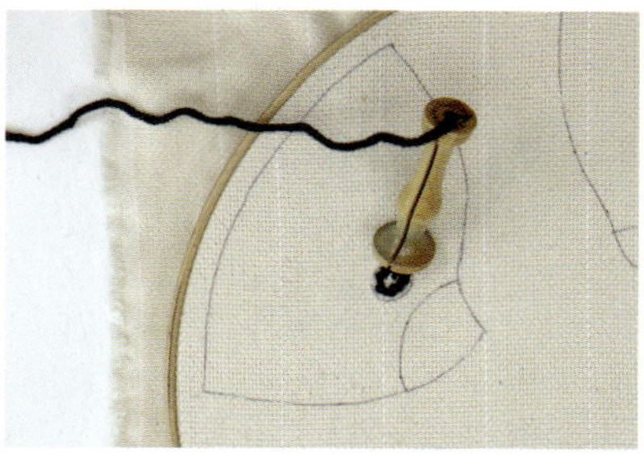

2 ⓐ 도안부터 작업을 진행한다. 눈 라인 안쪽을 따라 플랫 스티치로 한 줄 외각 형태를 수놓은 뒤 면을 채운다.

3 눈 테두리를 플랫 스티치로 한 줄 수놓는다. 입 주변 라인 안쪽을 따라 플랫 스티치로 두 줄 외각 형태를 수놓은 뒤 면을 채운다.

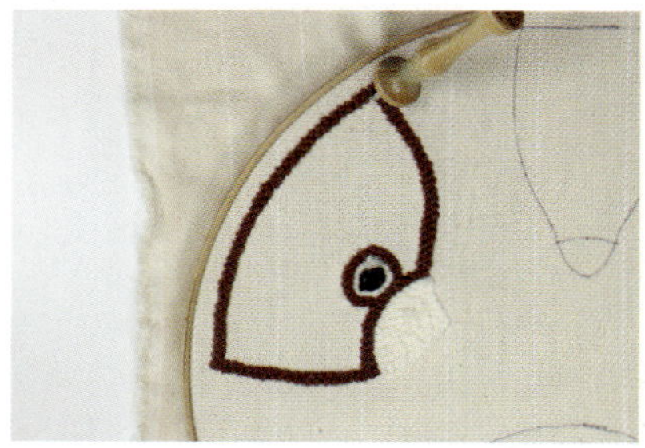

4 얼굴 라인 안쪽과 눈, 입 주변 외각 라인을 플랫 스티치로 두 줄 수놓은 뒤 면을 채운다.

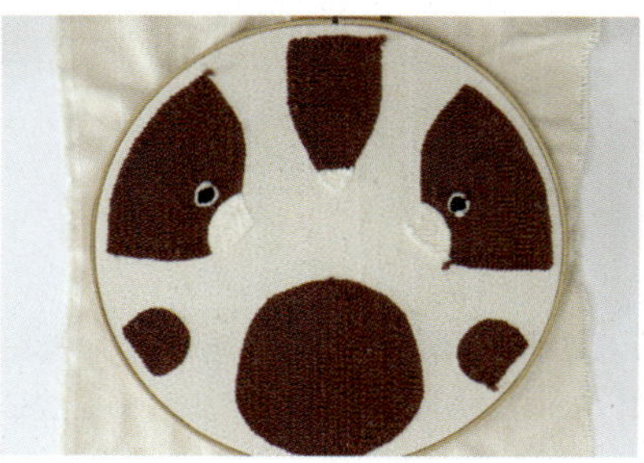

5 ⓑ, ⓒ, ⓓ, ⓔ, ⓕ 도안도 라인 안쪽을 따라 플랫 스티치로 두 줄 외각 형태를 수놓은 뒤 면을 채운다.

6 수틀을 뒤집어 실이 삐죽 빠져나와 있는 부분과 색실 경계 부분의 꼬여 있는 루프의 라인을 정리한다. 돗바늘 귀를 이용해서 정리하면 편리하다.

• 마무리 작업

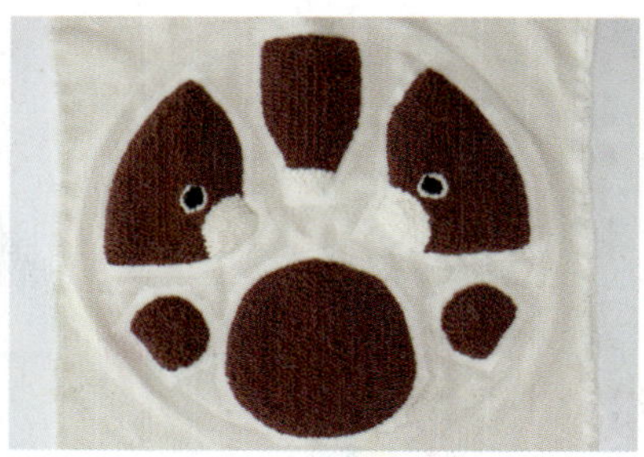

1 수틀에서 제거한 뒤 12mm 마스킹 테이프를 수놓은 작업물 외각선에 맞추어 붙인다.

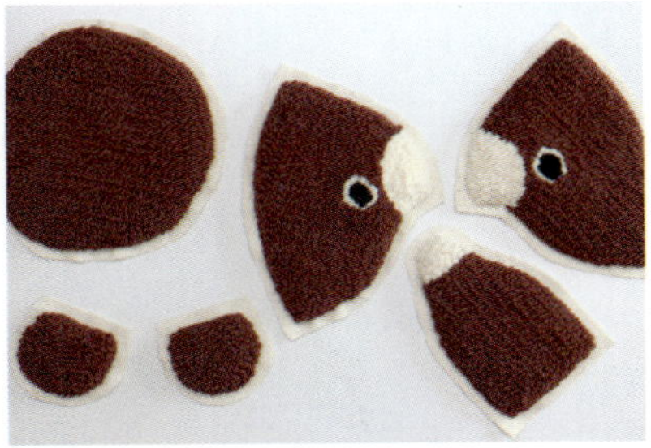

2 수놓은 작업물과 마스킹 테이프 사이를 1cm 시접을 주고 외곽을 따라 자른다.

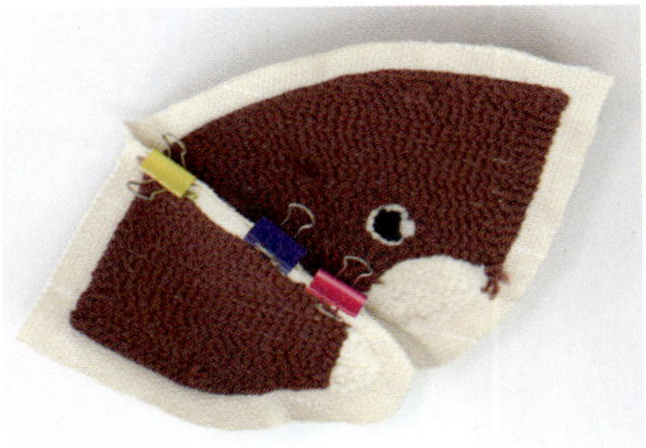

3 ⓒ, ⓑ의 작업물을 플랫 스티치 면이 보이도록 펼친 상태에서 얼굴과 이마를 집게로 고정한다.

4 B실 30cm를 돗바늘에 끼워 한 줄로 매듭 짓고 입 부분을 박음질한다.

44p 박음질 방법 참고

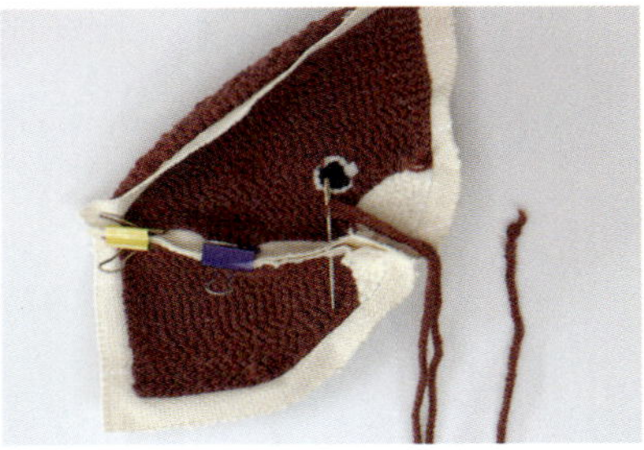

5 실을 바꾸어 C실 50cm를 돗바늘에 끼워 한 줄로 매듭 짓고 얼굴을 박음질한다.

6 ⓐ, ⓒ를 3번을 참고하여 집게로 고정한다.

7 4, 5번과 동일한 방법으로 집게로 고정한 부분을 박음질한다.

8 ⓐ, ⓑ를 집게로 고정한다.

9 4, 5번 과정과 동일한 방법으로 집게로 고정한 부분을 박음질한다.

10 ⓒ 부분을 반으로 접어 중심(●)을 펜으로 표시한다.

11 ⓓ도 반으로 접어 위 중심(●), 아래 중심(■)을 표시한다.

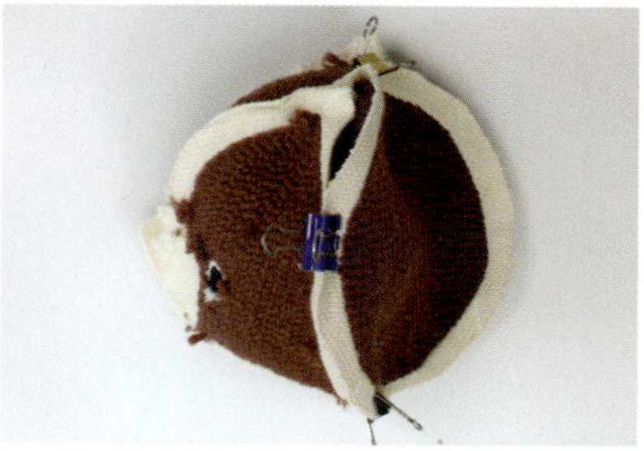

12 ⓒ, ⓓ의 위 중심(●)과 ⓐ, ⓑ 시접 끝부분(■), ⓓ의 아래 중심(■)을 서로 포개어 점선 부분을 집게로 고정시킨다. 플랫 스티치 면이 모두 겉면이 되도록 한다.

13 C실 80cm를 돗바늘에 끼워 한 줄로 매듭 짓고 ●~■까지 점선 부분을 박음질한 뒤 실을 자르지 않고 그대로 둔다.

14 창구멍을 통해 전체를 뒤집는다.

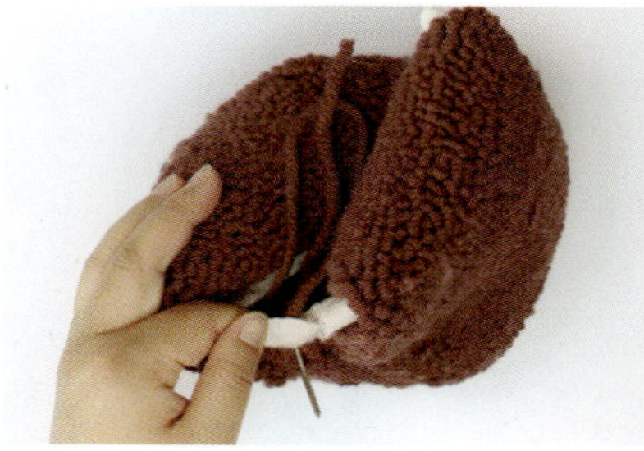

15 안쪽에 있는 바늘을 ⓑ 시접을 통해 밖으로 뺀다.

16 ⓓ 부분 시접을 홈질로 한 땀 뜬다.

17 ⓐ 부분을 홈질로 한 땀 뜬다.

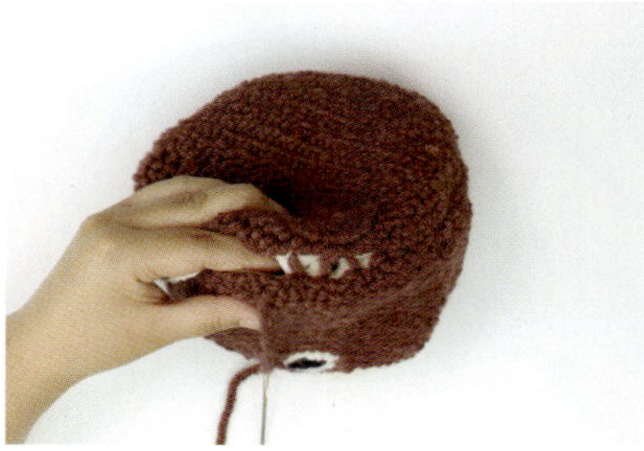

18 16, 17번 과정을 반복하여 창구멍 10cm 남기고 홈질한다.

19 실을 잡아당기어 홈질 부분을 조인다.

20 창구멍으로 솜을 채워 넣는다.

21 나머지 창구멍을 홈질하여 마무리한다.

22 매듭을 짓고 바늘을 멀리 빼내어 실을 자른다.

23 ⓔ 작업물의 마스킹 테이프 부분을 감침질로 마무리 작업을 진행한다. 감침질할 부분의 10배 정도의 털실을 준비한다. 준비한 실이 길 경우는 여러 번 나누어 감침질을 진행한다.

24 C실을 돗바늘에 끼워 두 줄로 준비한다. 실 끝부분 2cm 정도를 한 손으로 잡고 수놓은 작업물과 마스킹 테이프 붙인 사이의 작은 틈으로 돗바늘을 찔러 넣어 감침질을 진행한다.

42p 감침질 방법 참고

25 감침질이 끝나면 돗바늘은 감침질한 중간 부분에 끼워 넣고 실을 끊어 마무리한다. ⓕ 작업물도 23~25번과 같은 방법으로 감침질한다.

26 도안에서 귀 연결 할 위치를 확인 후 ⓔ, ⓕ를 시침핀으로 고정한다.

27 C실 50cm을 돗바늘에 끼워 두 줄로 준비한다. ⓓ에서 ⓒ의 ①로 돗바늘을 통과시킨다. ⓔ는 통과시키지 않는다.

28 ⓔ의 ① 앞에서 뒤로 돗바늘을 통과시킨다.

29 ⓒ의 ① 뒤에서 앞으로 돗바늘을 통과시킨다.

30 다시 ⓔ의 ① 앞에서 뒤로 돗바늘을 통과시켜 귀를 얼굴에 고정시킨다.

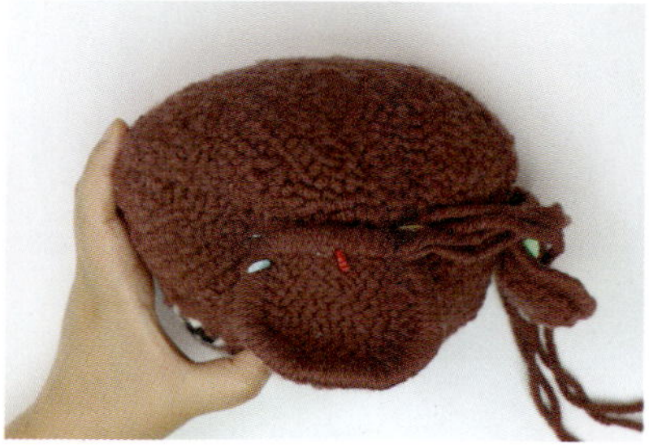

31 ⓒ의 ①에서 ⓑ의 ③으로 돗바늘을 통과시킨다.

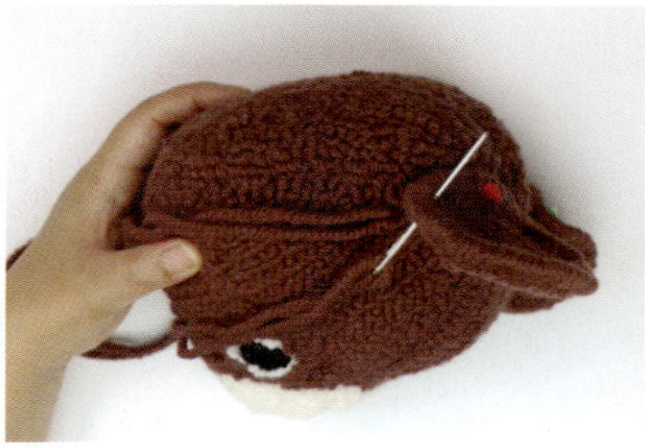

32 ⓔ의 ③ 앞에서 뒤로 돗바늘을 통과시킨다.

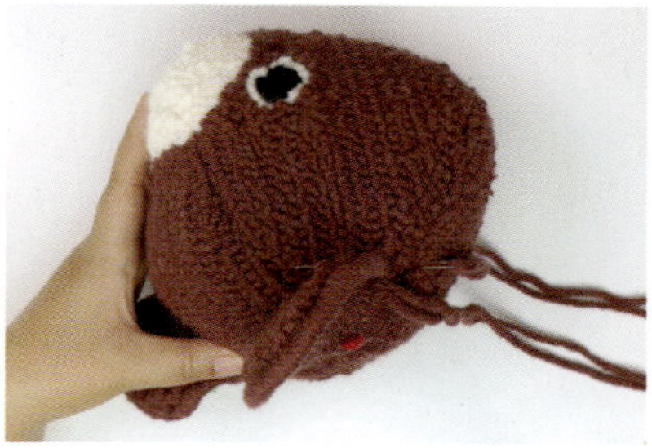

33 ⓑ의 ① 뒤에서 앞으로 돗바늘을 통과시킨다.

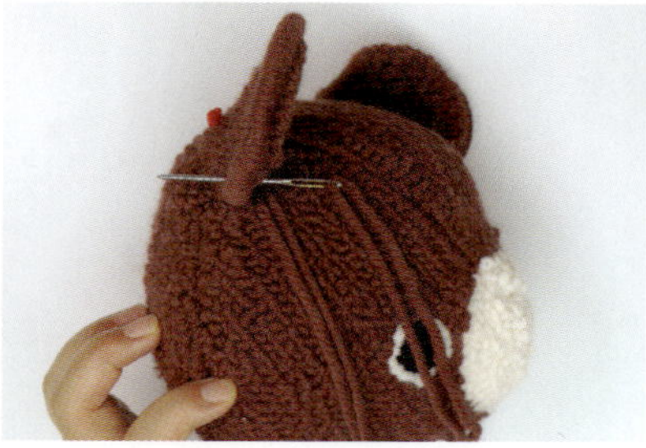

34 다시 ⓔ의 ③ 앞에서 뒤로 돗바늘을 통과시킨다.

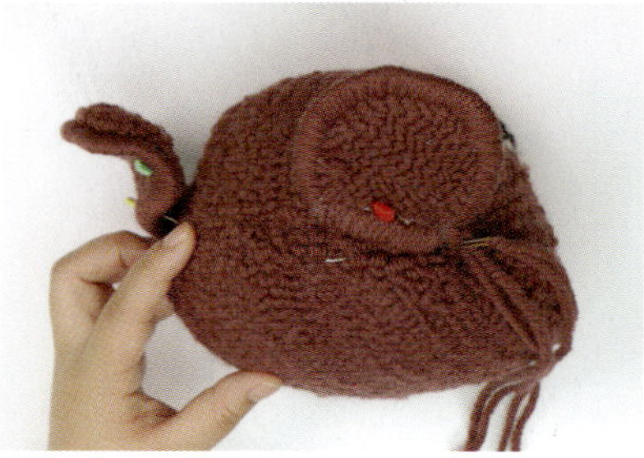

35 ⓑ의 ③에서 ②로 돗바늘을 통과시킨다.

36 ⓔ의 ② 뒤에서 앞으로 돗바늘을 통과시킨다.

37 ⓑ의 ②에서 ⓓ로 멀리 돗바늘을 통과시킨뒤 실을 자른다.

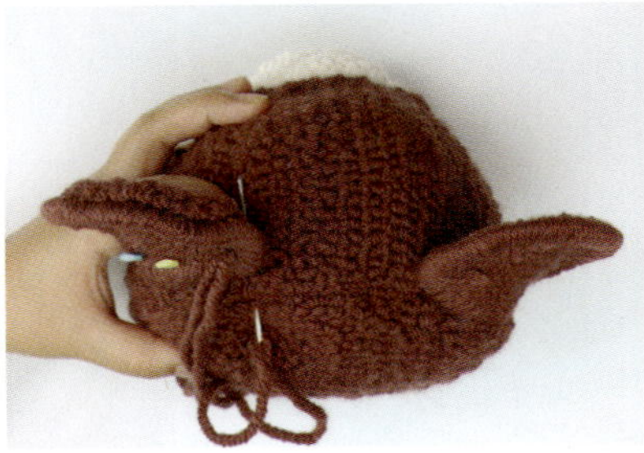

38 C실 50cm을 돗바늘에 끼워 두 줄로 준비한 뒤 ⓓ에서 ⓒ의 ④→ⓕ의 ④→ⓐ의 ⑥→ⓕ의 ⑥→ⓐ의 ⑤→ⓕ의 ⑤ 순서대로 바늘을 통과시켜 얼굴과 귀를 연결한다. ⓓ로 멀리 바늘을 통과시킨 뒤 실을 자른다.

39 C실 60cm을 돗바늘에 끼워 한 줄로 준비한다. 도안에서 눈의 입체 표현 순서를 확인 후 ①부터 순서대로 바늘을 통과시키고 ⑯으로 뺀다. 눈 주변에 각각 여유분의 실을 남겨둔다.

40 움푹 들어간 눈을 표현하기 위해 눈 부분을 누르면서 ⑦, ⑯의 두 줄을 조금씩 당기면서 여유분으로 남겨둔 실 고리를 모두 뺀다. 양쪽 눈이 비슷하게 들어가도록 형태를 잡아가며 실을 당긴다.

41 ⑦, ⑯의 두 줄을 매듭 짓고 돗바늘을 끼워 멀리 빼내어 실을 자른다.

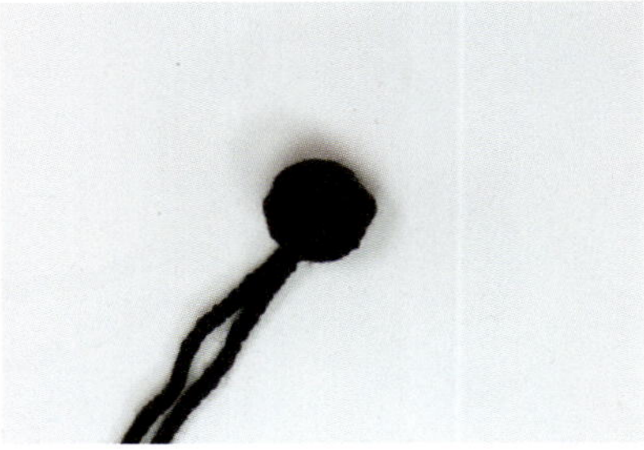

42 실을 감아 지름 2.5cm의 코를 만든 뒤 한 쪽 실에 돗바늘을 끼워 준비한다.

49p 실감아 코 만들기 참고

43 ⓒ 도안에서 코 위치를 확인 후 돗바늘을 통과시킨다.

44 돗바늘을 코 밑 부분으로 통과시킨다.

45 다시 43번과 같은 위치에 돗바늘을 통과시킨다.

46 돗바늘을 코에 통과시킨 뒤 실을 자른다.

47 코에 연결된 다른 한 줄의 실을 돗바늘에 끼워 코 밑으로 넣고 입 위치로 통과시킨다.

48 3cm 건너 뛰어 돗바늘을 통과시켜 일자 입을 만든 뒤 코 아래로 뺀다.

49 다시 입 아래로 돗바늘을 통과시켜 실을 들어 올린 뒤 입 모양을 만든 뒤 코로 통과시킨다.

50 다시 한 번 더 코로 돗바늘을 통과시킨 뒤 실을 자른다.

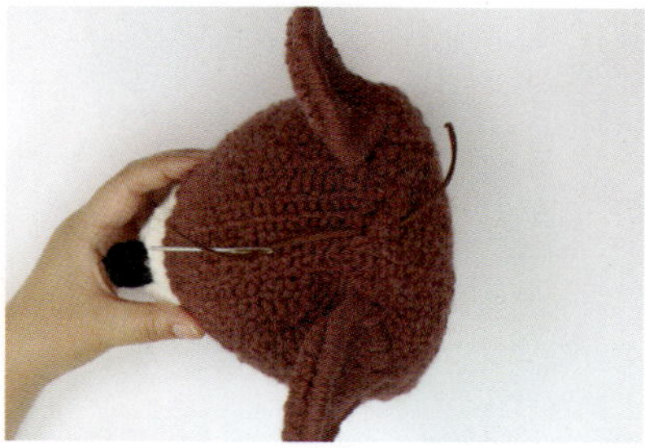

51 샤무드 끈 20cm를 돗바늘에 끼워 준비한 뒤 머리 윗부분 중심에 바늘을 통과시키고 끝부분에 매듭을 지어 고리를 완성한다.

Level ★★★★★

여우 헌팅 트로피

××××××

주둥이가 긴 형태의 붉은 여우랍니다. 주둥이가 길어서 납작한 얼굴의 곰 헌팅 트로피(196p)를 만들 때보다 창구멍이 넓을 때 솜을 주둥이 깊이 넣어 형태를 잡아주는 것이 포인트랍니다. 얼굴과 귀를 연결할 때 어렵게 느껴질 수 있어요. 얼굴에 귀를 감침질로 연결한다고 생각하면 한결 수월해져요. 천천히 따라 만들어 보세요.

재료

- 몽스 원단……50×50cm 2장
- 샤무드 끈……20cm
- 마스킹 테이프(12mm)……1개
- 실(두께: 코지울 4~5mm)

A 코지울 K940 블랙
B 코지울 K025 아이보리
C 코지울 K1210 인디오렌지 3개

도구

옥스퍼드 펀치 니들 레귤러 10호, 대형 원목 수틀 42cm(외경), 가위, 돗바늘, 네임펜, 집게 3개, 시침핀 4개

Size 26×20cm

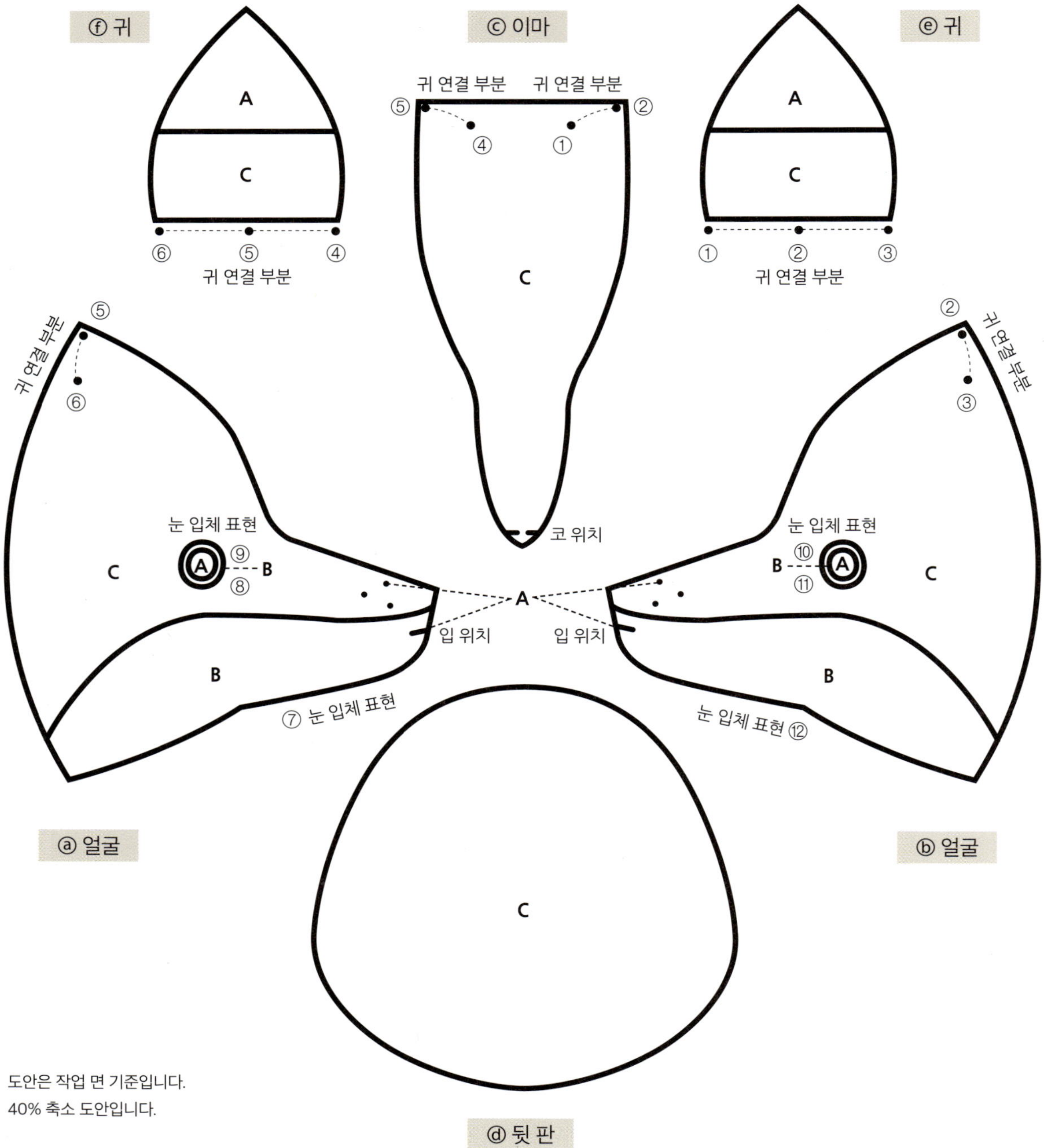

도안은 작업 면 기준입니다.
40% 축소 도안입니다.

How to make

• 재료 준비

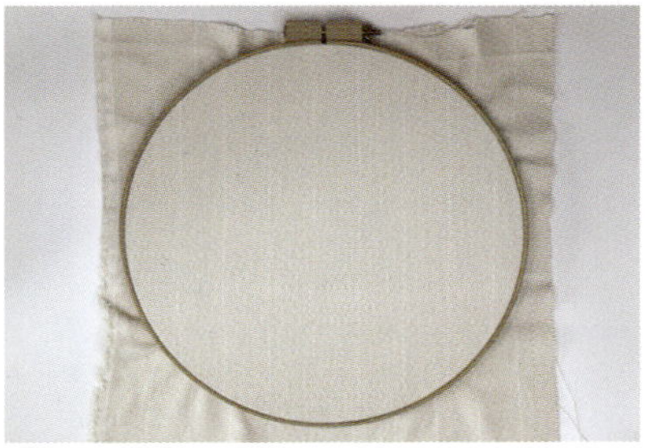

1 원단을 자수틀에 끼워 준비한다. 자수틀을 사용할 때는 수틀의 조임쇠를 단단히 조여 원단을 최대한 팽팽하게 고정시키는 것이 중요하다.

• 도안 그리기

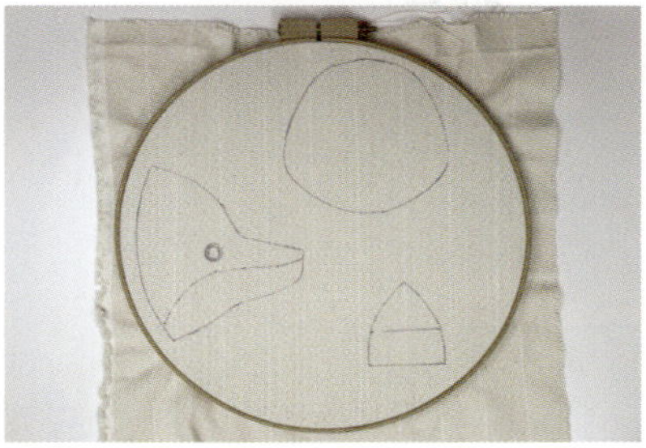

1 원단 위에 ⓐ, ⓓ, ⓔ 도안을 그린다. 도안 간 사이가 3~4cm의 여유를 두고 그려야 시접을 만들 수 있다.

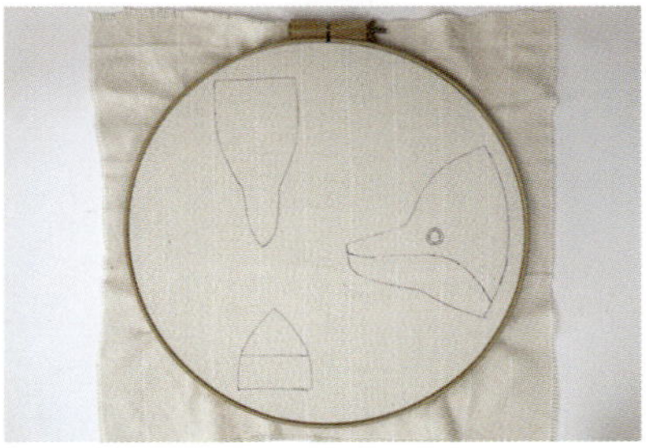

2 원단 위에 ⓑ, ⓒ, ⓕ 도안을 그린다.
26p 도안 옮기기 참고

• 펀칭 작업

1 바늘의 열린 방향으로 A실을 끼워 준비한다.

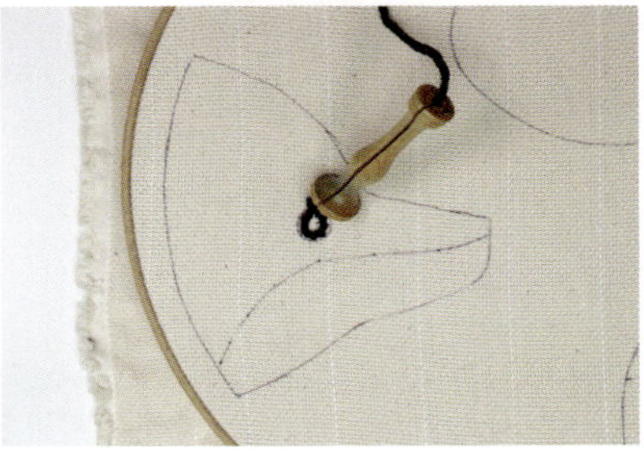

2 ⓐ 도안부터 작업을 진행한다. 눈 라인 안쪽을 따라 플랫 스티치로 한 줄 외각 형태를 수놓은 뒤 면을 채운다.

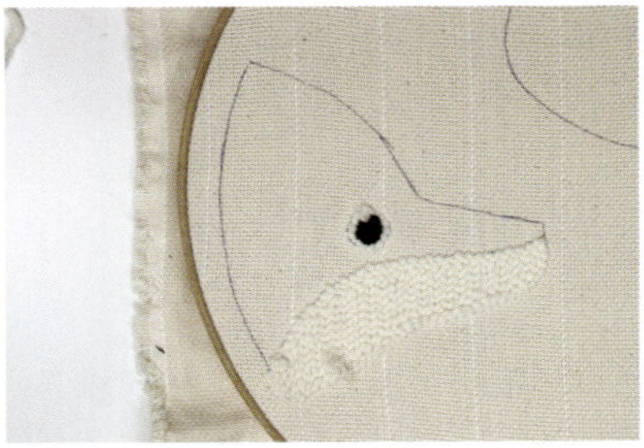

3 눈 테두리를 한 줄로 수놓고, 입 주변 라인 안쪽을 따라 플랫 스티치로 두 줄 외각 형태를 수놓은 뒤 면을 채운다.

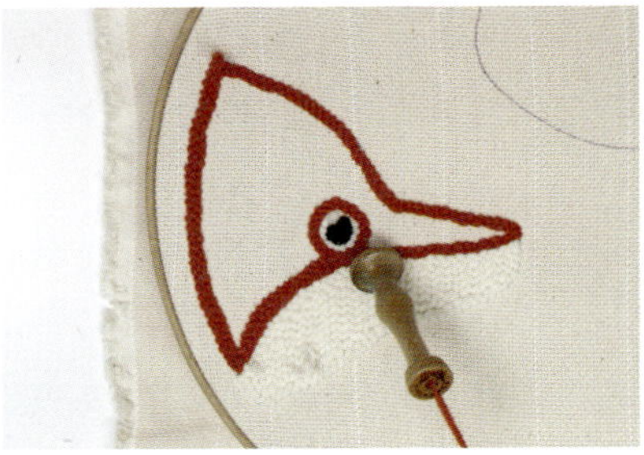

4 얼굴 라인 안쪽과 눈, 입 주변 외각 라인을 플랫 스티치로 두 줄 수놓은 뒤 면을 채운다.

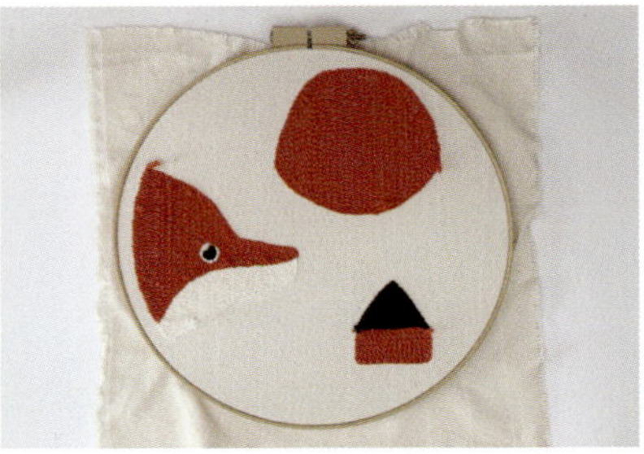

5 ⓓ, ⓔ 도안도 라인 안쪽을 따라 플랫 스티치로 두 줄 외각 형태를 수놓은 뒤 면을 채운다.

6 수틀을 뒤집어 실이 삐죽 빠져나와 있는 부분과 색실 경계 부분의 꼬여 있는 루프의 라인을 정리한다. 돗바늘 귀를 이용해서 정리하면 편리하다.

7 ⓑ, ⓒ, ⓕ 도안도 라인 안쪽을 따라 플랫 스티치로 두 줄 외각 형태를 수놓은 뒤 면을 채운다. 6번과 같이 루프 라인을 정리한다.

• 마무리 작업

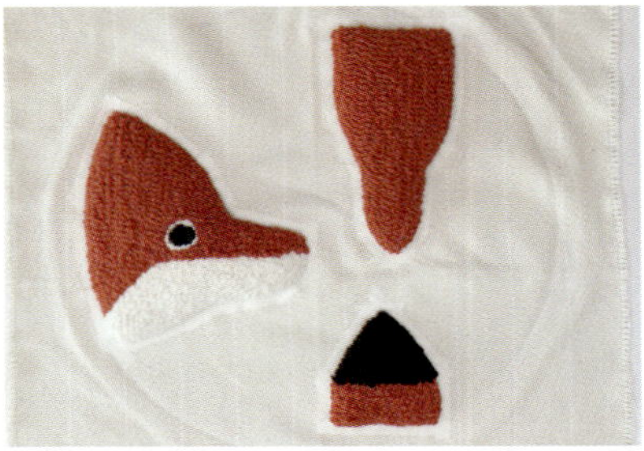

1 ⓑ, ⓒ, ⓕ 작업물을 수틀에서 제거한 뒤 마스킹 테이프를 수놓은 작업물 외각선에 맞추어 붙인다. ⓐ, ⓓ, ⓔ 작업물도 같은 방법으로 작업한다.

2 수놓은 작업물과 마스킹 테이프 사이를 1cm 시접을 주고 외곽을 따라 자른다.

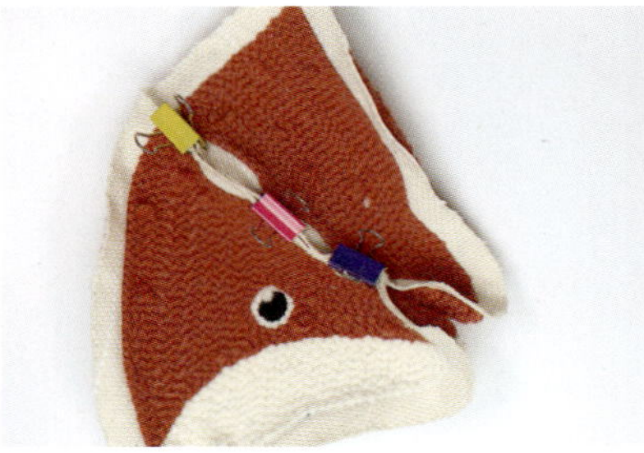

3 ⓐ, ⓒ의 작업물을 플랫 스티치 면이 보이도록 펼친 상태에서 얼굴과 이마를 집게로 고정한다.

4 C실 40cm을 돗바늘에 끼워 한 줄로 매듭짓고 맞닿은 면을 박음질한다.

44p 박음질 방법 참고

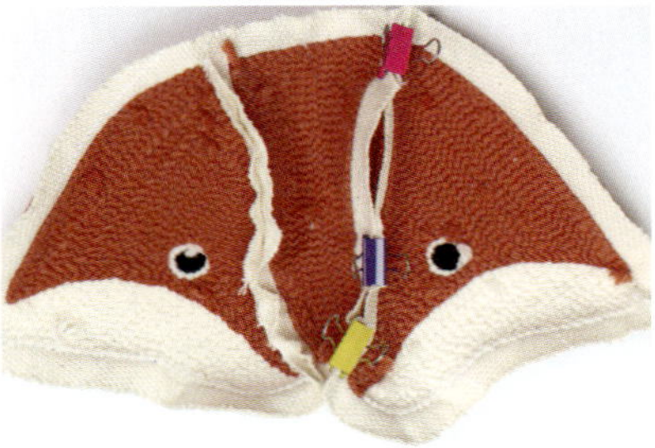

5 ⓒ, ⓑ의 작업 면을 플랫 스티치 면이 맞닿도록 집게로 고정한다.

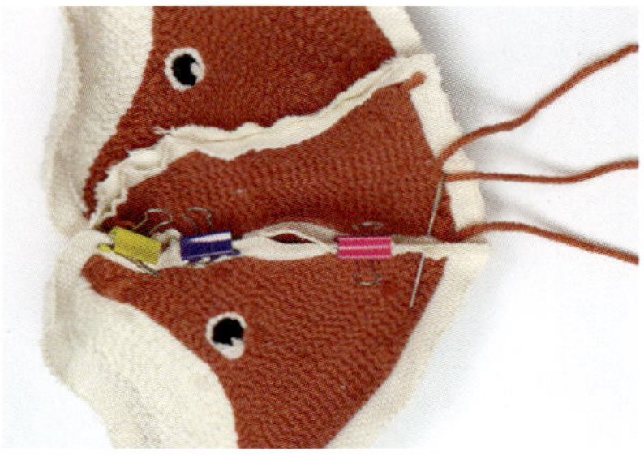

6 4번과 동일한 방법으로 집게로 고정한 부분을 박음질한다.

7 ⓐ, ⓑ의 시접 부분을 집게로 고정한다.

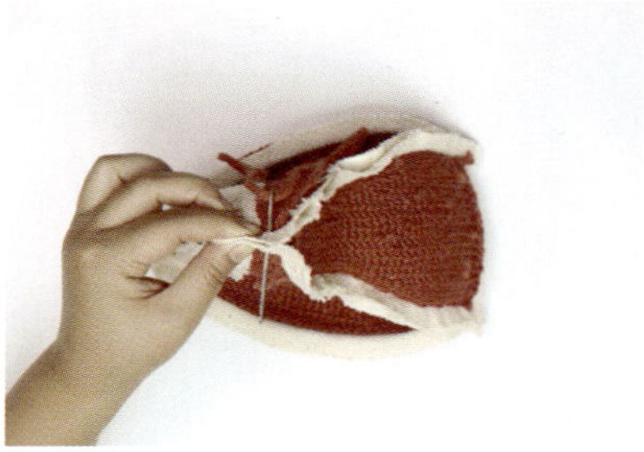

8 C실 30cm를 돗바늘에 끼워 한 줄로 매듭짓고 코 부분을 박음질한다.

9 실을 바꾸어 B실 50cm를 돗바늘에 끼워 한 줄로 매듭 짓고 집게로 고정한 부분을 박음질한다.

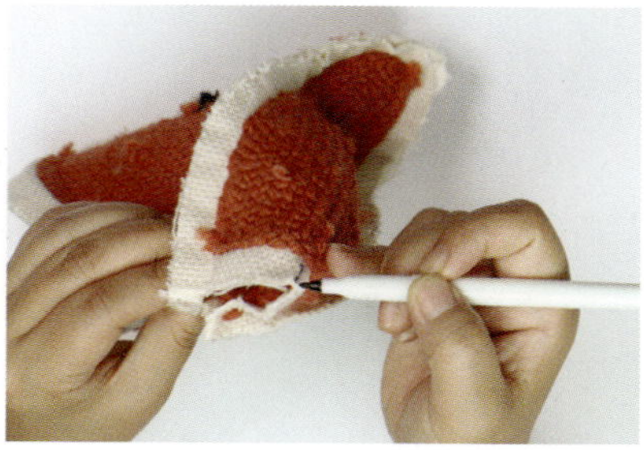

10 ⓒ 부분을 반으로 접어 중심(●)을 펜으로 표시한다.

11 ⓓ도 반으로 접어 위 중심(●), 아래 중심(■)을 표시한다.

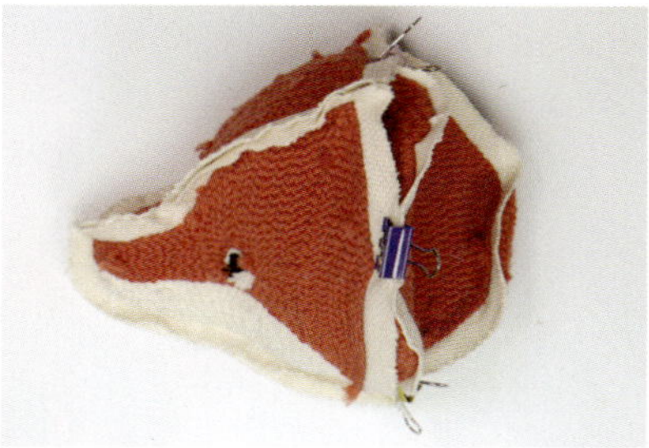

12 ⓒ, ⓓ의 위 중심(●)과 ⓐ, ⓑ 시접 끝부분(■), ⓓ의 아래 중심(■)을 서로 포개어 집게로 고정시킨다. 플랫 스티치 면이 모두 겉면이 되도록 한다.

13 C실 80cm를 돗바늘에 끼워 한 줄로 매듭 짓고 ●~■까지 박음질한 뒤 실을 자르지 않고 그대로 둔다.

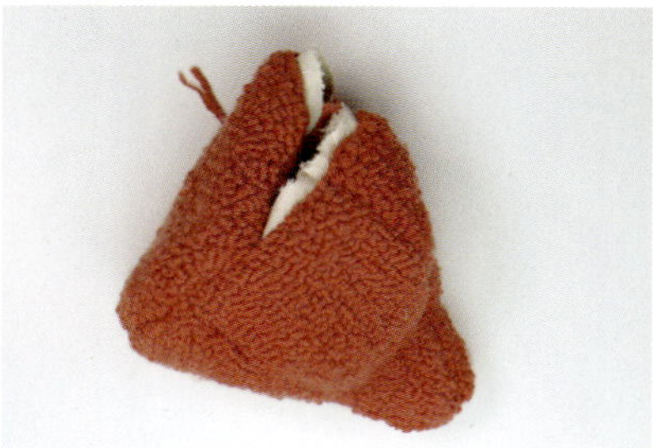

14 창구멍을 통해 전체를 뒤집는다.

15 주둥이가 긴 형태는 안쪽 깊이 솜을 넣기 위해서 창구멍이 넓은 상태에서 솜을 채워 넣는다.

16 안쪽에 있는 바늘을 ⓐ 시접을 통해 밖으로 뺀다.

17 ⓓ 부분 시접을 홈질로 한 땀 뜬다.

18 ⓐ 부분을 홈질로 한 땀 뜬다.

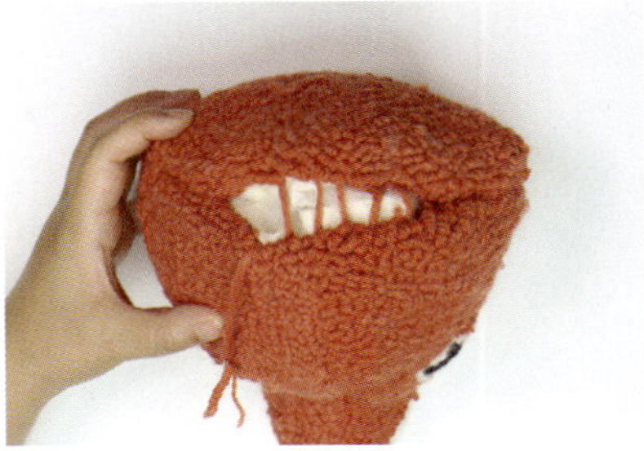

19 17, 18번 과정을 반복하여 홈질한다. 실을 잡아당기어 홈질 부분을 조여가며 작업한다.

20 실을 매듭 짓고 돗바늘을 멀리 빼내어 실을 자른다.

21 ⓔ 작업물의 마스킹 테이프 부분을 감침질로 마무리 작업을 진행한다. 감침질할 부분의 10배 정도의 털실을 준비한다. 준비한 실이 길 경우는 여러 번 나누어 감침질을 진행한다.

22 C실을 돗바늘에 끼워 두 줄로 준비한다. 실 끝부분 2cm 정도를 한 손으로 잡고 수놓은 작업물과 마스킹 테이프 붙인 사이의 작은 틈으로 돗바늘을 찔러 넣어 감침질을 진행한다.

42p 감침질 방법 참고

23 감침질이 끝나면 돗바늘은 감침질한 중간 부분에 끼워 넣고 실을 끊어 마무리 한다.

24 ⓕ 작업물도 21~23번과 같은 방법으로 감침질한다.

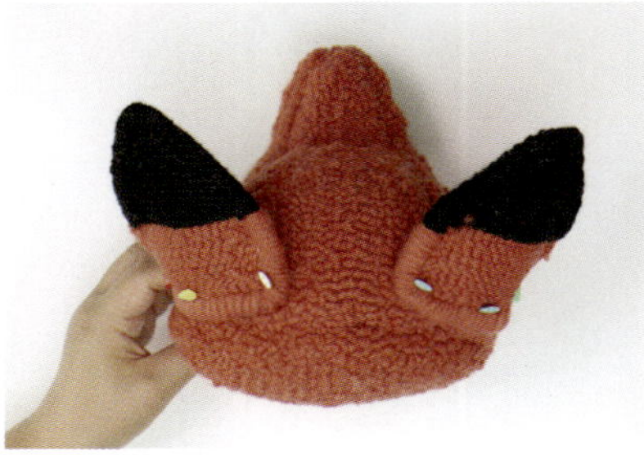

25 도안에서 귀 연결 할 위치를 확인 후 ⓔ, ⓕ를 시침핀으로 고정한다.

26 C실 50cm을 돗바늘에 끼워 두 줄로 준비한다. ⓓ에서 ⓒ의 ①로 돗바늘을 통과시킨다. ⓔ는 통과시키지 않는다.

27 ⓔ의 ① 앞에서 뒤로 돗바늘을 통과시킨다.

28 ⓒ의 ① 뒤에서 앞으로 돗바늘을 통과시킨다.

29 다시 ⓔ의 ① 앞에서 뒤로 돗바늘을 통과시켜 귀를 얼굴에 고정시킨다.

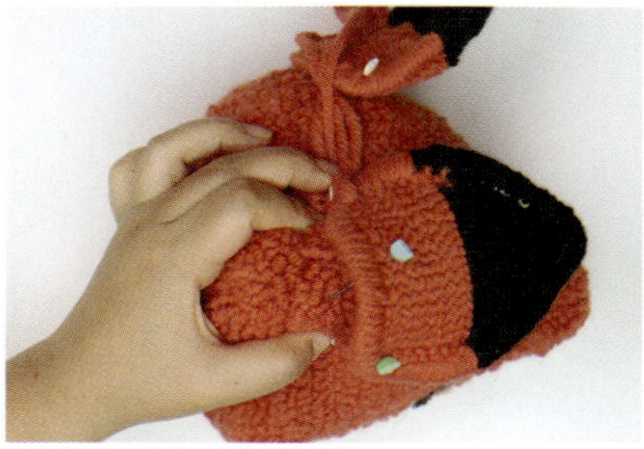

30 ⓒ의 ①에서 ⓑ의 ③으로 돗바늘을 통과시킨다.

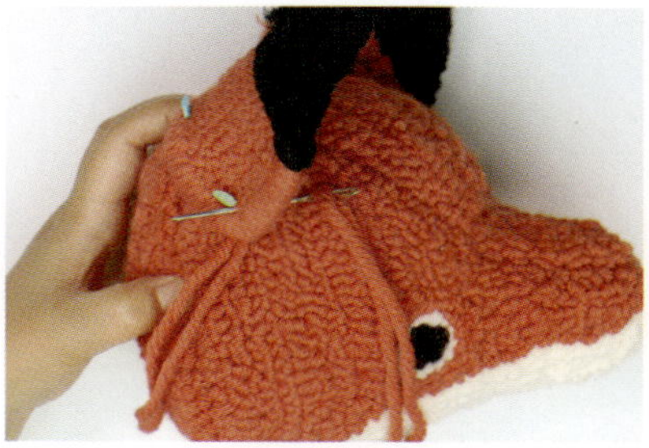

31 ⓔ의 ③ 앞에서 뒤로 돗바늘을 통과시킨다.

32 ⓑ의 ① 뒤에서 앞으로 돗바늘을 통과시킨다.

33 다시 ⓔ의 ③ 앞에서 뒤로 돗바늘을 통과시킨다.

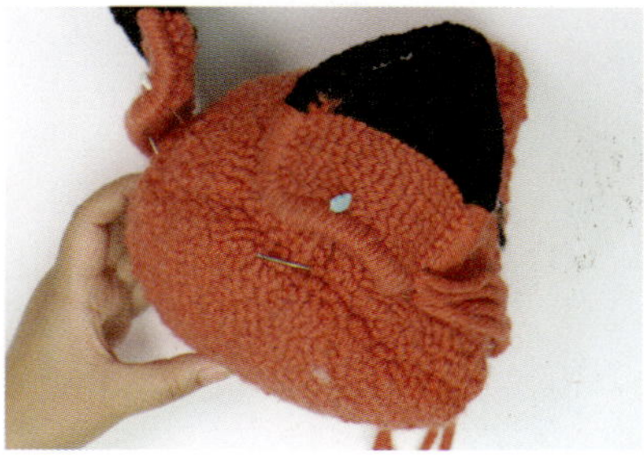

34 ⓑ의 ③에서 ②로 돗바늘을 통과시킨다.

35 ⓔ의 ② 뒤에서 앞으로 돗바늘을 통과시킨다.

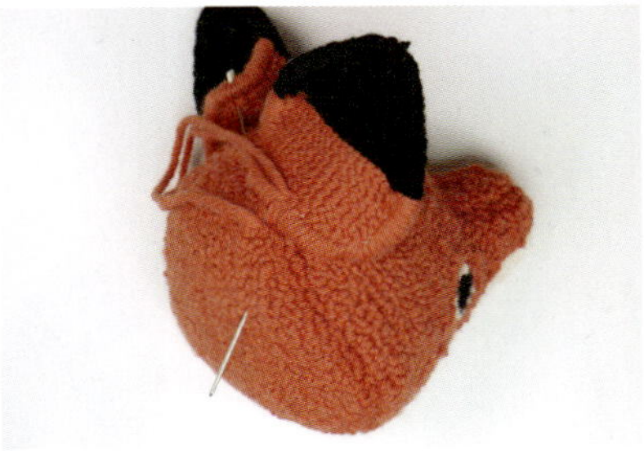

36 ⓑ의 ②에서 ⓓ로 멀리 돗바늘을 통과시킨 뒤 실을 자른다.

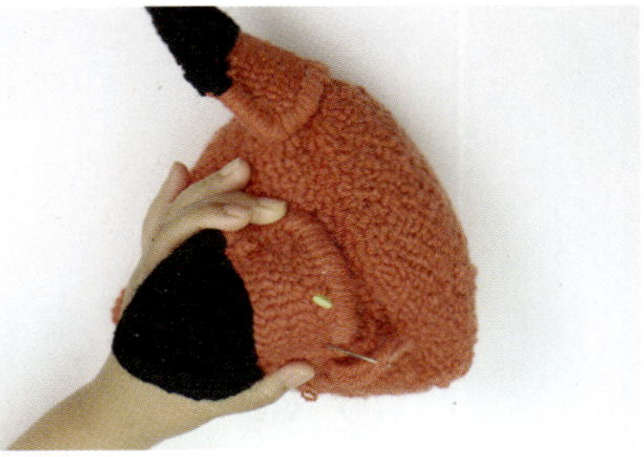

37 C실 50cm을 돗바늘에 끼워 두 줄로 준비한 뒤 ⓓ에서 ⓒ의 ④→ⓕ의 ④→ⓐ의 ⑥→ⓕ의 ⑥→ⓐ의 ⑤→ⓕ의 ⑤ 순서대로 바늘을 통과시켜 얼굴과 귀를 연결한다. ⓓ로 멀리 바늘을 통과시킨 뒤 실을 자른다.

38 C실 60cm을 돗바늘에 끼워 한 줄로 준비한다. 도안에서 눈 입체 표현 순서를 확인 후 ⑦부터 순서대로 바늘을 통과시키고 ⑫로 뺀다. 이때 눈 주변에 각각 여유분의 실을 남긴다.

39 움푹 들어간 눈을 표현하기 위해 눈 부분을 누르면서 ⑦, ⑫의 두 줄을 조금씩 당기면서 여유분으로 남겨둔 실 고리를 모두 뺀다. 양쪽 눈이 비슷하게 들어가도록 형태를 잡으며 실을 당긴다.

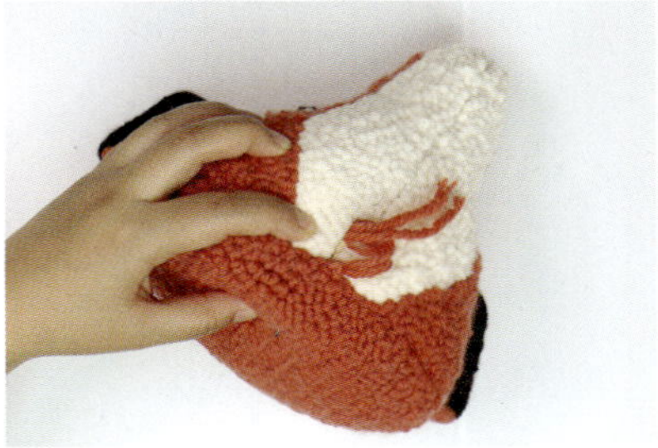

40 ⑦, ⑫의 두 줄을 매듭을 짓고 돗바늘을 끼워 멀리 빼내어 실을 자른다.

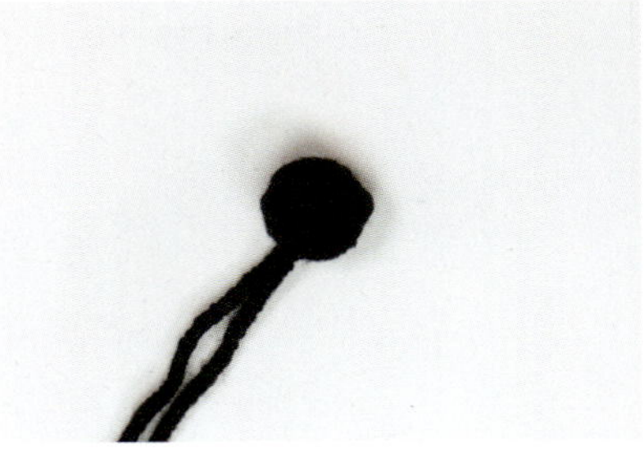

41 실을 감아 지름 3cm의 코를 만든 뒤 코에 연결되어 있는 한 줄에 돗바늘을 끼워 준비한다.

49p 코 만들기 참고

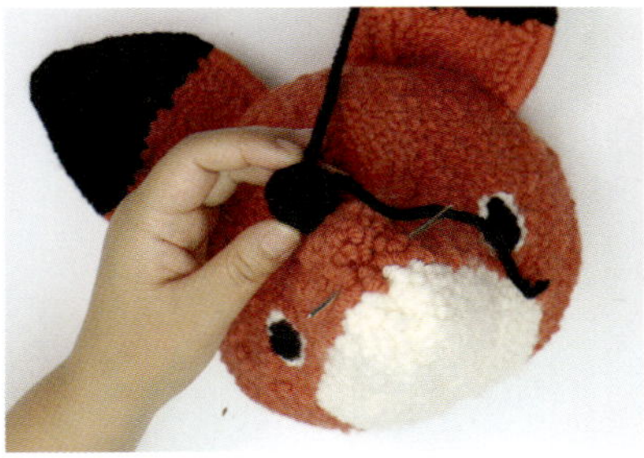

42 ⓒ 도안에서 코 위치 확인 후 해당 위치에 돗바늘을 통과시킨다.

43 돗바늘을 코 밑 부분으로 통과시킨다.

44 다시 42번과 같은 위치에 돗바늘을 통과시킨다.

45 돗바늘을 코에 통과시킨 뒤 실을 자른다.

46 코에 연결된 다른 한 줄의 실에 돗바늘을 끼워 코 밑으로 넣어 입 위치로 통과시킨다.

47 3cm 건너 뛰어 돗바늘을 통과시켜 일자 입을 만든 뒤 코 아래로 뺀다.

48 다시 입 아래로 돗바늘을 통과시켜 실을 들어 올려 입 모양을 만든 뒤 코 밑으로 통과시킨다.

49 다시 한 번 더 코 밑으로 돗바늘을 통과시킨다.

50 도안에서 주근깨 위치를 확인 후 해당 위치에 돗바늘을 통과시킨다.

51 같은 위치로 돗바늘을 넣어 루프를 만들어 주근깨를 표현한 뒤 다음 위치로 통과시킨다.

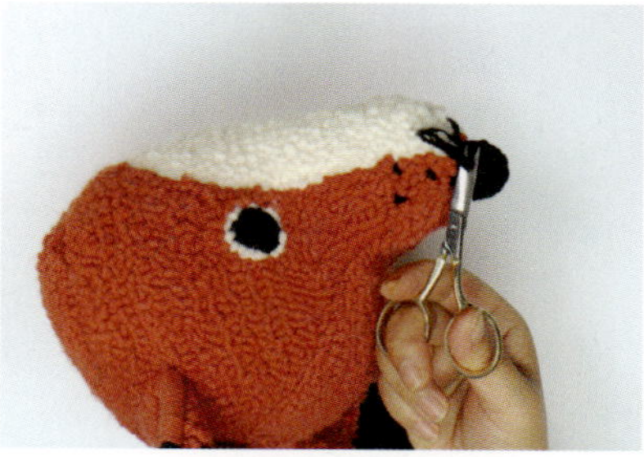

52 반대편 얼굴의 주근깨 루프를 만든 뒤 돗바늘을 코에 넣고 실을 자른다.

53 샤무드 끈 20cm를 돗바늘에 끼운 뒤 머리 윗부분 중심에 바늘을 통과시키고 끝부분에 매듭을 지어 고리를 완성한다.

Level ★★☆☆☆

컵케이크, 아이스크림 마그네틱

××××××

작지만 눈, 코, 입, 주끈깨 등 디테일이 있는 아이템을 작업해 보아요. 마그네틱을 넣어 냉장고 등 자석이 붙는 어디든 장식할 수 있어요. 마그네틱 대신 가죽 끈을 달아 가방 참으로 다양하게 활용할 수도 있어요.

ⓐ 컵케이크

- 몽스 원단……18×18cm
- 황마 원단……14×16cm
- 마그네틱(12mm)……1개
- 마스킹 테이프(12mm)……조금
- 실(두께: 코지울 4~5mm, 울티마 4mm, 나코 봉주르 5mm)

A 코지울 프린트 H1877 핑크믹스_다크핑크
B 코지울 프린트 H1877 핑크믹스_핫핑크
C 코지울 K1873 베이비인디연핑크
E 코지울 K025 아이보리
F 코지울 K1892 브라운
J 나코 봉주르 23689 단호박
K 울티마 4987 커피브라운

ⓑ 아이스크림

- 몽스 원단……18×18cm
- 황마 원단……14×16cm
- 마그네틱(12mm)……1개
- 구자핀(내경 4mm)……1개
- 오링(내경 5mm)……1개
- 방울……1개
- 마스킹 테이프(12mm)……조금
- 실(두께: 코지울 4~5mm, 울티마 4mm, 히트울 5mm)

A 코지울 프린트 H1877 핑크믹스_다크핑크
B 코지울 프린트 H1877 핑크믹스_핫핑크
C 코지울 K1873 베이비인디연핑크
D 코지울 K1533 빈티지블루
E 코지울 K025 아이보리
F 코지울 K1892 브라운
G 울티마 2276 인디핑크
H 히트울 715 연베이지
I 울티마 10126 카멜

※ 코지울 프린트는 다섯 가지 컬러가 섞여 있는 실로 책에서는 구간을 나누어서 사용한다.

도구

옥스퍼드 펀치 니들 파인 14호, 원목 자수틀 15.5cm(외경), 가위, 돗바늘, 네임펜, 집게 3개, 오링 반지, 순간접착제

※ 옥스퍼드 펀치 니들 14호 바늘 사용 시 털실 두께 3~5mm를 사용할 경우 손잡이 뒷부분에 있는 고리는 사용하지 않아도 된다.

※ 옥스퍼드 펀치 니들 레귤러 10호로도 작업이 가능하다.

Size 컵케이크 11×11cm, 아이스크림 10.5×15.5cm

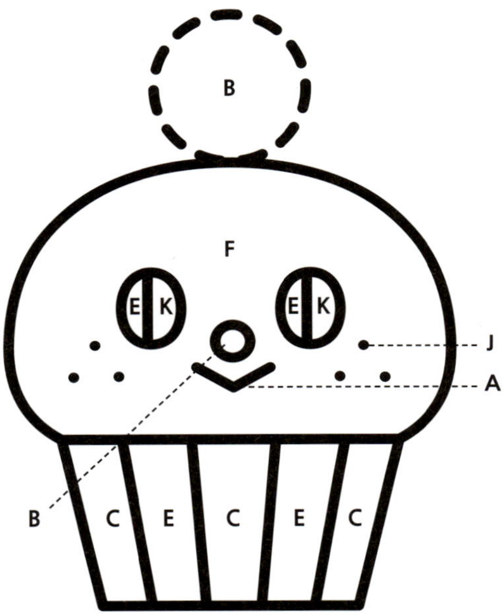

ⓐ 컵케이크

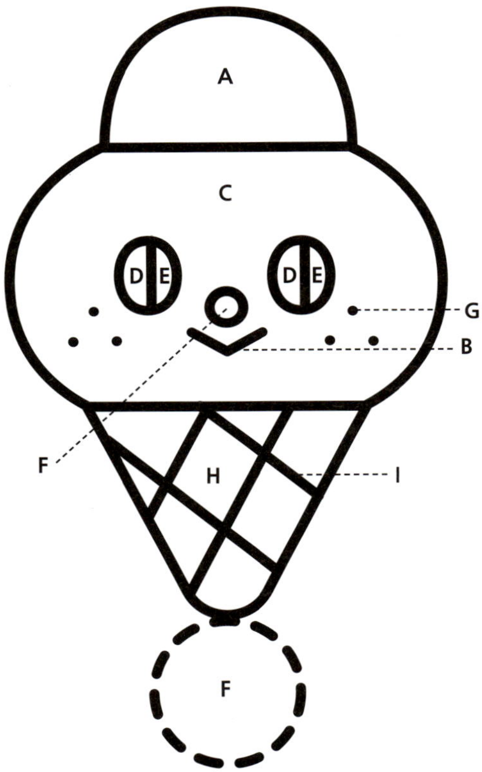

ⓑ 아이스크림

도안은 작업 면 기준입니다.
65% 축소 도안입니다.

How to make

• 컵케이크 마그네틱 재료 준비

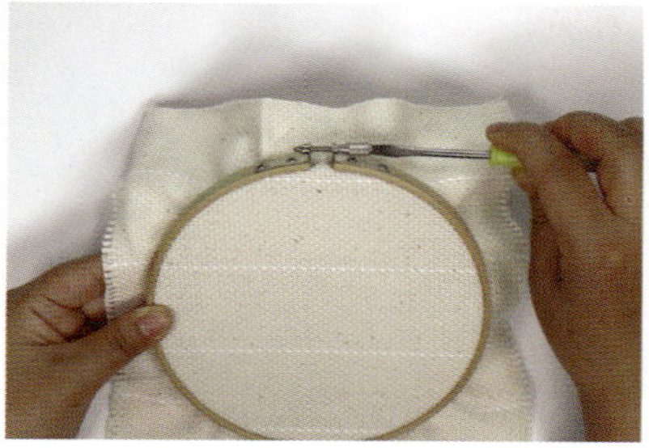

1 원단을 자수틀에 끼워 준비한다. 자수틀을 사용할 때는 수틀의 조임쇠 부분을 드라이버로 단단히 조여 원단을 최대한 팽팽하게 고정시키는 것이 중요하다.

• 도안 그리기

1 원단 위에 컵케이크 도안을 그린다.

26p 도안 옮기기 참고

• 펀치 니들 작업

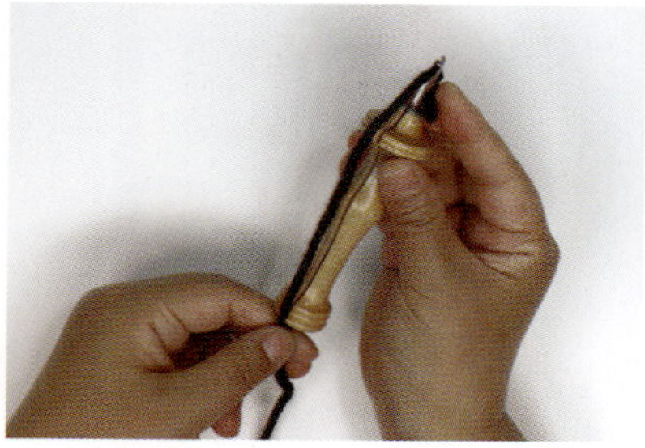

1 바늘의 열린 방향으로 K실을 끼워 준비한다.

2 눈, 코, 입, 초코빵, 케이크 컵 순으로 작업을 진행한다. 눈, 코 라인 안쪽을 따라 플랫 스티치로 한 줄 외각 형태를 수놓은 뒤 면을 채운다. 입의 라인은 플랫 스티치로 한 줄 수놓는다.

3 초코빵 라인 안쪽과 눈, 코, 입 외각 라인을 플랫 스티치로 두 줄 수놓은 뒤 면을 채운다.

4 케이크 컵의 나누어진 면 별로 외각 라인을 플랫 스티치로 한 줄 수놓은 뒤 면을 채운다.

5 수틀을 뒤집어 실이 삐죽 빠져나와 있는 부분과 색실 경계 부분의 꼬여 있는 루프의 라인을 정리한다. 돗바늘 귀를 이용해서 정리하면 편리하다.

6 다시 수틀을 뒤집어 도안에서 주근깨 위치를 확인 후 J실로 플랫 스티치로 수놓아 완성한다.

7 수틀을 뒤집어 주근깨 루프가 잘 안 보일 경우 돗바늘로 루프를 살짝 위로 빼준다.

• 마무리 작업

1 수틀을 제거한 뒤 마스킹 테이프를 컵케이크 외각선에 맞추어 붙인다.

2 수놓은 작업물과 마스킹 테이프 사이를 0.7cm 시접을 주고 외곽을 따라 자른다. 모서리 부분은 둥글게 자른다.

3 황마 위에 자른 작업물을 올리고 외각 실루엣을 네임펜으로 그린다.

4 네임펜으로 그린 실루엣 위에 마스킹 테이프를 선 중앙으로 오도록 붙인다.

5 플랫 스티치 면과 마스킹 테이프를 붙인 황마 면이 서로 맞닿도록 포개어 집게로 고정시킨다.

6 마스킹 테이프 부분을 감침질로 마무리 작업을 진행한다. 감침질할 부분의 10배 정도의 털실을 준비한다. 초코빵부터 감침질을 시작한다.

7 F실을 돗바늘에 끼워 두 줄로 준비한다. 실 끝부분 2cm 정도를 한 손으로 잡고 수놓은 작업물과 마스킹 테이프 붙인 사이의 작은 틈으로 돗바늘을 찔러 넣어 감침질을 진행한다.

42p 감침질 방법 참고

8 감침질이 끝나면 바늘은 감침질한 중간 부분에 끼워 넣고 실을 끊어 마무리한다.

9 같은 방법으로 케이크 컵 부분도 감침질을 진행한다. 3cm 창구멍을 남기고 겸자를 이용해서 솜을 약간의 입체감이 생길 정도로만 넣는다.

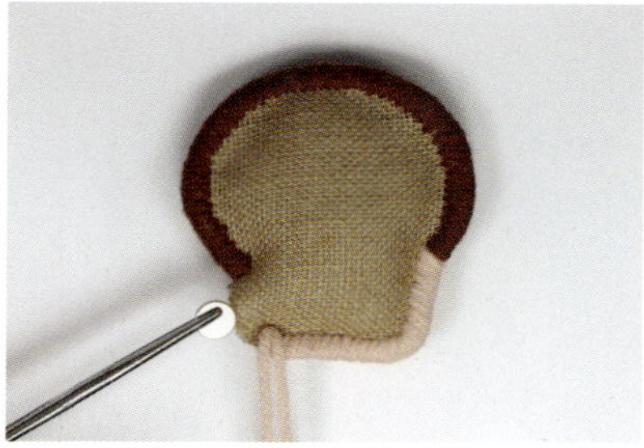

10 황마와 솜 사이에 마그네틱을 넣은 뒤 나머지 창구멍을 감침질로 막는다.

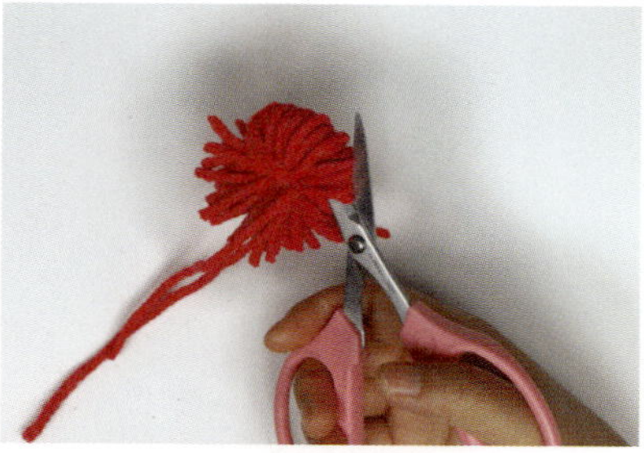

11 지름 4cm 퐁퐁을 만든다.

48p 퐁퐁 만들기 참고

12 퐁퐁에 연결되어 있는 두 줄에 돗바늘을 끼워 컵케이크 윗부분 앞에서 뒤로 바늘을 통과시킨다.

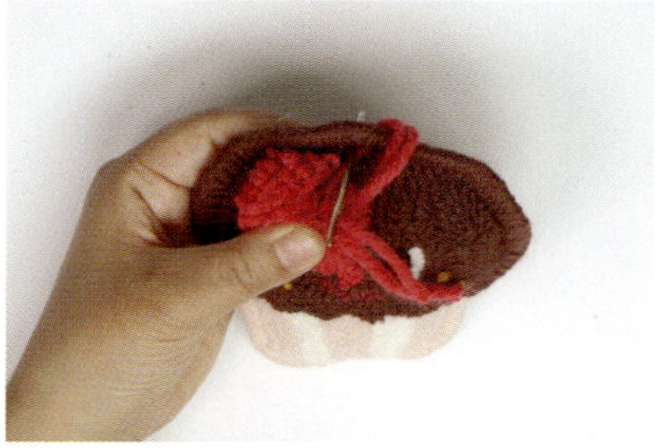

13 다시 돗바늘을 앞으로 가져와 같은 자리에 바늘을 통과시킨다.

14 돗바늘을 빼내고 실을 뒤에서 좌우로 벌린다.

15 벌려 둔 실 두 줄을 퐁퐁 앞으로 가져와 두 번 정도 묶어준다.

16 실을 1cm 여유를 두고 잘라 마무리한다.

• 아이스크림 마그네틱 재료 준비

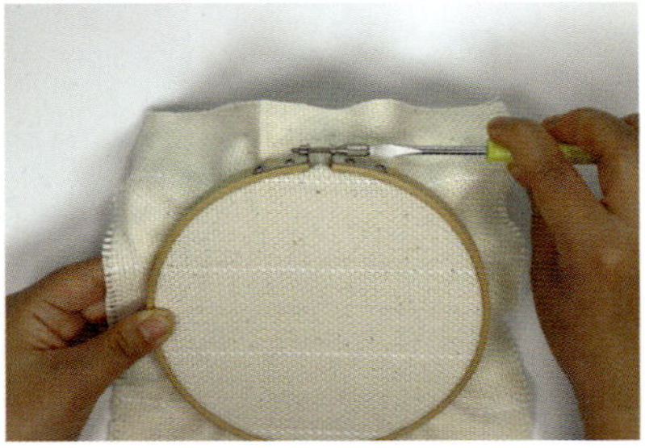

1 원단을 자수틀에 끼워 준비한다. 자수틀을 사용할 때는 수틀의 조임쇠 부분을 드라이버로 단단히 조여 원단을 최대한 팽팽하게 고정시키는 것이 중요하다.

• 도안 그리기

1 원단 위에 아이스크림 도안을 그린다.

26p 도안 옮기기 참고

• 펀칭 작업

1 바늘의 열린 방향으로 D실을 끼워 준비한다.

2 눈, 코, 입, 아이스크림, 콘 순으로 작업을 진행한다. 눈, 코 라인 안쪽을 따라 플랫 스티치로 한 줄 외각 형태를 수놓은 뒤 면을 채운다. 입의 라인은 플랫 스티치로 한 줄 수놓는다.

3 아이스크림 라인 안쪽과 눈, 코, 입 외각 라인을 플랫 스티치로 두 줄 수놓은 뒤 면을 채운다.

4 아이스크림 면을 모두 채운 뒤 콘 사선 라인을 플랫 스티치로 한 줄 수놓는다.

5 콘 전체 라인 안쪽을 플랫 스티치로 한 줄 외각 형태를 수놓은 뒤 면을 채운다.

6 수틀을 뒤집어 실이 삐죽 빠져나와 있는 부분과 색실 경계 부분의 꼬여 있는 루프의 라인을 정리한다. 돗바늘 귀를 이용해서 정리하면 편리하다.

7 다시 수틀을 뒤집어 도안에서 주근깨 위치를 확인 후 G실로 플랫 스티치로 수놓아 완성한다.

8 수틀을 뒤집어 주근깨 루프가 잘 안 보일 경우 돗바늘로 루프를 살짝 위로 빼준다.

• 마무리 작업

1 수틀을 제거한 뒤 마스킹 테이프를 아이스크림 외각선에 맞추어 붙인다.

2 수놓은 작업물과 마스킹 테이프 사이를 0.7cm 시접을 주고 외곽을 따라 자른다. 모서리 부분은 둥글게 자른다.

3 황마 위에 작업물을 올리고 외각 실루엣을 네임펜으로 그린다.

4 네임펜으로 그린 실루엣 위에 마스킹 테이프를 선 중앙으로 오도록 붙인다.

5 플랫 스티치 면과 마스킹 테이프를 붙인 황마 면이 서로 맞닿도록 포개어 집게로 고정시킨다.

6 마스킹 테이프 부분을 감침질로 마무리 작업을 진행한다. 감침질할 부분의 10배 정도의 털실을 준비한다. 가장 먼저 콘부터 감침질을 시작한다.

7 H실을 돗바늘에 끼워 두 줄로 준비한다. 실 끝부분 2cm 정도를 한 손으로 잡고 수놓은 작업물과 마스킹 테이프 붙인 사이의 작은 틈으로 돗바늘을 찔러 넣어 감침질을 진행한다.

42p 감침질 방법 참고

8 감침질이 끝나면 바늘은 감침질한 중간 부분에 끼워 넣고 실을 끊어 마무리한다.

9 같은 방법으로 아이스크림 부분도 감침질을 진행한다. 3cm 창구멍을 남기고 겸자를 이용해서 솜을 약간의 입체감이 생길 정도로만 넣는다.

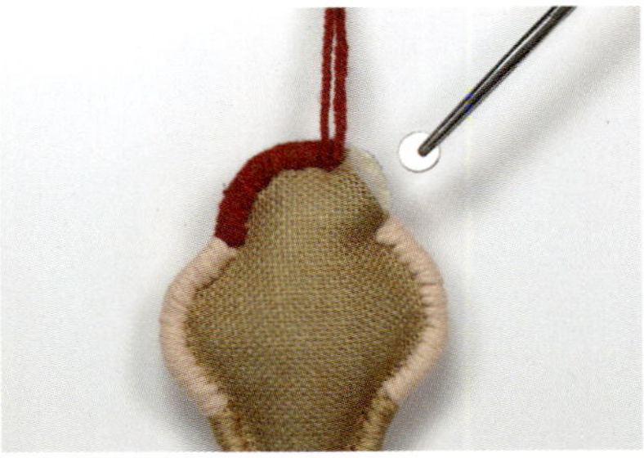

10 황마와 솜 사이에 마그네틱을 넣은 뒤 나머지 창구멍을 감침질로 막는다.

11 지름 4cm 폼폼을 만든다.
48p 폼폼 만들기 참고

12 구자핀 끝부분에 순간접착제를 묻혀 폼폼 중심에 붙인다.

13 오링에 방울, 폼폼의 구자핀을 끼운 뒤 아이스크림 끝부분 감침질한 부분에 오링을 연결한다.

Cupcakes, Ice Cream Magnetics

Level ★★☆☆☆

토마토 벽걸이 주머니

××××××

책, 메모를 꽂아 둘 수 있는 벽걸이 주머니를 만들어요. 샤무드 끈을 길게 고리로 만들어 아이 침대 헤드 부분에 걸어주면 인형, 핸드폰, 동화책 등을 넣을 수 있는 귀여운 인테리어 소품으로 활용해요. 돗바늘로 주근깨를 표현하는 방법도 소개해요.

재료

- 몽스 원단……36×36cm 3장
- 샤무드 끈……10cm
- 마스킹 테이프(12mm, 30mm)……1개씩
- 실(두께: 코지울 4~5mm)

A 코지울 K940 블랙
B 코지울 K025 아이보리
C 코지울 K1892 브라운
D 코지울 K150 레드 3개
E 코지울 프린트 H1874 그린믹스_다크그린

※ 코지울 프린트는 다섯 가지 컬러가 섞여 있는 실로 책에서는 구간을 나누어 사용한다.

도구

옥스퍼드 펀치 니들 레귤러 10호, 그리퍼 수틀 30×30cm(외경), 가위, 돗바늘, 네임펜, 집게 6개

Size 25×23cm

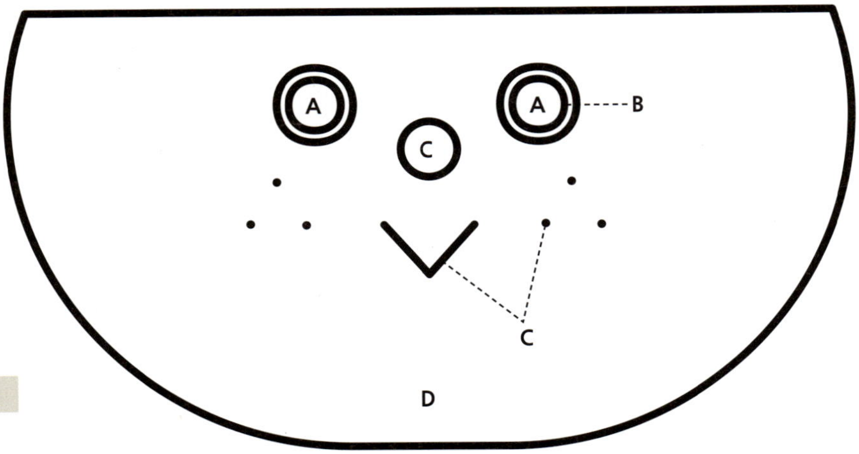

ⓐ 앞 얼굴

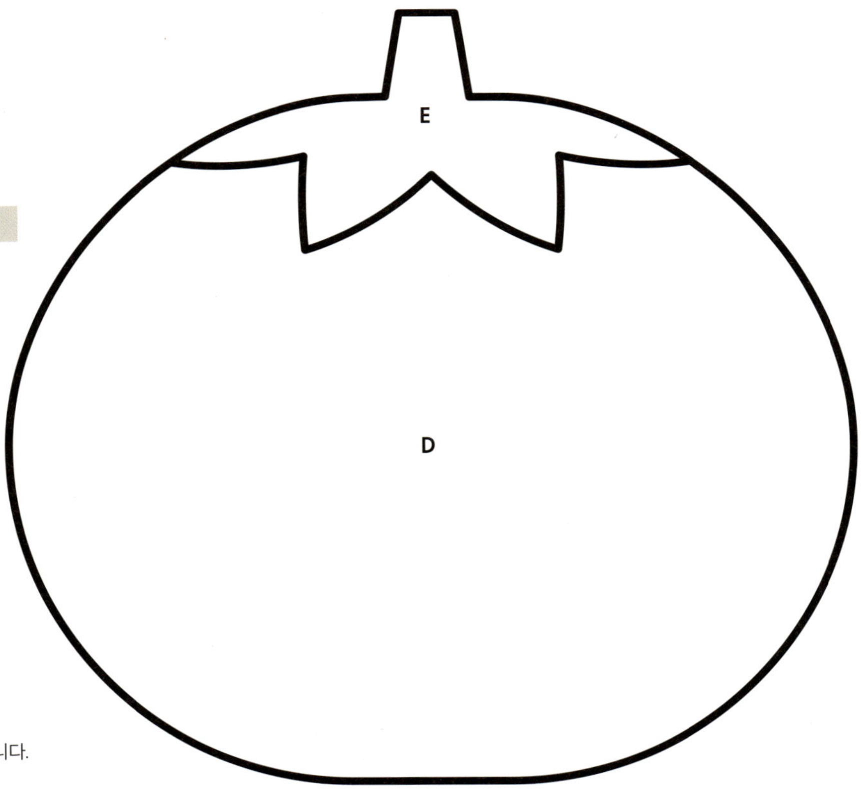

ⓑ 뒤 얼굴

도안은 작업 면 기준입니다.
50% 축소 도안입니다.

How to make

• 재료 준비

1 원단을 그리퍼 수틀에 최대한 팽팽하게 당기어 고정시킨다.

• 도안 그리기

1 수틀을 반으로 나눠 중앙 아래 원단 위에 ⓐ 도안을 그린다. 윗부분은 안감으로 사용할 예정이므로 빈 공간으로 남겨둔다.

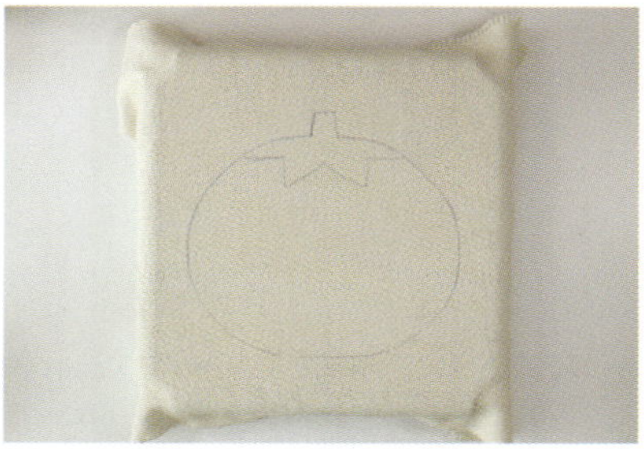

2 원단 위에 ⓑ 도안을 그린다.
26p 도안 옮기기 참고

• 펀칭 작업

1 바늘의 열린 방향으로 A실을 끼워 준비한다.

2 ⓐ 도안부터 작업을 진행한다. 눈 라인 안쪽을 따라 플랫 스티치로 한 줄 외각 형태를 수놓은 뒤 면을 채운다. 나머지 눈도 수놓는다.

3 코 라인 안쪽을 따라 플랫 스티치로 한 줄 외각 형태를 수놓은 뒤 면을 채운다. 눈 테두리와 입술도 플랫 스티치로 한 줄 수놓는다.

4 토마토 반쪽 라인 안쪽과 눈, 코, 입 외각 라인을 플랫 스티치로 두 줄 수놓은 뒤 면을 채운다.

5 수틀을 뒤집어 실이 삐죽 빠져나와 있는 부분과 색실 경계 부분의 꼬여 있는 루프의 라인을 정리한다. 돗바늘 귀를 이용해서 정리하면 편리하다.

6 ⓑ 도안도 과육과 꼭지 각각 안쪽 라인을 따라 플랫 스티치로 두 줄 외각 형태를 수놓은 뒤 면을 채운다.

• 마무리 작업

1 ⓑ 작업물을 수틀에서 제거한 뒤 12mm 마스킹 테이프를 토마토 외각선에 맞추어 붙인다.

2 수놓은 작업물과 마스킹 테이프 사이를 1cm 시접을 주고 외곽을 따라 자른다.

3 원단 위에 루프 면이 위로 향하게 작업물을 올리고 네임펜으로 외각 실루엣을 그린다.

4 네임펜으로 그린 실루엣 위에 30mm 마스킹 테이프를 선 중앙으로 오도록 붙인다.

5 네임펜 라인을 따라 원단을 자른 뒤 플랫 스티치 면과 마스킹 테이프를 붙인 원단 면이 서로 맞닿도록 포갠다.

6 ⓐ 작업물 윗부분 원단을 접어서 준비한다.

7 외각선에 맞추어 12mm 마스킹 테이프를 붙인다.

8 접은 상태에서 수놓은 작업물과 마스킹 테이프 사이 1cm 시접을 주고 외곽을 따라 자른다.

9 접어둔 원단을 편 뒤 외각을 따라 12mm 마스킹 테이프로 붙인다.

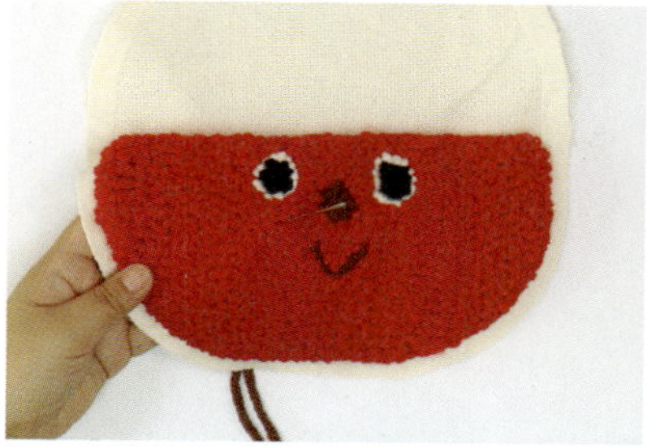

10 C실 40cm을 돗바늘에 끼워 한 줄로 매듭을 짓고 주근깨 위치를 확인 후 뒤에서 앞으로 돗바늘을 넣어준다.

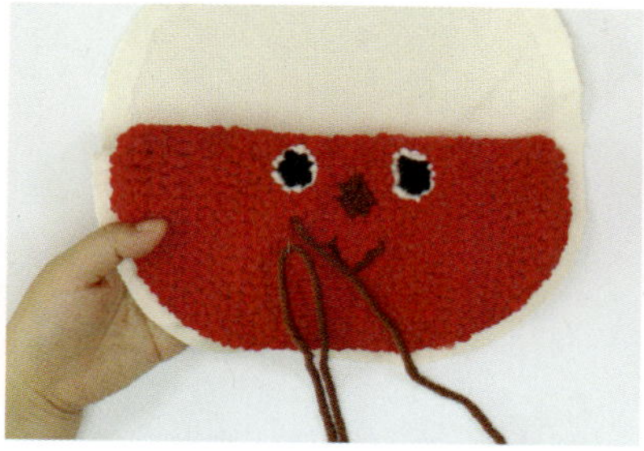

11 다시 같은 위치에 돗바늘을 넣어 실을 모두 뒤로 빼지 않고 약간 남겨 루프를 만들어 주근깨를 표현한다. 10, 11번과 같은 방법으로 주근깨를 모두 표현한다.

12 주근깨 루프가 잘 안 보일 경우 돗바늘로 루프를 살짝 위로 빼준다.

13 ⓑ 작업물 위에 ⓐ 작업물을 원단을 접어 올린 뒤 집게로 고정시킨다. 원단, ⓑ, ⓐ 작업물 순이다.

14 마스킹 테이프 부분을 감침질로 마무리 작업을 진행한다. 감침질할 부분의 10배 정도의 털실을 준비한다. 준비한 실이 길 경우는 여러 번 나누어 감침질을 진행한다. 토마토 꼭지는 E실로 감침질을 진행한다.

15 D실을 돗바늘에 끼워 두 줄로 준비한다. 실 끝부분 2cm 정도를 한 손으로 잡고 수놓은 작업물과 마스킹 테이프 붙인 사이의 작은 틈으로 돗바늘을 찔러 넣어 감침질을 진행한다.

42p 감침질 방법 참고

16 감침질이 끝나면 바늘은 감침질한 중간 부분에 끼워 넣고 실을 끊어 마무리한다.

17 돗바늘에 샤무드 끈을 끼우고 꼭지 중앙 부분 앞에서 뒤로 바늘을 통과시킨 뒤 끝부분에 매듭을 짓는다.

Level ★★★☆☆

집 파우치

××××××

지퍼가 있는 집 모양의 파우치랍니다. 지퍼 달기는 차근차근 따라 만들면 생각보다 어렵지 않아요. 방법만 터득하면 여러 가지 아이템을 만들 때 응용이 가능해요. 지퍼를 구입할 때 끝부분에 구멍이 있는지 꼭 확인하세요. 구멍이 없으면 퐁퐁을 달지 못해요.

재료

- 몽스 원단……36×36cm
- 4.5수 리넨 원단……22×28cm
- 20수 리넨 원단……22×28cm 2장
- 지퍼(20mm)……20cm 1개
- 마스킹 테이프(12mm)……조금
- 실(두께: 코지울 4~5mm, 울티마 4mm, 나코 봉주르 5mm)

A 코지울 K1892 브라운
B 코지울 K025 아이보리
C 코지울 K1210 인디오렌지
D 울티마 4987 커피브라운
E 코지울 K885 베이지
F 코지울 프린트 H1874 그린믹스_민트그린
G 코지울 K1533 빈티지블루
H 나코 봉주르 23684 중그레이

※ 코지울 프린트는 다섯 가지 컬러가 섞여 있는 실로 책에서는 구간을 나누어서 사용한다.

도구

옥스퍼드 펀치 니들 레귤러 10호, 그리퍼 수틀 30×30cm(외경), 가위, 돗바늘, 네임펜, 집게 7개, 실과 바늘, 시침핀 4개, 수성펜

Size 20×14.5cm

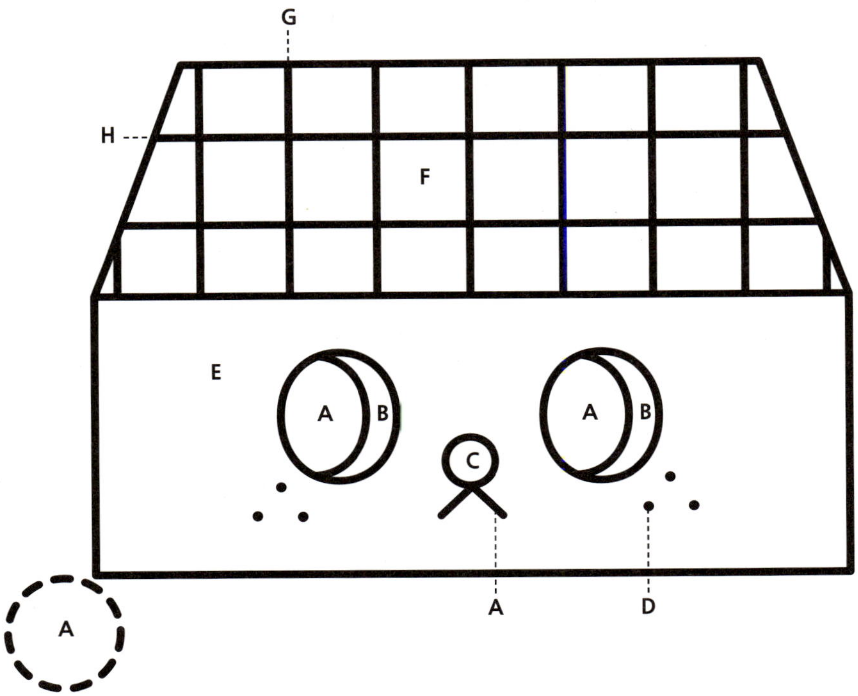

도안은 작업 면 기준입니다.
50% 축소 도안입니다.

How to make

• 재료 준비

1 원단을 그리퍼 수틀에 최대한 팽팽하게 당기어 고정시킨다.

• 도안 그리기

1 원단 위에 도안을 그린다.

26p 도안 옮기기 참고

• 펀치 니들 작업

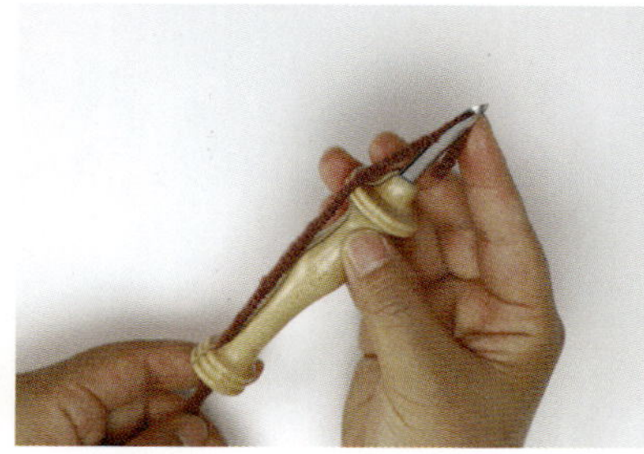

1 바늘의 열린 방향으로 A실을 끼워 준비한다.

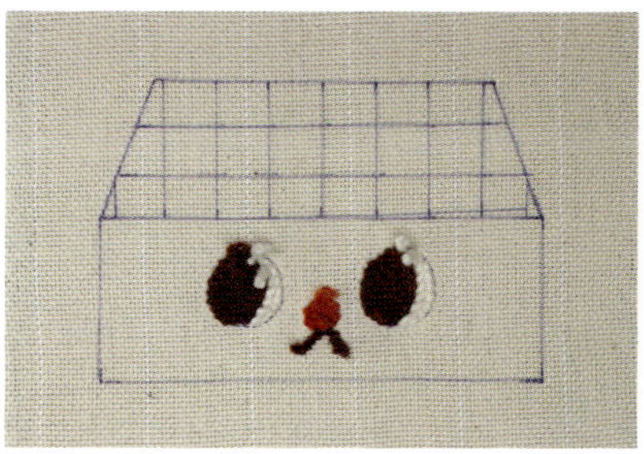

2 눈, 코, 입의 라인 안쪽을 따라 플랫 스티치로 한 줄 외각 형태를 수놓은 뒤 면을 채운다.

3 집 라인 안쪽과 눈, 코, 입 외각 라인을 따라 플랫 스티치로 두 줄 외각 형태를 수놓은 뒤 면을 채운다.

4 지붕 선 라인을 플랫 스티치로 한 줄 수놓는다. 이때 지붕에 사용되는 실의 컬러가 세 가지이므로 도안을 참고하여 수를 놓는다.

5 모든 면을 플랫 스티치로 수놓는다.

6 도안에서 주근깨 위치를 확인 후 D실로 플랫 스티치로 수놓는다.

7 수틀을 뒤집어 주근깨 루프가 잘 안 보일 경우 돗바늘로 루프를 살짝 위로 빼준다.

8 수틀을 뒤집어 실이 삐죽 빠져나와 있는 부분과 색실 경계 부분의 꼬여 있는 루프의 라인을 정리한다. 돗바늘 귀를 이용해서 정리하면 편리하다.

• 마무리 작업

1 수틀을 제거한 뒤 마스킹 테이프를 수놓은 외각선에 맞추어 붙인다.

2 수놓은 작업물과 마스킹 테이프 사이를 1cm 시접을 주고 외곽에 따라 자른다.

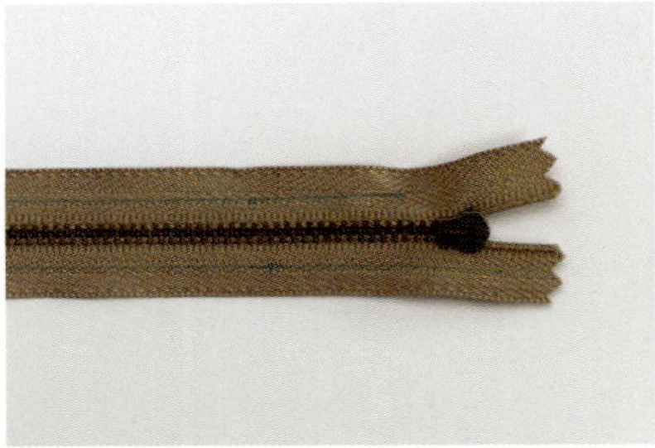

3 지퍼 뒷면 금속 부분을 중심으로 대략 0.7cm 위로 라인을 그린다.

4 플랫 스티치 면을 위로 하고 집 아랫부분 시접을 접어준다. 접은 시접 위에 지퍼 뒷면을 올린 뒤 수놓은 면과 마스킹 테이프 틈에 지퍼에 표시한 선을 맞추어 시침핀으로 고정한다.

5 수놓은 면과 마스킹 테이프 틈에 지퍼에 표시한 선을 함께 일반 바늘과 실로 박음질한다.

6 4.5수 리넨 원단에 도안 외각 실루엣만 그린 뒤 시접 1cm를 주고 자른다. 수놓은 루프 면을 위로 향하게 한 뒤 그 위에 지퍼를 반으로 접고 그 위에 리넨 겉감이 루프 면과 맞닿도록 올린 뒤 시침핀으로 고정한다.

7 리넨을 들어 올려 지퍼를 중심으로 사진과 같은 이미지가 되었는지 확인한다. 현재 지퍼는 앞면이다.

8 지퍼에 표시한 선과 리넨을 함께 일반 바늘과 실로 박음질한다.

9 지퍼 2/3을 열어두고 세 면을 집게로 고정시킨다.

10 E실을 돗바늘에 한 줄로 끼운 뒤 세 면을 박음질한다. ㉮로 설정한다.

44p 박음질 방법 참고

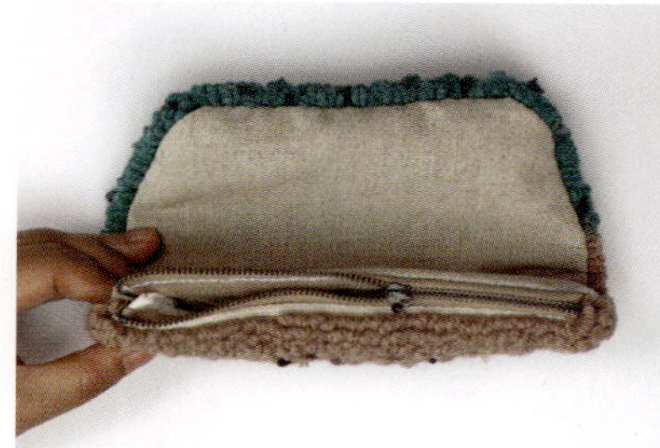

11 지퍼를 열어 전체를 뒤집어준다.

12 20수 리넨 원단에 도안 외각 실루엣만 그린 뒤 시접 1cm를 주고 자른다. 두 장 준비한다.

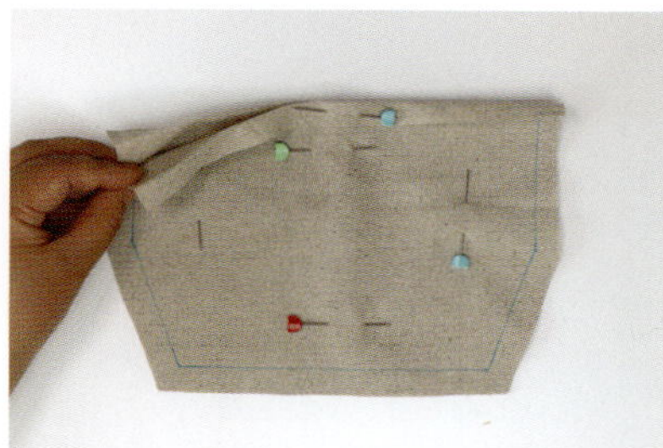

13 원단 겉감이 맞닿도록 포갠 뒤 집의 밑면 시접을 안감으로 접어 시침핀으로 고정한다.

14 안감으로 접은 시접을 제외한 세 면을 일반 바늘과 실로 박음질한다. ㉯로 설정한다.

15 ㉯를 ㉮ 안으로 넣는다.

16 ㉯를 지퍼의 박음질한 선에 맞추어 집게로 고정한다.

17 ㉯를 지퍼의 박음질한 선을 가리면서 일반 바늘과 실로 감침질한다.

18 지퍼 끝부분이 벌어지지 않도록 일반 실과 바늘로 같은 자리를 여러 번 감칠질하여 마무리한다.

19 지름 4cm 퐁퐁을 만든다.
48p 퐁퐁 만들기 참고

20 지퍼 고리에 퐁퐁에 연결되어 있는 한쪽 실을 통과시킨다.

21 두세 번 묶은 뒤 실을 자른다.

House Pouch

Level ★★☆☆☆

딸기, 서양배 키 링

××××××

과일 모양에 작은 퐁퐁 장식을 더해 더욱 귀여운 키링이 완성되었어요. 딸기와 서양배 각각의 양면을 만들어 감침질로 연결하고, 그 안에 솜을 채워 넣어 입체감을 주었어요. 솜을 너무 많이 넣으면 감침질 한 부분이 평평해지지 않고 쭈굴쭈굴해 질 수 있으니 솜의 양을 조절하는 것이 중요해요.

ⓐ 딸기

- 몽스 원단……36×36cm
- 키 링……1개
- 솜……24g
- 마스킹 테이프(12mm)……조금
- 실(두께: 코지울 4~5mm)

A 코지울 K150 레드
B 코지울 k025 아이보리
C 코지울 H1874 그린믹스_그린
D 코지울 프린트 H1874 그린믹스_다크그린

ⓑ 서양배

- 몽스 원단…… 36×36cm
- 키 링……1개
- 솜……24g
- 마스킹 테이프(12mm)……조금
- 실(두께: 코지울 4~5mm, 나코 봉주르 5mm)

C 코지울 프린트 H1874 그린믹스_그린
E 나코 봉주르 23689 단호박
F 코지울 K1892 브라운

※ 코지울 프린트는 다섯 가지 컬러가 섞여 있는 실로 책에서는 구간을 나누어서 사용한다.

도구

옥스퍼드 펀치 니들 파인 14호, 그리퍼 수틀 30×30cm(외경), 가위, 돗바늘, 네임펜, 집게 6개, 오링 반지, 펜치, 순간접착제

※ 옥스퍼드 펀치 니들 14호 바늘 사용 시 털실 두께 3~5mm를 사용할 경우 손잡이 뒷부분에 있는 고리는 사용하지 않아도 된다.

※ 옥스퍼드 펀치 니들 레귤러 10호로도 작업이 가능하다.

Size 딸기 9.5×11cm, 서양배 9×12cm

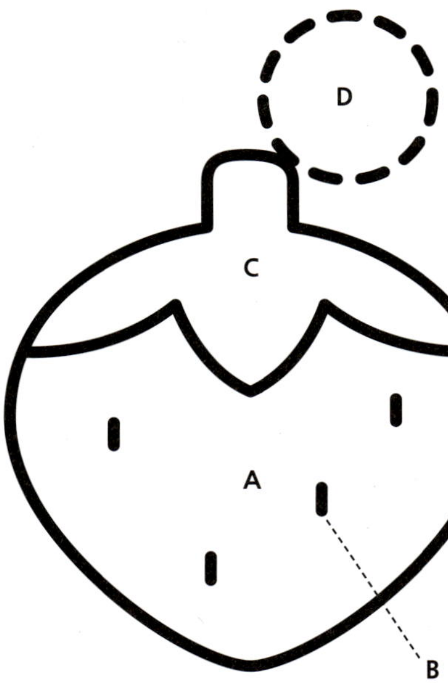

ⓐ 딸기×2

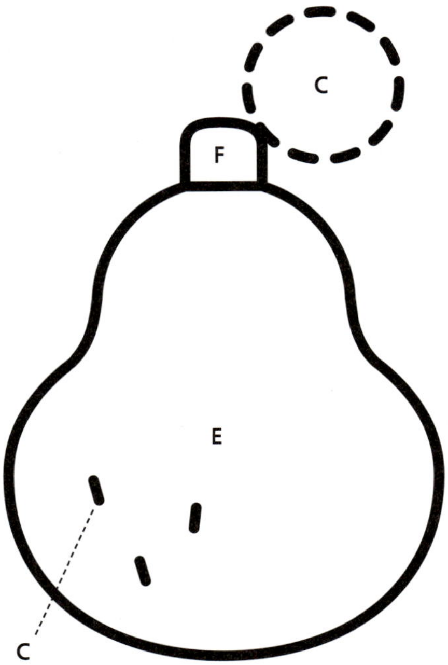

ⓑ 서양배×2

도안은 작업 면 기준입니다.
65% 축소 도안입니다.

How to make

• 재료 준비

1 원단을 그리퍼 수틀에 최대한 팽팽하게 당기어 고정시킨다.

• 도안 그리기

1 원단 위에 ⓐ×2, ⓑ×2 도안을 그린다.
26p 도안 옮기기 참고

• 펀칭 작업

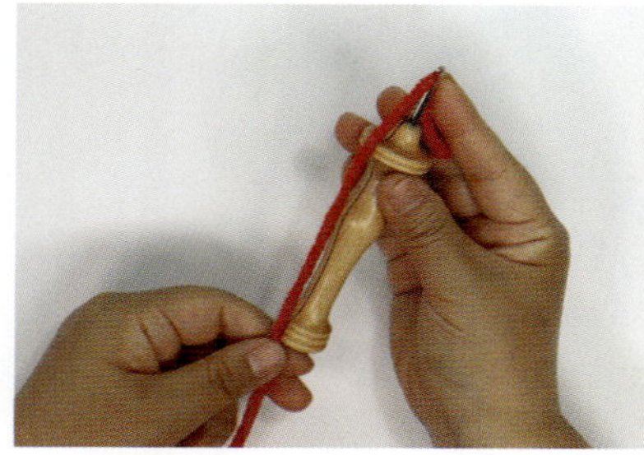

1 바늘의 열린 방향으로 A실을 끼워 준비한다.

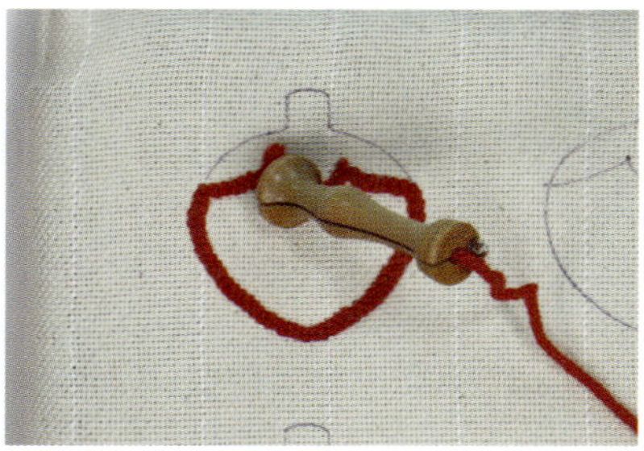

2 딸기의 빨간 열매 라인 안쪽을 따라 플랫 스티치로 두 줄 외각 형태를 수놓은 뒤 면을 채운다.

3 꼭지 부분 라인 안쪽을 따라 플랫 스티치로 두 줄 외각 형태를 수놓은 뒤 면을 채운다. 나머지 딸기도 똑같은 방법으로 수놓는다.

4 서양배 노란 열매 라인 안쪽을 따라 플랫 스티치로 두 줄 외각 형태를 수놓은 뒤 면을 채운다. 꼭지 부분도 외각을 수놓고 면을 채운다.

5 딸기 2개, 서양배 2개 모두 면을 채운다.

6 수틀에서 원단을 빼낸 뒤 뒤집어 다시 고정시킨다.

7 B실을 돗바늘에 끼워 딸기의 흰 무늬를 수놓는다.

8 수틀을 뒤집어 시작과 끝 모두 따로 매듭을 짓지 않고 1cm 정도 여유를 두고 가위로 자른다.

9 도안을 보면서 모든 디테일을 돗바늘로 수놓는다.

• 마무리 작업

1 수틀을 제거한 뒤 마스킹 테이프를 과일 외각선에 맞추어 붙인다.

2 수놓은 작업물과 마스킹 테이프 사이를 0.7cm 시접을 주고 외곽을 따라 자른다. 모서리 부분은 둥글게 자른다.

3 플랫 스티치 면이 서로 맞닿도록 포갠 뒤 집게로 고정시킨다.

4 마스킹 테이프 부분을 감침질로 마무리 작업을 진행한다. 감침질할 부분의 10배 정도의 털실을 준비한다. 가장 먼저 딸기의 열매 부분부터 감침질을 시작한다.

5 A실을 돗바늘에 끼워 두 줄로 준비한다. 실 끝부분 2cm 정도를 한 손으로 잡고 수놓은 작업물과 마스킹 테이프 붙인 사이의 작은 틈으로 돗바늘을 찔러 넣어 감침질을 진행한다.

42p 감침질 방법 참고

6 감침질이 끝나면 바늘은 감침질한 중간 부분에 끼워 넣고 실을 끊어 마무리한다.

7 같은 방법으로 딸기 꼭지도 감침질을 진행한다. 3cm 창구멍을 남기고 겸자를 이용해서 솜을 살짝 입체감이 생길 정로도만 넣어준다.

8 창구멍을 감침질로 막는다. 서양배도 똑같은 방법으로 두 면을 감침질하여 연결하고 솜을 넣어 마무리한다.

9 지름 4cm 폼폼을 만든다.

48p 폼폼 만들기 참고

10 폼폼에 연결되어 있는 실을 돗바늘을 끼워 딸기 왼쪽 꼭지 부분 앞에서 뒤로 통과시킨다.

11 다시 돗바늘을 앞으로 가져와 같은 자리에 바늘을 통과시킨다.

12 돗바늘을 빼내고 실을 좌우로 벌려둔다.

13 벌려둔 실 한 줄을 폼폼 앞으로 가져와서 뒤에 남겨둔 실과 함께 두 번 정도 묶는다.

14 실을 1cm 여유를 두고 자른다.

15 키 링의 작은 링을 벌려서 딸기 꼭지 부분에 연결한다.

16 똑같은 방법으로 서양배도 키 링을 연결시켜 완성한다.

Level ★★★☆☆

꽃과 나비 무늬 쿠션

××××××

꽃의 실루엣과 나비 무늬만으로도 멋진 작품이 돼요. 복잡하고 작은 무늬가 많은 도안의 경우 플랫 스티치도 면을 앞면으로 사용하면 복잡한 실루엣이 깔끔해 보여요. 루프 면을 앞면으로 사용할 때 보다 스티치 사이로 원단이 보이지 않게 촘촘하게 작업하는 것이 중요해요. 도안 이미지를 오려서 자유롭게 배치해 나만의 쿠션 디자인을 만들어요.

재료

- 몽스 원단……60×60cm 2장
- 쿠션 솜……40×40cm
- 지퍼……50cm
- 마스킹 테이프(12mm)……1개
- 실(두께: 코지울 4~5mm)

A 코지울 K025 아이보리
B 코지울 K885 베이지 3개

도구

옥스퍼드 펀치 니들 레귤러 10호, 그리퍼 수틀 50×50cm(외경), 가위, 돗바늘, 네임펜, 집게 5개

Size 45×45cm

도안은 작업 면 기준입니다.
35% 축소 도안입니다.

How to make

• 재료 준비

1 원단을 그리퍼 수틀에 최대한 팽팽하게 당기어 고정시킨다.

• 도안 그리기

1 원단 위에 45×45cm 정사각형을 그린다.

2 도안을 잘라 원단 위에 자유롭게 배치한다.

3 도안 외각을 따라 그린다. 45×45cm 정사각형을 넘지 않게 그린다.

26p 도안 옮기기 참고

• 펀칭 작업

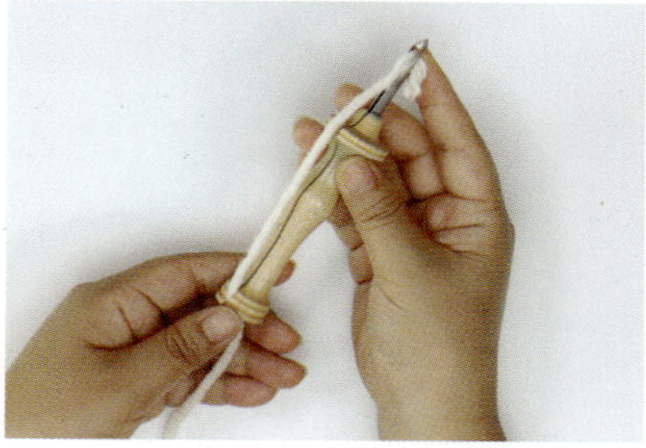

1 바늘의 열린 방향으로 A실을 끼워 준비한다.

2 열매가지의 라인 안쪽을 플랫 스티치로 한 줄 외각 형태를 수놓는다.

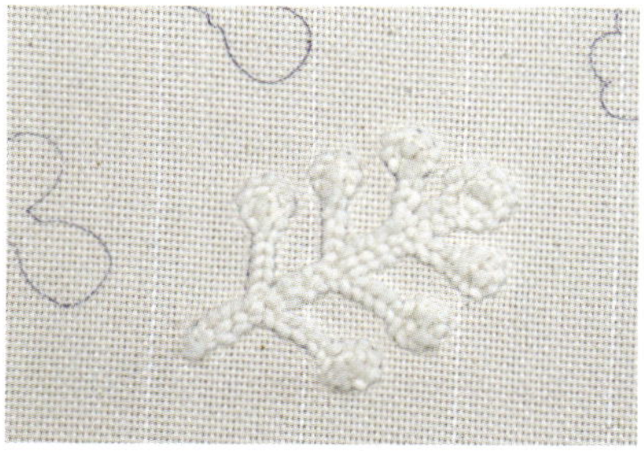

3 수놓은 안쪽을 플랫 스티치로 모두 채운다.

4 같은 방법으로 모든 도안 라인 안쪽을 플랫 스티치로 한 줄 외각 형태를 수놓은 뒤 면을 채운다.

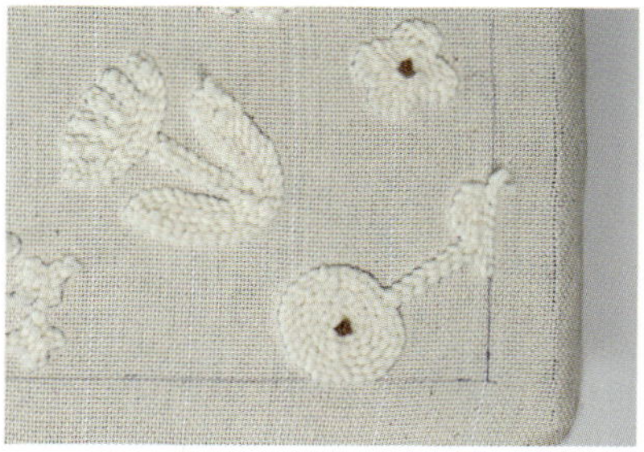

5 B실로 바꾸어 꽃의 중심의 빈 공간을 플랫 스티치로 면을 채운다.

6 정사각형의 안쪽 라인과 도안의 외각 라인을 플랫 스티치로 한 줄 외각 형태를 수놓은 뒤 면을 채운다.

7 실이 삐죽 빠져나와 있는 부분은 돗바늘 귀를 이용해서 정리한다. 이번 작업은 플랫 스티치 면을 앞면으로 사용하기 때문에 이 면을 깔끔히 정리하는 것이 중요하다.

40p 실&루프 정리하는 방법 참고

• 마무리 작업

1 작업물을 수틀에서 제거한 뒤 마스킹 테이프를 정사각형 외각선에 맞추어 붙인다.

2 수놓은 작업물과 마스킹 테이프 사이를 1cm 시접을 주고 외곽을 따라 자른다.

3 원단 위에 자른 작업물을 올리고 네임펜으로 외각 실루엣을 그린다.

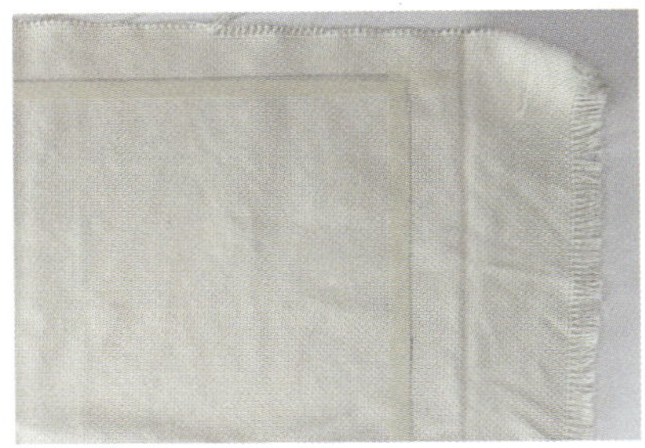

4 네임펜으로 그린 외각 안쪽으로 마스킹테이프로 붙인다.

5 네임펜 라인을 따라 원단을 자른다.

6 플랫 스티치 면과 마스킹 테이프를 붙이지 않은 면이 서로 맞닿도록 포갠 뒤 집게로 고정시킨다. 펀칭 작업물을 ㉮, 5번 작업물을 ㉯로 설정한다.

7 ㉮의 시접 안쪽을 뒤집어 지퍼 뒷면을 올린 뒤 ㉮의 외각 라인에 맞춰 시침핀으로 고정한다.

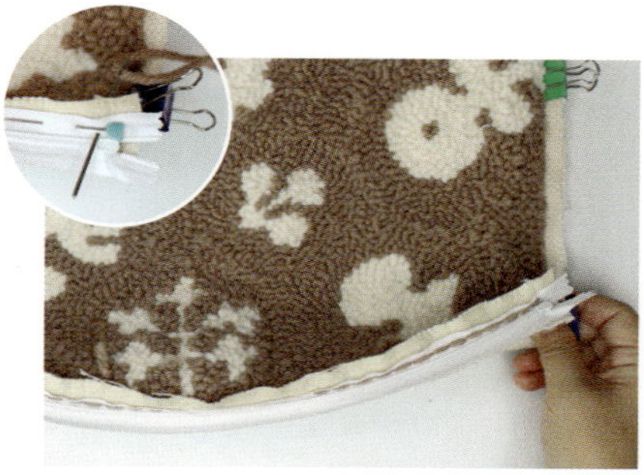

8 B실 80cm를 돗바늘에 끼어 한 줄로 매듭 짓고 지퍼 뒷면 금속 부분을 중심으로 대략 0.7cm 위의 라인을 따라 전부 박음질 한다.

44p 박음질 방법 참고

9 작업물 전체를 뒤집어 한쪽 면에 폭 1.5cm 시접 라인을 표시한다.

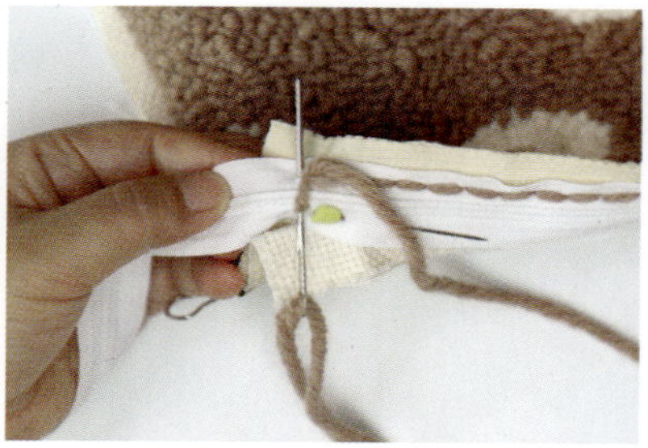

10 다시 원래대로 뒤집은 뒤 8번 작업이 끝난 지퍼 끝부분을 두세 번 같은 자리를 홈질한다.

11 ⑭ 면 시접으로 돗바늘을 뺀다.

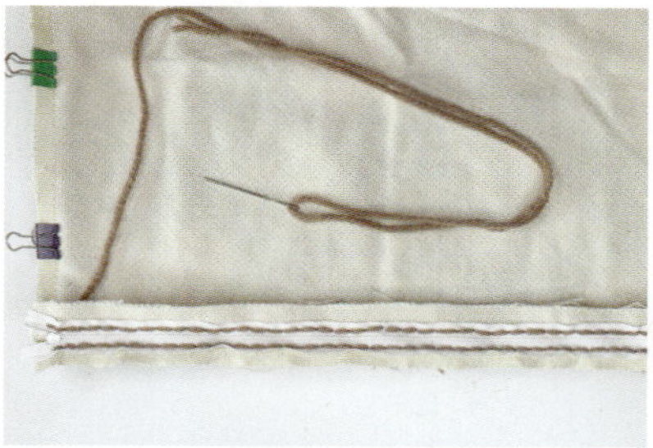

12 9번에 표시한 라인과 지퍼 뒷면 금속 부분을 중심으로 대략 0.7cm 위의 라인을 따라 전부 박음질한다.

13 지퍼 끝부분을 두세 번 같은 자리를 홈질한다.

14 뒷면으로 돗바늘을 빼내어 매듭을 지은 뒤 실을 자르고 지퍼 2/3을 열어둔다.

15 B실을 80cm 돗바늘에 끼워 한 줄로 매듭 짓고 지퍼를 단 부분을 제외한 테두리를 전부 박음질한다. 박음질할 실은 여유 있게 준비한다.

16 전체를 뒤집은 뒤 지퍼 사이로 쿠션 솜을 넣는다.

Level ★★★☆☆

강아지 그림 액자

××××××

화방에서 쉽게 구할 수 있는 캔버스틀을 이용하여 강아지 그림 액자를 만들어 보아요. 원단을 캔버스틀에 깔끔히 고정시키고 정리하는 방법을 소개해요. 혹 건 타카가 없을 때는 압정으로 고정하여 작업해요.

재료

- 몽스 원단……36×36cm 2장
- 캔버스틀……22×22cm
- 마스킹 테이프(12mm)……1개
- 실(두께: 코지울 4~5mm, 울티마 4mm)

A 코지울 K940 블랙
B 코지울 K025 아이보리
C 울티마 10126 카멜 2개

도구

옥스퍼드 펀치 니들 레귤러 10호, 그리퍼 수틀 30×30cm(외경), 가위, 돗바늘, 네임펜, 건 타카, 건 타카 심

Size 24×25cm

ⓐ 얼굴

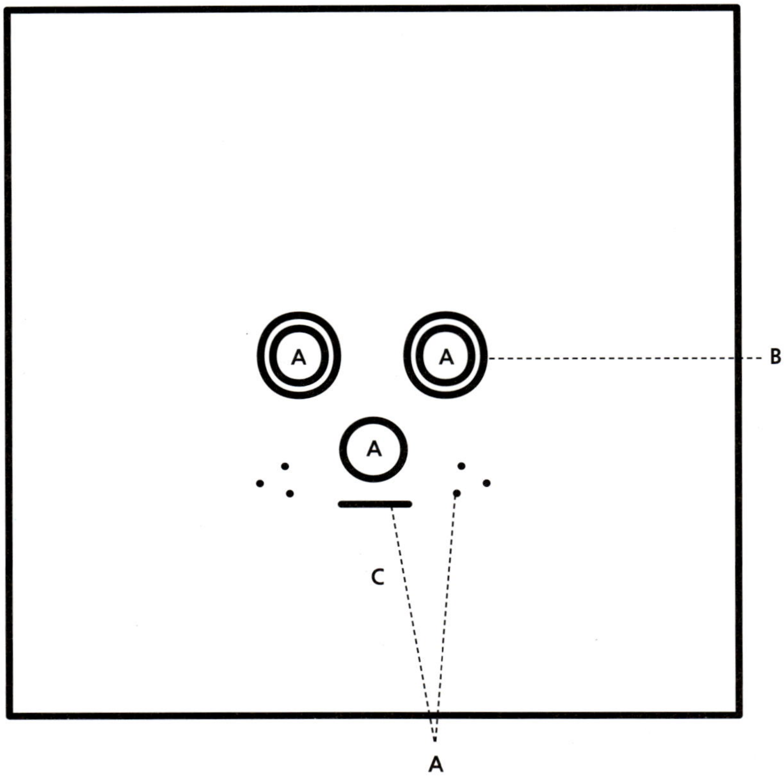

ⓑ 귀×2

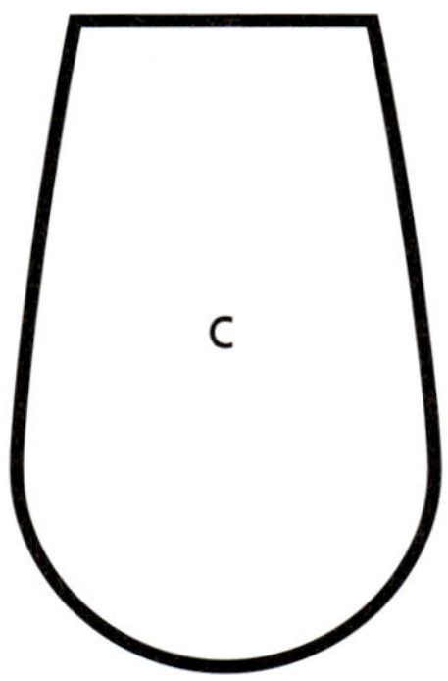

도안은 작업 면 기준입니다.
45% 축소 도안입니다.

How to make

• 재료 준비

1 원단을 그리퍼 수틀에 최대한 팽팽하게 당기어 고정시킨다.

• 도안 그리기

1 원단 위에 ⓐ 도안을 그린다.

26p 도안 옮기기 참고

2 원단 위에 ⓑ 도안을 두 개 그린다.

• 펀칭 작업

1 바늘의 열린 방향으로 A실을 끼워 준비한다.

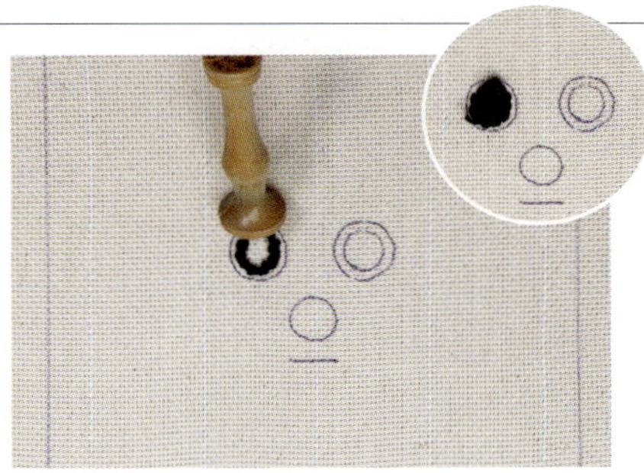

2 ⓐ 도안부터 작업을 진행한다. 눈 라인 안쪽을 따라 플랫 스티치로 한 줄 외각 형태를 수놓은 뒤 면을 채운다. 반대편 눈도 같은 방법으로 작업을 진행한다.

3 코도 2, 3번과 같은 방법으로 수놓는다. 눈 테두리는 B실로, 입은 A실로 한 줄 수놓는다.

4 얼굴 안쪽 라인과 눈, 코, 입 외각 라인을 플랫 스티치로 두 줄 수놓은 뒤 면을 채운다.

5 수틀을 뒤집어 실이 삐죽 빠져나와 있는 부분과 색실 경계 부분의 꼬여 있는 루프의 라인을 정리한다. 돗바늘 귀를 이용해서 정리하면 편리하다.

6 수틀을 다시 뒤집어 도안에서 주근깨 위치를 확인 후 A실로 플랫 스티치로 수놓는다.

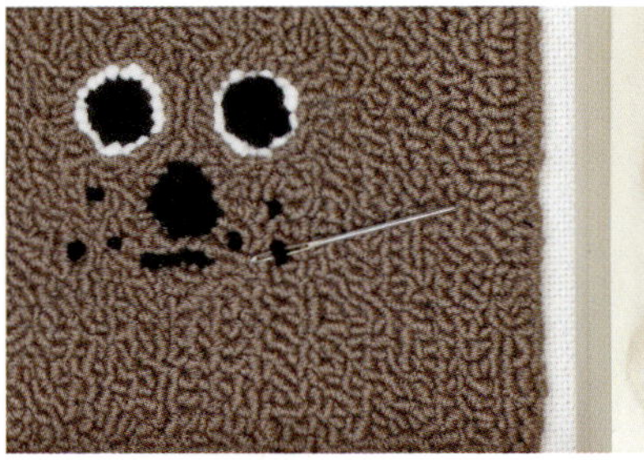

7 수틀을 뒤집어 주근깨 루프가 잘 안 보일 경우 돗바늘로 루프를 살짝 위로 빼준다.

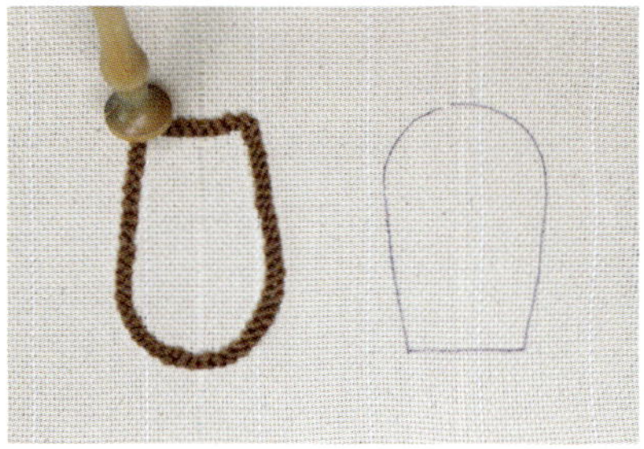

8 ⓑ 도안 귀 외각 라인 안쪽을 따라 플랫 스티치로 두 줄 외각 형태를 수놓은 뒤 면을 채운다. ㄴ-머지 귀도 같은 방법으로 작업을 진행한다.

• 마무리 작업

1 ⓑ 작업물을 수틀에서 제거한 뒤 마스킹 테이프를 귀 외각선에 맞추어 붙인다.

2 수놓은 작업물과 마스킹 테이프 사이를 1cm 시접을 주고 외곽을 따라 자른다.

3 마스킹 테이프 부분을 감침질로 마무리 작업을 진행한다. 감침질할 부분의 12배 정도의 털실을 준비한다. 준비한 실이 길 경우는 여러 번 나누어 감침질을 진행한다.

4 C실을 돗바늘에 끼워 두 줄로 준비한다. 실 끝부분 2cm 정도를 한 손으로 잡고 수놓은 작업물과 마스킹 테이프 붙인 사이의 작은 틈으로 돗바늘을 찔러 넣어 감침질을 진행한다.

42p 감침질 방법 참고

5 감침질이 끝나면 돗바늘은 감침질한 중간 부분에 끼워 넣고 실을 끊는다. 나머지 귀는 감침질한 후 실을 끊지 않고 바늘을 연결한 채 둔다.

6 수틀에서 제거한 ⓐ 작업물을 바닥에 두고 그 위에 컨버스틀을 올린다.

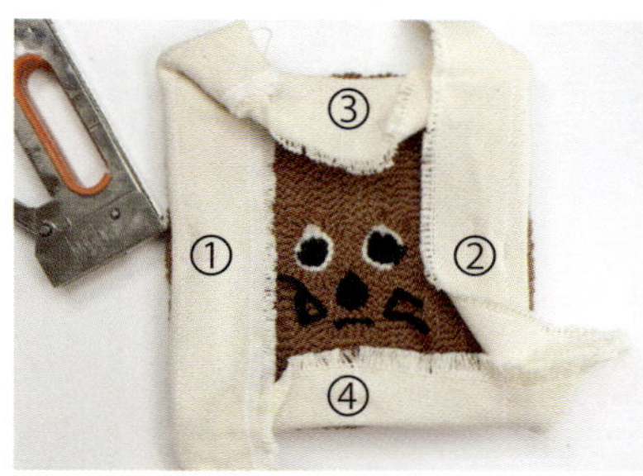

7 ①~④번 순서대로 원단을 당기어 건 타카로 고정시킨다.

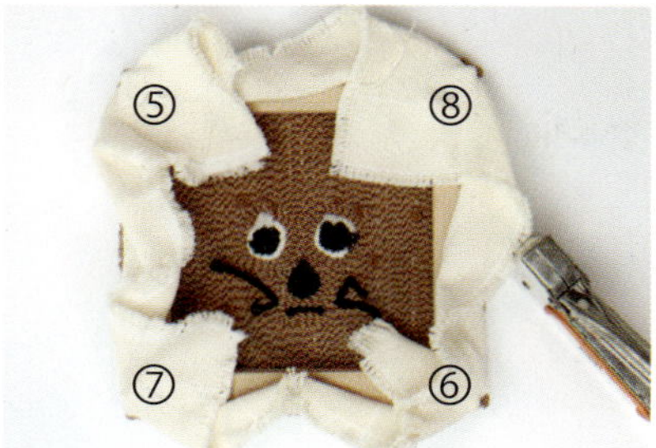

8 ⑤~⑧번 순서대로 모서리를 건 타카로 고정시킨다.

9 모서리를 제외한 나머지 부분을 원단을 당기어 건 타카로 고정시킨다.

10 남아 있는 모서리 원단은 모서리 중심으로 접은 뒤 건 타카로 고정시켜 원단을 정리한다.

11 강아지 얼굴 양쪽 끝부분에 귀를 위치시킨다.

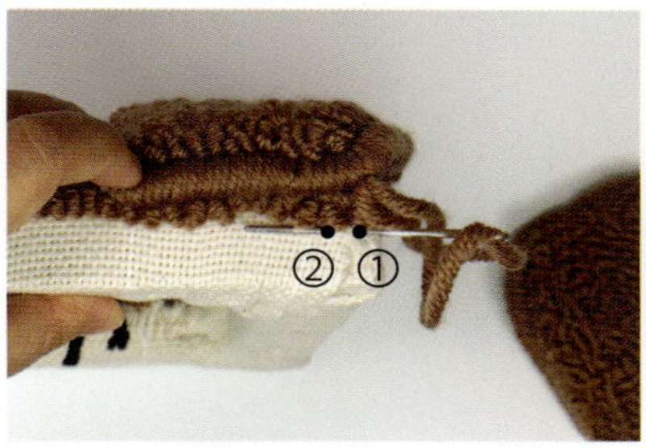

12 귀에 연결되어 있는 돗바늘을 원단 ①에서 ②로 통과시킨다.

13 ⓑ 작업물의 ③에서 ④로 돗바늘을 통과시킨다. ⓑ 작업물 끝까지 원단과 귀를 번갈아가면서 홈질을 한 뒤 감침질한 중간 부분에 돗바늘을 끼워 넣고 실을 끊는다.

14 60cm 실을 돗바늘에 끼워 두 줄을 만든 뒤 사진을 참고하여 감칠질한 부분으로 바늘을 뺀다.

15 돗바늘을 사진을 참고하여 귀 윗단 부분으로 통과시켜 실을 고정시킨다.

16 실을 연결한 귀를 얼굴에 12, 13번과 같은 방법으로 연결한다.

×××××

도구와 재료 구입 정보

재료와 도구는 직접 만져보고 질감과 색상을 확인하는 것이 좋습니다. 동대문 종합시장 지하 1층 털실 매장은 인터넷 가격보다 저렴하게 다양한 종류의 실을 구입할 수 있습니다. 핸드메이드를 취미 생활로 생각하신다면 꼭 한번은 가보시는 것을 추천합니다.

인터넷으로도 편하게 구입도 가능합니다. 사이트에서 실을 선택할 때는 가을, 겨울용 또는 실 두께별(3~5mm) 카테고리를 선택하여 구입하면 됩니다. 책에서 소개한 실 외에도 사용할 수 있는 실이 많기 때문에 용도별, 작품별 다양한 실을 사용해서 펀치 니들을 즐겨보세요. 아마존을 이용하면 더욱 많은 도구와 재료를 만날 수 있어요.

바늘과 원단

패션메이드

https://fashionmade.co.kr

SKC 펀치 니들, 에이미 옥스퍼드 펀치 니들과 그 외의 재료를 구입할 수 있습니다.

동대문 종합시장 B동 5층 5201, 5202호

스튜디오 엣코트

http://studio-atcoat.com

에이미 옥스퍼드 펀치 니들의 다양한 사이즈를 선택하여 구입할 수 있습니다.

슈지치바농

https://syujichibanong.com

자체 제작된 다양한 사이즈의 펀치 니들과 그리퍼 수틀, 원단을 구입할 수 있습니다.

야화

https://smartstore.naver.com/yahwa

자체 제작된 펀치 니들과 원단을 구입할 수 있습니다.

딜라스튜디오

https://smartstore.naver.com/dilla

펀치 니들과 대형 원목 수틀 등 그 외의 재료를 구입할 수 있습니다.

에이미 옥스퍼드(국외)

https://amyoxford.com

에이미 옥스퍼드 펀치 니들, 세트 바늘, 그리퍼 수틀, 원단을 구입할 수 있습니다.

DMC(국외)

https://www.dmc.com

DMC 펀치 니들과 수틀, 전용 원단을 구입할 수 있습니다.

털실

앵콜스 뜨개실

http://ancalls.com

다양한 털실을 구입 가능하며, 책에 사용된 거의 모든 털실을 구입할 수 있습니다.

리네아

http://linea.kr

다양한 털실을 구입 가능하며, 책에 실린 하마나카 아메리 L 실 구입이 가능합니다.

송영예의 바늘이야기

http://www.banul.co.kr

다양한 털실을 구입 가능합니다.

그 외

이레화방

http://www.irehb.co.kr

캔버스틀을 원하는 사이즈로 주문 가능합니다.

취미 잡화점
그린도토리의

귀여운 펀치니들 소품

초판 1쇄 발행 2019년 12월 2일
초판 2쇄 발행 2020년 12월 11일

지은이 명주현(그린도토리)
펴낸이 김영조
콘텐츠기획팀 권지숙, 김은정, 김희현
액티비티북팀 박유경, 장윤선
디자인팀 왕윤경
마케팅팀 이유섭, 박혜린
경영지원팀 정은진
외부스태프 사진촬영 15스튜디오(이과용)
펴낸곳 싸이프레스
주소 서울시 마포구 양화로7길 44, 3층
전화 (02)335-0385/0399
팩스 (02)335-0397
이메일 cypressbook1@naver.com
홈페이지 www.cypressbook.co.kr
블로그 blog.naver.com/cypressbook1
포스트 post.naver.com/cypressbook1
인스타그램 싸이프레스 @cypress_book
스티커 아트북 @cypress_stickerartbook
출판등록 2009년 11월 3일 제2010-000105호

ISBN 979-11-6032-071-8 13200

이 도서의 국립중앙도서관 출판예정도서목록(CIP)은 서지정보유통지원시스템 홈페이지(http://seoji.nl.go.kr)와 국가자료종합목록 구축시스템(http://kolis-net.nl.go.kr)에서 이용하실 수 있습니다. (CIP제어번호 : CIP2019046165)